하워드 진
살아있는 미국역사

신대륙 발견부터 부시 정권까지, 그 진실한 기록

하워드 진
살아있는 미국역사

하워드 진·레베카 스테포프 지음 | 김영진 옮김

추수밭

젊은 세대를 위해 민중의 역사를 써줄 것을 부탁해 왔던

모든 학부모와 교사들에게,

그리고 자신들이 가진 능력을 더 나은 세상을 만드는 데 써주기를 바라는

젊은 세대에게.

• • •

이 젊은이들을 위한 역사책을 저술하게 해주신

세븐스토리 출판사의 댄 사이먼(Dan Simon)에게 감사 드린다.

이 장황한 이야기를 이끌어감에 있어 세심하게 보살펴주신

세븐스토리 출판사의 테레사 놀(Theresa Noll)에게도 감사 드린다.

• • •

젊은 독자들을 위한 책으로 만드는 중요한 일을 맡아주신 점에 대하여,

레베카 스테포프 선생에게는 특히 감사 드리고 싶다.

• 차례 • C O N T E N S

들어가며 | 역사 속 진정한 영웅을 찾아서 011

1부 | 정복과 차별의 역사가 시작되다

1. 신대륙 개척 신화에 가려진 진실 017

아라와크족의 불가능한 임무 020 | 콜럼버스는 영웅인가 022 | 인디언들이 내민 악수를 거부하다 025

2. 흑과 백, 그 차별의 실마리 030

아메리카 노예제만의 특징 031 | 백인 하인과 흑인 노예를 분리시켜라 035

3. 보잘것없는 그들을 통제하라 041

너새니얼 베이컨과 반란 042 | 하층계급에 대한 두려움 045 | 부자와 빈자의 선명한 구분 048 | 통제의 방법들 050

4. 폭정은 폭정일 뿐 053

분노를 행동으로 보이다 054 | 보스턴 차 사건과 《상식》 058 | 과연 누구를 위한 독립인가 062

5. 헌법 제정의 감춰진 목적 065

전후 군인들의 반란 065 | 혁명 속의 인디언과 흑인 069 | 혁명 속의 농부들 070 | 가진 자들을 위한 보호막, 헌법 074

6. '여성스러움'에 반기를 들다 079

여성들은 어떤 대우를 받았는가 080 | 독립심이 강한 여성들 081 | 일하는 여성들의 권리 찾기 083 | 여권운동의 시작이 된 노예제 반대운동 085

2부 | 멈추지 않는 팽창 야욕의 시계

7. 인디언들과 함께 살 수는 없다 093
앤드루 잭슨의 땅 투기 094 | 끔찍한 선택, 연방법과 주법 097 | 눈물의 행로를 떠난 인디언들 100

8. 서부 개척, 그들만의 승리 104
명백한 사명 105 | 멕시코전쟁에 대한 찬성과 반대 107 | 캘리포니아, 결국 정복되다 110 | 우리도 승전의 영광을 누리고 싶다 111

9. 노예 해방의 날은 오는가 114
자유를 얻거나 죽거나 114 | 부끄러운 노예제를 폐지하자 116 | 남북전쟁은 노예해방을 위한 게 아니었다? 120 | "헌법은 색깔을 구분하지 못하는데……" 123

10. 또 하나의 내전, 노사갈등 127
'잭슨 민주주의'의 신화 127 | 덩치가 커진 미국 경제 129 | 노동자들의 대규모 단결 131 | 끝임없는 통제와 반발의 연속 135

11. 부의 독점은 반란을 부르고 140
강도 남작들의 장악 142 | 자본주의와 저항의 목소리 144 | 헤이마켓 사건 146 | 인민주의의 절반의 성공 148

12. 제국의 취향 153
과시욕에 빠진 미국 정부 154 | 또 하나의 흑인 공화국은 안 된다 155 | 필리핀전쟁과 인종 문제 159

3부 | 전쟁을 위한 전쟁, 살아남기 위한 시위

13. 사회주의의 바람이 불다 165

노동착취공장과 우울증환자 167 | 사회주의가 먼저냐, 참정권이 먼저냐 171 | 이름만 혁신주의 운동 174

14. 세계대전, 그 피의 대가는? 177

좋은 장사 기회를 놓칠 수 없다 178 | 반전주의자들을 구속하라 180 | 전후 아나키스트 소탕작전 186

15. 세계를 뒤덮은 대공황의 그림자 188

1920년대의 진실 190 | 패닉에 빠진 사람들 191 | 생존하기 위한 몸부림 195

16. 조작된 냉전 201

제2차 세계대전에서의 미국 202 | 미국 내의 전쟁에 대한 반응 208 | 반공의 잣대를 들이대다 209

17. 흑인 민권운동의 변화 214

저항의 징후 215 | 변화의 속도는 느렸다 216 | 비폭력을 전도한 마틴 루터 킹 218 | 자유를 위한 승객들과 미시시피의 여름 220 | 블랙 파워의 등장과 정부의 두려움 221

18. 부끄러운 기억, 베트남전쟁 227

전쟁을 치를 명분을 찾아내다 228 | "이 광기는 반드시 멈춰야 합니다" 233

19. 여성과 인디언, 그들이 변했다 238

여성들이여, 자아를 발견하라 239 | 면면히 이어진 인디언들의 숨결 243

20. 정부 불신 시대 250

워터게이트 사건 후에도 마찬가지일 뿐 251 | 많은 부정부패가 탄로나다 255

4부 | 우리의 목소리가 들리지 않는가

21. 자본주의와 국가주의는 영원하리라 263

좌파가 누렸던 짧은 시절 264 | 부의 양극화가 심해지다 266 | 전쟁이라는 이름의 마약 268

22. 보고되지 않은 저항들 272

더 이상 핵은 그만! 273 | 사회문제에 대한 비판도 계속되다 274 | 끔찍한 비극에서 얻은 교훈 276 | 콜럼버스에 대한 재평가 280

23. 20세기의 끝에서 283

중립 또는 어중간 285 | 빈곤문제를 해결할 수도 있었다 286 | 변화의 전망이 밝아지다 288

24. 증오는 반드시 되돌아온다 293

의문투성이의 선거 294 | 테러와의 전쟁 297

25. 이라크전쟁과 두 폭풍 303

이렇다할 성과도 없는 미국의 공격 304 | 대량살상무기는 어디에? 305 | 결국 이라크전쟁은 시작되었다 307 | 반전의 목소리가 커지다 309 | 부시 행정부에 쏟아진 비난 312

나오며 | 사자들처럼 일어서라 316

연표 321

찾아보기 327

옮긴이의 말 333

역사 속 진정한 영웅을 찾아서

《미국민중사A People's History of the United States》가 25년 전 세상에 나온 이래, 학부모와 교사들은 젊은 세대가 흥미를 느낄 만한 수정판을 낼 계획이 없는지 줄곧 내게 문의해 왔다. 그렇기에 세븐스토리출판사(Seven Stories Press)와 레베카 스테포프(Rebecca Stefoff) 선생이 이 중차대한 일을 맡아 주신 점에 대해 진심으로 기쁘게 생각한다.

지난 수십 년간, 나는 이런 질문들을 받아 왔다. "당신은 다른 보편적인 미국 역사와는 극단적으로 다른, 당신의 역사 서술이 젊은 세대에게 적합하다고 보십니까? 그들이 현 사회에 대해서 환멸감을 품게 되진 않을까요? 정부의 정책에 대해서 너무 비판적인 것이 옳은 일일까요? 크리스토퍼 콜럼버스, 앤드루 잭슨, 시어도어 루스벨트 같은 우리 역사 속의 영웅들을 끌어내리는 것이 옳은 일입니까? 노예제도와 인종 차별, 인디언 학살, 노동자에 대한 착취, 인디언이나 다른 나라 사람들을 희생시키는 미국의 무자비한 팽창정책에 대해 언급하는 것은 비애국적이지 않습니까?"

나는 어째서 사람들이 어른들은 급진적이고 비판적인 견해를 들어도 아무 문제가 없는 반면에 젊은이와 아이들은 그런 걸 들어서는 안 된다고 생각하는지 모르겠다. 그들은 젊은이들이 그런 문제를 다룰 준비가 되어 있지 않다고 생각하는 걸까? 나는 젊은 독자들이 조국의 정책에 대해 정직하게 판단할 수 있을 만큼 성숙하지 않다고 여기는 것은 잘못된 생각이라고 본다. 그렇다. 문제는 정직함이다. 우리는 한 개인으로서 우리가 저지른 실수에 대해서 정직해야만 한다. 그래야만 그 실수를 바로잡을 수 있기 때문이다. 나아가 우리 조국의 정책에 대해 평가하는 것도 그와 같아야 한다.

애국심, 그것은 내가 생각하기에 정부가 하는 일이라면 무엇이든 아무런 의심 없이 받아들이는 것을 뜻하지 않는다. 정부가 하는 일이면 무엇이 되든 간에 무조건 동참하는 것은 민주주의의 색채가 드러난 것이라고 볼 수 없다. 나의 어린 시절 수업시간을 돌이켜 보면, 국민이 정부가 하는 일에 아무런 의문도 제기하지 않는 것은 전체주의 국가나 독재 정권의 징후라고 배웠던 기억이 난다. 여러분이 민주주의 국가에서 살고 있다면, 여러분에게는 정부의 정책에 대해 비판을 가할 수 있는 권리가 주어진 것이다.

왜 식민지인들이 더 이상 영국의 통치를 감내할 수 없는가 하는 이유를 설명하기 위해 1776년 작성된 미국의 독립선언서에는 민주주의의 기본 원리들이 잘 펼쳐져 있다. 독립선언서는 정부라는 것이 성스러운 존재도 아니며 비판에서 자유로운 초월적인 존재도 아니라는 점을 분명히 밝혔다. 왜냐하면 모든 사람들이 갖고 있는 '생명, 자유, 행복 추구'의 동등한 권리를 수호하기 위해 국민이 만들어낸 인공적인 창조물이 바로 정부이기 때문이다. 그리고 정부가 이러한 의무를 충실히 이행하지 않을 경우 "국민은 정부를 갈아치우거나 폐지할 권리를 갖는다"라고 독립선언서는 명시하고 있다.

또한 정부를 '갈아치우거나 폐지할' 국민들의 권리라는 것은 당연히 정부를 비판할 권리를 의미하기도 한다.

나는 역사를 장식한 오랜 영웅들의 결점을 지적함으로써 젊은이들의 환상이 깨지는 일에 대해서 염려하지 않는다. 우리는 여태껏 영웅으로 간주되어 왔지만 실상은 그런 찬사를 들을 자격이 없는 사람들에 관해 진실을 말할 수 있어야 한다. 왜 우리는 콜럼버스가 했던 일에 대해서 영웅답다고 생각해야만 하는 것인가? 이 땅에 도착해서 황금을 찾기 위해 광란의 폭력을 휘두른 게 그가 했던 일인데 말이다. 왜 우리는 앤드루 잭슨이 인디언들을 살던 곳에서 내몬 일을 영웅답다고 생각해야 하는가? 왜 우리는 시어도어 루스벨트를 영웅이라고 생각해야 하는 걸까? 그는 미국-스페인전쟁을 일으켜서 스페인 세력을 쿠바에서 축출했지만, 그것은 미국이 실상 쿠바의 통제권을 빼앗기 위해서 했던 일인데 말이다.

그렇다. 우리는 모두 영웅을 필요로 한다. 사람들을 감탄하게 할, 나아가 인간이라는 존재가 살아가야 할 바를 보여줄 모범사례가 필요한 것이다. 그러나 나는 오히려 바르톨로메 데 라스 카사스를 영웅으로 내세우고 싶다. 콜럼버스가 바하마 제도에서 마주친 인디언들에게 행했던 폭력을 폭로했기 때문이다. 또한 체로키 인디언들을 영웅으로 내세우고 싶다. 원래 살던 땅에서 쫓겨나지 않기 위해 저항했기 때문이다. 나에게는 마크 트웨인도 영웅이다. 시어도어 루스벨트 대통령이 필리핀에서 수백 명을 학살한 장군을 칭찬하자 과감히 그것을 비판하고 나섰기 때문이다. 나는 헬렌 켈러도 영웅이라고 본다. 우드로 윌슨 대통령이 미국의 젊은이들을 제1차 세계대전이라는 도살장으로 보내기로 결정한 것에 반대했기 때문이다.

전쟁, 인종 차별, 경제적인 부당함에 대한 비판적인 나의 견해는 지금 우리가 살고 있는 오늘날의 미국 사회에도 적용된다.

최신판 《미국민중사》가 세상에 나온 지 5년 이상의 시간이 지났고, 이 젊은이들을 위한 개정판은 나에게 좋은 기회를 주었다. 다름 아닌 이 책의 마지막 장을 꾸밀 수 있는 기회를 준 것이다. 마지막 장은 2006년 말까지의 시기를 다루는데, 그것은 조지 W. 부시 행정부의 중간단계에 해당하는 시기이며, 미국의 이라크 침공이 시작된 지 3년 반이라는 세월이 흐른 시점이기도 하다.

1부

정복과 차별의 역사가 시작되다

...

1 / 신대륙 개척 신화에 가려진 진실

아라 와크족(Arawaks)은 마을에서 나와 해변으로 향했다. 그들은 놀라움을 감추지 못하고 이상하게 생긴 커다란 배를 좀더 가까이에서 보기 위해 헤엄쳐갔다. 칼을 찬 콜럼버스와 선원들이 육지에 도착했을 때, 아라와크족은 달려가서 그들에게 인사했다. 콜럼버스는 항해일지에 아라와크족에 대해 다음과 같은 기록을 남겼다.

그들은 우리에게 앵무새, 솜뭉치, 창 등 여러 가지 물건을 가지고 와서 유리구슬이나 방울과 바꾸었을 뿐만 아니라 그들이 가진 모든 것을 바꾸었다. …… 그들은 체격이 좋고 용모가 수려한 건장한 사람들이었다. …… 무기를 알지 못하는 비무장 상태인 그들에게 칼을 보여주자 그게 뭔지도 몰랐던 그들은 칼날을 쥐다가 다치기까지 했다. 철(鐵)을 사용하지 않았던 그들은 등나무로 창을 만들었다. …… 그들은 좋은 노예가 될 것이었다. 우리는 50명의 병사만으로 그들을 정복하여 마음대로 부릴 수 있었다.

 바하마 제도에 살고 있던 아라와크족은 아메리카 대륙 본토의 다른 인디언 부족들과 마찬가지로 환대와 공유(共有)를 신조로 삼고 있었다. 그러나 서유럽 문명에서 아메리카로 온 최초의 메신저였던 콜럼버스는 부(富)에 굶주린 사람이었다. 그는 바하마 제도에 도착하자마자 정보를 얻기 위해 아라와크족 몇 명을 납치했다. 콜럼버스가 원했던 정보는 '황금은 어디에 있는가?'였다.

 콜럼버스는 스페인의 왕과 여왕에게 원정 지원을 요청했다. 스페인은 유럽의 다른 국가들과 마찬가지로 황금을 원했다. 유럽인들이 인도와 서남아시아를 통틀어 일컬었던 인도에는 황금이 있었다. 그뿐만 아니라 비단이나 향신료 같은 값비싼 재화들도 있었다. 그러나 유럽에서 아시아로 향하는 육로는 매우 힘들고 위험한 여정이었기에, 유럽 국가들은 인도 제국에 갈 수 있는 항로를 찾고 있었다. 스페인은 콜럼버스에게 승부를 걸었다. 황금과 향신료를 가지고 돌아올 경우, 콜럼버스에게 이익의 10퍼센트를 주기로 하였다. 또한 새로 발견한 땅의 총독과 대양의 제독(Admiral of the Ocean Sea)의 칭호도 부여받을 것이었다. 콜럼버스는 대서양을 건너 아시아에 도착한 최초의 유럽인이 되리라는 기대에 부풀어 세 척의 범선을 이끌고 출발했다.

 당시의 많은 식자(識者)들처럼 콜럼버스 역시 지구가 둥글다는 사실을 알고 있었다. 이것은 유럽에서 서쪽으로 항해를 하더라도 동쪽 땅에 다다를 수 있음을 의미했다. 그러나 콜럼버스가 상상한 세상은 너무 작았다. 그는 절대로 아시아에 도착할 수 없었을 것이다. 그가 생각한 것보다 수천 마일이나 더 멀리 떨어져 있었으니 말이다. 그러나 그는 운이

콜럼버스는 오랫동안 역사 속에서 영웅으로 인식되어왔으나 실상은 그렇지 않았다. 우호적으로 대한 인디언들에게 오히려 칼을 겨누고 그들 고유의 문화를 파괴한 것은 유럽인들이었다.

좋았다. 최종 목적지의 4분의 1 정도를 항해했을 때, 유럽과 아시아 사이에 위치해 있는 미지의 대륙에 도착했다.

　유럽인들에게는 항해를 떠난 지 33일이 지났을 때 콜럼버스와 선원들이 수면에 떠다니는 나뭇가지들과 하늘을 나는 새들을 발견했다는 사실이 알려져 있다. 그것은 육지가 멀지 않은 곳에 있다는 증거였다. 1492년 10월 12일, 선원 로드리고가 달빛에 반짝이는 백사장을 발견하고 환호성을 질렀다. 그곳은 카리브해의 바하마 제도에 속한 섬이었다. 처음 육지를 발견한 사람에게는 막대한 포상금이 약속되어 있었다. 그러나 로드리고는 한 푼도 받지 못했다. 그 전날 밤 자기가 이미 불빛을 보았다고 콜럼버스가 우겼던 것이다. 포상금은 콜럼버스가 가로챘다.

아라와크족의 불가능한 임무

콜럼버스를 맞이했던 아라와크 인디언은 농경생활을 하며 살고 있었다. 그들은 유럽인들과 달리 말[馬]을 비롯하여 농사에 필요한 가축은 물론 철도 사용하지 않았다. 그러나 그들은 작은 황금 귀고리를 하고 있었다.

그 작은 장신구로 인해 역사가 탄생되었다. 콜럼버스는 황금이 매장되어 있는 곳을 알려줄 인디언을 납치하는 것으로 처음 그들과 관계를 맺었다. 그는 카리브해의 다른 섬도 탐색했다. 그 가운데에는 아이티와 도미니카 공화국으로 구분될 히스파니올라 섬도 포함되어 있었다. 콜럼버스는 침몰한 배의 잔해에서 얻은 목재를 사용하여 아이티에 요새를 건설했다. 이제 그들에게는 황금을 찾아 모으는 일만 남아 있었다.

콜럼버스가 스페인 왕실에 제출한 보고서에는 진실과 거짓이 섞여 있었다. 그는 아시아에 도착했다고 주장했으며, 인도에 사는 사람들이라는 뜻으로 아라와크족을 '인디언'이라고 불렀다. 콜럼버스는 자신이 들렀던 섬들이 분명 중국 해안 근처에 있다고 했으며, 매우 풍요한 곳이라고도 기록했다.

히스파니올라는 기적과도 같은 곳이다. 산과 언덕, 들과 초원이 모두 기름지고 아름답다. …… 뛰어난 항구와 큰 강들도 많이 있으며, 그 중 대부분에는 황금이 지천으로 깔려 있다. …… 향료가 많으며 황금을 비롯한 여러 광물이 엄청나게 많이 매장되어 있다. ……

콜럼버스는 왕과 여왕이 지원 원조를 더 해줄 경우, 다시 항해할 것과 '원하는 만큼의 황금'과 '원하는 만큼의 노예들'을 가지고 돌아오겠다고 약속했다.

이런 약속으로 말미암아 콜럼버스는 두 번째 원정에서 17척의 범선과 1,200명 이상의 선원을 지원받을 수 있었다. 목표는 확실했다. 노예와 황금이었다. 그들은 인디언을 납치하여 카리브해의 섬들을 탐색했다. 그러나 인디언들 사이에 소문이 퍼지면서 스페인인들은 빈 마을만 뒤지며 허탕을 치게 되었다. 아이티의 요새로 돌아오자 그곳을 지키고 있던 선원들이 죽어 있었다. 그들은 노예로 쓸 아녀자들과 황금을 찾아다니다가 인디언과의 교전 끝에 살해당한 것이었다.

콜럼버스의 선원들은 황금을 찾아 아이티에 왔지만 그 목적을 이루지 못했고 스페인으로 돌아가는 배에 황금을 대신할 무언가를 채워야만 했다. 그러한 이유로 1495년 대규모의 노예사냥이 이루어졌다. 결국 그들은 스페인으로 이송할 500명의 노예를 포획했다. 그 가운데 200명은 항해 중에 죽었고, 살아서 스페인에 도착한 나머지 인디언들은 한 지역 교회에서 경매에 부쳐졌다. 종교적인 말을 많이 했던 콜럼버스는 나중에 이렇게 기록했다. "성부, 성자, 성령의 이름으로 모든 잘 팔릴 만한 노예들을 계속해서 공급해주자."

그러나 너무 많은 노예가 감금 중에 죽었다. 콜럼버스는 항해에서 이익을 얻을 수 있다는 것을 증명하기 위해 필사적으로 노력했다. 그는 배를 황금으로 가득 채우겠다는 약속을 이행해야만 했다. 황금 매장 예상 지인 아이티의 한 지역에서, 콜럼버스와 선원들은 13세 이상의 모든 인디언들에게 황금을 찾아 바치라고 명령했다. 스페인인들에게 황금을 바치지 못한 인디언들은 손이 잘린 채 피를 흘리며 죽어갔다.

인디언들에게 불가능한 임무가 주어졌던 것이다. 금이라고는 개울가의 사금 몇 줌이 고작이었다. 그들은 도망쳤다. 그러자 스페인인들은 개를 풀어서 그들을 잡아 목을 매달거나 불태워서 죽였다. 스페인인들이 소유한 총, 칼, 갑옷, 말에 저항하여 대적할 수 없었던 탓에 아라와크족은 급기야 독약으로 집단 자살을 하기에 이르렀다. 스페인인들이 황금 탐사를 시작했을 때, 아이티에는 약 25만 명의 인디언이 살고 있었지만 2년이 지난 후에는 살해와 자살로 그 수가 반으로 감소했다.

황금이 없다는 것이 확실해지자 인디언들은 스페인인들 소유의 대농장의 노예가 되었다. 과로와 비인간적인 처우에 수천 명씩 목숨을 잃었다. 1550년경에는 불과 500명 정도만 남았다. 한 세기가 더 지났을 때, 섬에는 아라와크족이 단 한 명도 남지 않았다.

콜럼버스는 영웅인가

우리는 바르톨로메 데 라스 카사스(Bartolomé de Las Casas)에 의해 콜럼버스가 카리브해의 섬들에 도착한 이후 그곳에서 어떤 일들이 일어났는지 알 수 있다. 그는 스페인의 쿠바 유혈 정복에 참가한 젊은 성직자로, 인디언 노예들이 일하는 플랜테이션 농장을 할당받았다. 그러나 바르톨로메 데 라스 카사스는 농장을 포기하고 스페인의 잔인성에 대해 폭로했다.

바르톨로메 데 라스 카사스는 콜럼버스의 일지 사본을 만들었으며, 《인디언의 역사Historia de las Indias》라는 책을 저술했다. 그는 그 책에서 인디언들의 사회와 풍속을 설명했으며, 스페인인들이 인디언들을 어떤 식으로 다루었는지도 밝혔다.

산모가 과로와 굶주림에 시달려 젖이 나오지 않아 신생아들은 일찍 사망했다. 내가 쿠바에 있을 때 석 달 동안 7,000명의 아이들이 죽었다. 심지어 어떤 어머니들은 절망감에 아기를 물에 빠뜨려 죽이기까지 했다. 남편들은 광산에서 죽어갔고, 아내들은 과로에 죽어갔으며, 아이들은 먹을 젖이 없어 죽어갔다. …… 나는 이처럼 인간성이라고는 찾아볼 수 없는 끔찍한 행위를 두 눈으로 똑똑히 목격했으며, 기록으로 남기고 있는 지금도 몸서리가 쳐진다. ……

이것이 바로 유럽인의 아메리카 대륙 생활의 첫출발이었다. 정복과 노예와 죽음의 역사였던 것이다. 그러나 오랫동안 미국의 역사책들은 다른 이야기를 전해주었다. 피비린내가 진동하는 잔혹한 이야기 대신 영웅적인 모험담만 들려주었다. 이제 역사를 새롭게 재조명하여 진실을 밝히는 변화가 시작되고 있다.

콜럼버스와 인디언들에 관한 이야기는 역사가 어떤 식으로 기록되는가를 보여준다. 콜럼버스를 연구한 대표적인 역사학자들 가운데 새뮤얼 엘리엇 모리슨(Samuel Eliot Morison)은 콜럼버스가 항해했던 경로대로 직접 대서양을 건너기도 했다. 1954년 그는 《항해가 크리스토퍼 콜럼버스Christopher Columbus, Mariner》라는 유명한 저서를 출간했다. 콜럼버스와 그 이후에 아메리카로 온 유럽인들이 행했던 잔인한 방법들은 인디언에 대한 '철저한 종족말살'이라는 결과를 초래했다.

새뮤얼 엘리엇 모리슨은 콜럼버스에 대해 거짓말을 하지는 않았다. 종족말살을 모르는 척하며 외면하지도 않았다. 다만 그 끔찍한 사실에 대해서는 짤막하게 언급만 하고 얼른 다른 주제로 넘어갔다. 다른 여러 이야기들 속에 종족말살이라는 사건을 묻어버림으로써 역사의 커다란 테두리 안에서 종족말살은 별로 중요한 것이 아니라고 대수롭지 않게 취급하는 듯 보인다. 따라서 새뮤얼 엘리엇 모리슨은 콜럼버스에 대해 다르게 해석할 수 있는 기회를 앗아갔다. 책의 마지막 부분에서 그는 콜럼버스가 위대한 인물이라는 결론을 내리며, 콜럼버스의 가장 중요한 자질이 항해술이었다고 말하고 있다.

역사가들은 역사적 사실들을 선별하여 어떤 것을 자신의 연구에 사용할지, 어떤 것을 버려둘지, 어떤 것을 이야기의 중심에 놓을지를 결정해야 한다. 누구이건 간에 모든 역사가들이 연구를 진행하는 과정에는 자신의 사상과 신념이 반영되기 마련이다. 반대로 생각하면 역사가 서술된 방식은 읽는 이들의 사상과 신념을 형성시켜주기도 한다. 새뮤얼 엘리엇 모리슨이 가진 역사관은 콜럼버스 부류의 사람들을 위대한 항해가이자 발견자로 그리는 반면, 그들이 행했던 학살에 대해서는 거의 언급하지 않고 있다. 그러한 관점의 서술은 그들의 행위를 정당화시킬 수 있다.

역사를 저술하거나 연구하는 사람들은 정복이나 살인과 같은 끔찍한 일들을 진보를 위해 치러야 할 대가로 보는 경향이 있다. 그들 대부분이 역사를 정부, 정복자, 지배자에 관한 이야기라고 생각하기 때문이다. 과거를 이러한 시각으로 보면 역사는 정부 또는 국가에 무슨 일이 일어났는가 하는 것이 된다. 그런 역사 속의 배우들은 왕, 대통령, 장군들이다. 그렇다면 노동자, 농부, 유색인종, 여성, 아이들은 대체 어떤 존재들이란 말인가? 그들 역시 역사를 만들고 있는데도 말이다.

어떤 나라의 역사에도 모두 정복자와 피정복자, 주인과 노예, 권력자와 피권력자 사이의 격렬한 갈등이 나타나기 마련이다. 그리고 역사 서술이라는 것은 그 가운데 어느 편에 가담하는가 하는 문제다. 예를 들어 필자는 아라와크족의 관점에서 아메리카 대륙 발견의 역사를 서술했다. 또한 노예들의 시각으로 본 미국의 헌법과 뉴욕의 아일랜드계 사람들의 관점에서 남북전쟁의 역사를 서술할 것이다.

필자는 역사가 우리로 하여금 미래의 새로운 가능성에 대해 생각할 수 있도록 도움을 줄 수 있다고 믿는다. 그 방법 가운데 하나는 과거의 숨겨진 단면들, 사람들이 권력층에 저항하거나 함께 단합할 수 있다는 사실을 보여주었던 순간들을 관찰하는 것이다. 우리의 미래는 과거의 역사 가운데 전쟁의 장면보다 선의와 용기의 장면들에서 찾을 수 있는 것인지도 모른다. 이것이 미국 역사에 대한 필자의 접근 방법이다. 콜럼버스와 아라와크족의 만남으로 이야기가 시작된다.

인디언들이 내민 악수를 거부하다

콜럼버스와 아라와크족의 비극은 계속 반복되었다. 스페인의 정복자 에르난 코르테스(Hernan Cortés)와 프란시스코 피사로(Francisco Pizarro)는 멕시코 지역의 아스텍 문명과 남아메리카의 잉카 문명을 파괴했다. 영국 이주자들도 버지니아와 매사추세츠에 도착했을 때, 인디언들에게 똑같은 만행을 저질렀다.

버지니아 제임스타운은 아메리카 대륙에서 영국인이 최초로 영구 정착한 곳으로, 당시 포와탄(Powhatan)이라는 인디언 추장의 통치 지역이었다. 포와탄은 자신의 통치 지역에 영국인이 정착했다는 것을 알고 있었지만 공격하지 않았다. 1607년 그는 제임스타운의 지배자 가운데 한 명인 존 스미스(John Smith)와 대화를 시도했다. 오늘날 전해지는 그의 말들이 거짓일지도 모르지만, 다른 인디언들의 진술과 기록에서 상당 부분 유사한 내용을 찾을 수 있다. 우리는 포와탄이 했다는 말에서 자기 영토에 침입한 백인들에 대한 그의 생각을 엿볼 수 있다.

나는 우리 부족 그 누구보다도 평화와 전쟁 간의 차이에 대해서 잘 알고 있다. 어찌하여 당신들은 사랑으로도 충분히 얻을 수 있는 것을 무력으로 빼앗으려 하는가? 어찌하여 당신들은 먹을 것을 제공한 우리를 파멸시키려 하는가? 전쟁으로 얻을 수 있는 것이 무엇이란 말인가? 어찌하여 당신들은 우리를 경계하는가? 우리는 무기도 들지 않았고, 당신들이 예의를 갖추어 대한다면 원하는 것도 기꺼이 내줄 것이다. 그리고 내 가족들과 함께 좋은 음식과 편안한 잠자리에 조용히 생활하면서 영국인들과 웃고 즐기며 동전과 도끼를 교환하는 것이, 영국인들을 피해 도망쳐 숲 속에서 도토리나 풀뿌리 등을 먹고 추적을 당하며 춥고 불안한 생활을 하는 것보다 훨씬 낫다는 것조차 모를 정도로 어리석지 않다.

1609~1610년으로 넘어가는 겨울 동안 제임스타운의 영국 이주자들은 '기아의 시기'라고 불릴 만큼 심각한 식량난을 겪었다. 그들은 나무열매를 찾아 숲 속을 돌아다녔고, 시체를 먹기 위해 무덤을 파헤치기까지 했다. 제임스타운에 거주하던 500명의 영국 이주자 가운데 60명에 가까운 사람들이 목숨을 잃었다.

그들 가운데 몇 명은 배고픔에 굶주린 나머지 인디언들에게로 도망쳤다. 그러면 최소한 배는 채울 수 있었으니까 말이다. 시간이 흘러 여름이 되자 제임스타운의 지배자는 포와탄에게 그들을 돌려보내 줄 것을 요구했다. 포와탄이 이를 거부하자 영국 이주자들은 인디언 마을을 파괴했다. 자식들을 물에 빠뜨리거나 총으로 사살했고 납치한 추장의 아내도 찔러 죽였다.

12년 후 인디언들은 점점 증가하는 영국 이주자들을 제거하기 위한 시도를 했다. 347명의 성인 남녀와 아이들을 학살했으며, 그 이후에는 전면전을 벌였다. 인디언들을 노예로 만들거나 함께 공존할 수도 없었

영국 원정대의 피쿼트족 마을 공격 모습(1637년). 원정대를 이끈 존 메이슨 선장은 적들의 공포감을 조성하기 위해
일반인들을 대량학살하도록 명령했다.

기에 영국 이주자들은 그들을 전멸시키기로 결정했다.

북부 지역에서는 필그림 파더스(Pilgrim Fathers: 종교의 자유를 위해 1620년 메이플라워 호를 타고 매사추세츠에 도착한 영국 청교도들-옮긴이)가 뉴잉글랜드에 정착해 있었다. 제임스타운 정착민들과 마찬가지로 그들도 인디언의 땅에 도착했다. 코네티컷 남부 지역과 로드아일랜드에는 피쿼트족(Pequots)이 살고 있었다. 그 땅을 원한 영국에서 온 이주자들과 피쿼트족과의 전쟁이 시작되었다. 양쪽 모두 대량학살을 감행했다. 영국인들은 예전에 멕시코에서 에르난 코르테스가 사용했던 것과 비슷한 전투 방법을 사용했다. 적들의 공포감을 조성하기 위해 전투원이 아닌 일반인들을 공격했던 것이다. 영국인들은 인디언들의 오두막에 불을 지르고 불길을 피해 밖으로 나오는 인디언들을 가차없이 칼로 베었다.

콜럼버스가 아메리카 대륙에 도착했을 때, 현재 멕시코 북부에 해당하는 지역에는 1,000만 명의 인디언들이 살고 있었다. 유럽인들이 이주해오기 시작하면서 그 숫자는 순식간에 100만 명 이하로 현격히 감소했다. 그 가운데 많은 인디언은 백인들이 옮긴 질병 때문에 사망했다.

그 인디언들은 누구였는가? 콜럼버스와 선원들에게 줄 선물을 가지고 바닷가로 마중 나왔던 사람들은 누구였으며, 버지니아와 매사추세츠에서 최초의 백인 정착민들을 구경하기 위해 숲에서 나왔던 사람들은 누구였는가?

콜럼버스가 아메리카 대륙을 발견하기 전에는 7,500만 명의 인디언들이 그곳에 살고 있었다. 그들은 수백 가지의 다양한 부족 문화와 약 2,000여 개의 언어를 사용하고 있었다. 대부분의 부족은 유목민이었으며, 이동생활을 통한 수렵과 채집으로 생계를 유지했다. 농사를 지으며 정착생활을 하는 부족들도 있었다. 북동부에서 가장 막강한 부족이었던 이로쿼이족(Iroquois)의 토지는 사유화가 아닌 공유화였다. 이로쿼이족은 농사와 사냥을 함께했으며, 식량도 함께 나누었다. 이로쿼이족의 사회에서 여성은 중요한 존중 대상이었고, 남녀가 동등한 권리를 가지고 있었다. 아이들은 독립심을 키울 수 있도록 교육을 받았다. 다른 여러 부족도 마찬가지였다.

콜럼버스를 비롯한 유럽인들은 야생의 세계에 도착한 것이 아니었다. 유럽과 다를 바 없이 번화한 곳도 있었다. 인디언들은 고유의 역사와 법률, 문학이 있었다. 그들은 유럽인들보다 훨씬 훌륭한 평등을 누리며 살고 있었다. 과연 '진보'라는 말에는 그들의 사회를 파멸시켜도 될 명분이 충분히 있는 것일까? 인디언들의 이러한 운명은 정복자나 지배자들의 이야기보다 훨씬 중요한 무언가가 역사 속에 존재한다는 것을 우리에게 가르쳐준다.

2 / 흑과 백, 그 차별의 실마리

전 세계의 역사에서 미국만큼 인종차별이 중요한 비중을 차지하는 나라는 없다. 인종차별은 어떻게 해서 생겨났는가? 또 어떻게 해결해야 하는가? 다른 식으로 질문해볼 수도 있다. 흑인과 백인이 증오심 없이 함께 살아갈 수 있는가?

역사는 이러한 질문에 대한 답변을 얻는 데 도움을 주지 않을까. 만약 그렇다면 북아메리카 노예제의 역사에서 실마리를 찾을 수 있을 것이다. 그곳에서는 백인들과 흑인들이 처음 이주해왔던 발자취를 더듬을 수 있기 때문이다.

북아메리카 대륙에서의 노예제는 흑인과 백인의 보편적인 관계였으며, 흑인과 백인은 동등한 존재가 아니었다. 그 후로 약 350년 동안 열등한 존재인 흑인들이 불평등한 대우를 받아 마땅하다는 백인들의 생각

때문에 미국 사회에서 흑인들의 지위는 형편없이 전락하게 되었다.

아메리카 노예제만의 특징

처음 정착해온 백인들이 흑인들을 노예화하도록 모든 상황이 전개되었다. 버지니아에서는 1609~1610년 사이에 있었던 '기아의 시기'에서 생존한 사람들이 새로 도착한 이주자들과 합류했다. 그들은 생존하는 데 필요한 식량을 경작할 노동력이 부족했지만 더 많은 곡식을 수확하기를 원했다. 버지니아의 정착민들은 인디언에게서 담배 재배법을 배워 1617년에는 처음으로 영국 본토에 담배를 수송하기도 했다. 담배는 고가에 팔렸다. 일부에서는 흡연을 죄악이라고 생각했지만, 담배를 재배하는 사람들은 이익만을 생각하며 그러한 문제를 외면하기로 했다. 그들은 계속해서 영국에 담배를 팔았다.

그러나 누가 담배를 재배하거나 상품으로 팔 수 있게 준비할 것인가? 정착민들은 인디언들의 수가 훨씬 많았던 탓에 인디언을 부려먹을 수 없었다. 몇 명의 인디언은 총으로 사살할 수는 있겠지만 다른 인디언들이 보복해올 것이었다. 정착민들은 강인하고 호전적인 인디언을 사로잡거나 노예로 만들 수 없었다. 북아메리카의 숲이 정착민들에게는 낯설고 불리한 곳이었던 반면, 인디언들에게는 집이나 다름없었다. 그들은 얼마든지 정착민들을 피하거나 달아날 수 있었다.

버지니아 정착민들은 인디언을 마음대로 할 수 없다는 사실에 분통을 터뜨렸을 뿐만 아니라, 인디언들이 백인들보다 스스로 잘 보살핀다는 사실에 질투심까지 느꼈다. 야만인이라고 생각하는 인디언에게 문명인이라고 자부하는 백인들이 충분히 할 법한 생각이었다. 역사가 에드먼드 모건(Edmund Morgan)은 《미국의 노예 제도, 미국의 자유American Slavery, American Freedom》에서 어떻게 해서 식민지 개척자들이 인디언보다 잘 살거나 인디언을 부리는 데 실패했는가에 대해 설명했다.

인디언들은 자신들의 방식을 지키면서 당신들의 우수한 방법을 비웃으며 당신들보다 적게 일하면서도 땅에서 더 많은 것을 얻는다. 그래서 그들과 함께 살기 위해 도망치는 자들이 당신네 가운데서 나오기 시작하자 당신들은 더 이상 견딜 수 없게 되었다. …… 당신들은 인디언들을 살해하거나 고문하고, 그들의 집과 옥수수밭을 불태웠다. …… 그러나 당신들은 여전히 옥수수를 많이 수확하지 못하고 있다.

이러한 질투와 분노의 감정들이 정착민들로 하여금 노예의 주인이 되게 했던 것이다. 버지니아 정착민들이 노예로 삼을 흑인들을 수입해왔던 것은 어쩌면 당연한 일일지도 모른다. 아메리카 대륙의 다른 식민지에서는 이미 일어났던 일인 것이다.

1619년에는 남아메리카와 카리브해에 있는 포르투갈과 스페인 식민지의 광산이나 사탕수수 농장에서 일할 100만 명의 흑인 노예들이 아프리카에서 끌려왔다. 사실 열 명의 흑인들이 콜럼버스가 신대륙으로 항해를 떠나기 50년 전에 포르투갈에 끌려와 팔린 적이 있었는데, 이것이 노예무역의 시작이었다. 1619년에 처음으로 20명의 흑인이 강제로 제임스타운에 끌려와 정착민들에게 팔렸을 때, 백인들은 이미 오래전부터 아프리카 흑인들을 노예라고 생각하고 있었다.

노예로 취급되는 데에는 아프리카 출신 흑인들의 무기력함도 일조했다. 인디언들은 그곳이 자신들의 터전이었다. 백인들은 낯선 신대륙에 자신들의 문화도 가지고 왔다. 그러나 흑인들은 고향땅뿐만 아니라 문

버지니아의 노예 경매 장면(1861년). 정착민들은 필요한 노동력을 아프리카 흑인 노예들로 충당했다. 아메리카 초기 노예제는 인종주의가 뿌리내리는 데 기여했다.

화마저도 잃고 말았다. 흑인들은 언어, 의복, 관습, 가정생활 같은 자신들의 전통이 점점 사라져가는 상황에 직면했다. 강한 의지를 가진 흑인들만이 전통의 일부만이라도 지켜낼 수 있었다.

　아프리카 문화가 유럽 문화보다 열등했기 때문에 쉽게 파괴되었던 것일까? 어떻게 보면 1억 인구의 문명이었던 아프리카 문화는 유럽 문화 못지않게 발전해 있었다. 그들은 거대 도시와 철기의 사용 그리고 농경, 방직, 도기 제작, 조각 등의 기술이 발전해 있었다. 16세기에 아프리카를 여행했던 유럽인들은 팀북투(Timbuktu) 왕국과 말리(Mali) 왕국에서 깊은 인상을 받았다. 유럽의 국가들이 이제 막 근대국가로 성장하기 시작하던 바로 그때, 아프리카의 나라들은 이미 안정되고 조직화되어 있었다.

유럽인들은 자신들의 노예무역을 정당화하기 위해 아프리카에도 노예제가 존재했던 사실을 거론하기도 한다. 아프리카 노예들도 삶이 고단했지만 아메리카로 끌려간 노예들에게는 없는 권리를 가지고 있었다. 두 가지 측면에서 볼 때 아메리카의 노예제는 역사상 가장 잔혹했다. 첫째, 아메리카 노예들은 끝없는 이익 추구의 광기에 의해 혹사되었다. 둘째, 인종적인 혐오감을 바탕으로 백인은 주인, 흑인은 노예라는 시각이 형성되어 있었다. 이러한 이유로 아메리카 노예들은 인간 이하로 취급당했다.

비인간적인 대우는 아프리카에서부터 시작되었다. 붙잡힌 노예들은 쇠사슬에 묶인 채 바닷가까지 강제로 끌려갔는데, 그 거리가 수천 마일씩 되기도 했다. 그 과정에서 흑인들 가운데 5분의 2가 사망했으며, 생존자들은 팔릴 때까지 우리에 감금되었다.

노예선에 실린 노예들은 관보다 조금 더 큰 어두운 공간에 사슬에 묶인 채 해외로 이송되었다. 그들 가운데 일부는 사람들로 꽉 찬 더러운 화물칸에서 산소 부족으로 목숨을 잃었으며, 어떤 이들은 고통에서 벗어나기 위해 바다로 뛰어들기도 했다. 전체 3분의 1가량 되는 많은 흑인이 바다를 건너는 도중 사망했다. 그런데도 노예무역은 남는 장사였고 상인들은 흑인들이 생선이라도 되는 양 그들로 화물칸을 가득 채웠다.

원래는 네덜란드인들이 중요한 노예무역 상인들이었으나 나중에는 영국인들이 무역을 주도하게 되었다. 몇몇 뉴잉글랜드인들도 노예무역 사업에 뛰어들었다. 1637년에 처음으로 아메리카의 노예선이 매사추세츠를 출항했다. 그 배의 창고는 수감자들을 구속하기 위한 가로 0.6미터, 세로 1.8미터의 족쇄가 달린 선반들로 이루어져 있었다.

1800년 무렵까지 1,000만~1,500만의 흑인들이 아메리카로 끌려왔다.

전부 합하면 이른바 근대 문명이 시작되었던 것으로 알려진 한 세기 동안 아프리카는 거의 5,000만에 달하는 인구를 죽음과 노예제에 의해 잃었을 것이다.

아메리카 식민지의 노예제는 제임스타운 정착민들의 노동력 필요에 의해 생겨났다. 인디언을 부리는 것은 불가능했고, 백인을 고용한다는 것 또한 어려웠다. 그러나 흑인들은 인신매매로 돈벌이를 하는 상인들 덕분에 그 숫자가 점점 증가했다. 또한 납치된 후 흑인들이 겪었던 끔찍한 대우는 그들 대부분을 무기력한 상태로 만들었다. 이렇게 하여 흑인들의 노예화가 이루어졌던 것이다.

백인 하인과 흑인 노예를 분리시켜라

모든 흑인이 노예였을까? 정착민들은 일부 흑인들에 대해서는 노예가 아닌 하인으로 대했을지도 모른다. 백인 하인들도 데리고 있던 정착민들은 백인 하인과 흑인 하인을 차별대우했을까?

식민지 때 버지니아에서 일어난 한 사건에서 백인들과 흑인들이 차별대우 받았음을 확인할 수 있다. 1640년 여섯 명의 백인 하인과 한 명의 흑인 하인이 도주를 시도했다가 붙잡혔다. 에마누엘이라는 흑인은 채찍 30대와 한쪽 뺨에 낙인이 찍히는 형벌과 함께 1년 이상 쇠고랑을 차고 일하라는 판결을 받았다. 그에 비해 백인들은 더 가벼운 판결을 받았다.

이 같은 불평등한 대우의 인종차별은 감정과 행동에서 모두 나타나는 것이었다. 흑인들에 대해서 우월감이 있던 백인들은 경멸의 시선으로 흑인들을 바라보았을 뿐만 아니라 자기들끼리 대할 때보다 더욱 거칠고 억압적으로 대했다. 이러한 인종차별이 '자연스러운' 것일까? 흑인들을 혐

오하고 학대했던 것이 백인들의 어떤 타고난 본능 때문일까? 아니면 인종차별은 변화할 수 있는 어떤 특정한 상황들의 결과물인 것일까?

이러한 질문에 대한 대답을 찾을 수 있는 하나의 방법은 아메리카 식민지에 살던 백인들 가운데 누구라도 흑인들을 자신들과 동등한 시각으로 본 사람이 있었는지의 여부를 조사하는 것이다. 그 사실을 입증할 만한 증거가 있다. 백인들과 흑인들이 같은 문제나 같은 일을 공유할 때, 즉 같은 주인을 섬기면서 주인을 적대시할 때 그들은 서로 동등하게 여겼다.

아메리카 식민지의 대농장들에서 왜 노예제가 생겼는지를 설명하기 위해 굳이 인종적 혐오에 대해 이야기할 필요는 없다. 노동력의 필요성 때문이라는 것만으로도 충분히 설명되기 때문이다. 대농장에서 필요한 수요를 충족시키기에는 식민지로 이주해온 백인들의 수가 부족하여, 그만큼의 수요를 충족시키기 위해 노예들을 데려왔던 것이다. 수요는 계속해서 증가하여 1700년의 버지니아 식민지에는 총인구의 12분의 1에 달하는 6,000명의 노예가 있었다. 1763년에는 인구의 절반에 가까운 17만 명의 노예가 있었다.

흑인 남녀들은 노예가 되는 것에 저항하며 최소한 자기 자신과 동족에게 인간으로서의 존엄성을 증명하려 했다. 그들은 표면적으로 확연히 표출되지 않아 처벌하기 힘든 저항 방법을 주로 사용했다. 예를 들어 일부러 느릿느릿 일하거나 백인들의 재산을 몰래 파괴했다. 저항의 또 다른 방법은 탈출이었다. 부족생활의 전통에 익숙해 있는, 이제 막 아프리카에서 도착한 흑인들은 무리지어 탈주하여 미개척지에서 공동체를 만

◀ 아프리카 노예들이 노예선에서 뛰어내리는 모습. 인간 짐짝처럼 노예선에 실렸던 그들 가운데 3분의 1은 바다를 건너는 도중 죽었다.

들려고 했다. 그에 반해 아메리카에서 태어나 이미 노예화된 흑인들은 혼자 탈출하여 자유롭게 다니려고 하는 경향이 있었다.

노예들은 고통과 죽음을 무릅쓰고 탈출했으며 탈출할 궁리를 하다가 발각되기만 해도 끔찍한 처벌을 받았다. 붙잡힌 노예들은 낙인이 찍히거나 신체가 절단되거나 죽임을 당하기도 했다. 백인들은 다른 노예들의 저항심 예방 차원에서 가혹한 처벌이 필요하다고 믿었다.

백인 정착민들은 조직화된 흑인 봉기를 두려워했다. 노예 반란에 대한 두려움은 농장생활의 일부이기도 했다. 1736년 윌리엄 버드(William Byrd)라는 버지니아의 농장주는 용감한 노예 지도자가 반란을 일으킨다면, "절망적인 불행의 그 사나이는 반란을 일으켜서 우리의 강물을 피로 물들일 것"이라고 기록했다.

실제로 반란이 일어났다. 횟수가 잦았던 것은 아니지만 농장주들이 두려움을 갖기에는 충분할 정도였다. 1720년 사우스캐롤라이나의 한 정착민은 런던에 보내는 편지에서 당시 막 진압되었던 계획적인 노예 반란에 대해 다음과 같이 말했다.

이제 당신에게 최근 아주 사악하고 야만적인 음모가 있었다는 이야기를 해야겠군요. 검둥이들이 들고일어나서 백인들을 모두 죽이고 찰스타운을 장악하려 했습니다. 그러나 주님의 은총으로 사전에 발각되어 그들 대부분을 붙잡아서 일부는 화형과 교수형에 처했고 일부는 쫓아냈습니다.

열 명 이상의 흑인들이 가담한 반란이나 음모는 약 250여 건으로 알려져 있다. 그러나 그 모든 반란에 흑인 노예들만 가담했던 것은 아니었다. 때로는 백인들도 노예들의 저항에 동참했다. 초기 시절이었던 1663년에는 버지니아의 백인 노예들과 흑인 노예들이 반란을 일으켜 자유를 쟁취하기로 뜻을 모았던 일도 있었지만, 실행 단계에서 배신자로 인해 수포로 돌아갔다.

1741년 뉴욕에는 1만 명의 백인과 2,000명의 흑인이 있었다. 인종 구별 없이 빈민 모두를 고통스럽게 했던 혹독한 겨울이 지난 후 의문의 화재가 발생했다. 일부 백인들과 흑인들이 공모 혐의로 고발당했다. 법정은 격앙된 감정의 거친 소리로 가득했다. 그들 가운데 일부가 강압에 이기지 못하고 거짓 자백을 했다. 결국 두 명의 백인 남성과 두 명의 백인 여성이 처형당했고, 18명의 노예는 교수형에, 13명의 노예는 산 채로 화형에 처해졌다.

아메리카 식민지에서 흑인들의 반란에 대한 두려움보다 더 큰 두려움은 딱 한 가지뿐이었다. 그것은 바로 자신의 처지에 불만을 품은 백인들이 흑인들과 규합하여 사회질서를 혼란시키지 않을까 하는 두려움이었다. 특히 노예제가 시작되던 초기, 즉 아직 인종차별이 정착되기 전에는 몇몇 백인 하인들이 마치 노예처럼 혹독한 대우를 받기도 했었다. 그것은 백인 하인들과 흑인 노예들 두 집단이 힘을 합칠 수 있는 기회가 되었다.

식민지 지배자들은 그런 일이 발생하지 않도록 사전 방지 작업에 착수했다. 그들은 가난한 백인들에게 새로운 권리와 이익을 주었다. 예를 들어 1705년 버지니아에서는 백인 하인들의 계약 기간이 만료되었을 경우, 그들에게 돈과 곡식을 줘야 한다는 법안을 통과시켰다. 자유를 얻은 하인들은 토지를 받기도 했다. 이러한 조치로 하인계급에 속한 백인들은 자신의 처지에 불만을 덜 품게 되었으며, 흑인 노예들과 규합하여 백인 주인들에게 저항할 가능성도 낮아졌다.

역사의 그물망은 흑인들을 아메리카의 노예제로 옭아매었다. 이 그물망은 굶주린 정착민들의 절망적인 위기감, 고향을 잃은 아프리카 흑인들의 무기력함, 노예무역 상인들과 담배 재배자들에게 보장된 이윤, 그리고 반란을 일으킨 노예들을 마음대로 처벌할 수 있는 법과 관습을 의미한다. 마지막으로 식민지 지배자들은 백인들과 흑인들이 평등하게 함께 단결하지 못하게 차단하기 위해 가난한 백인들에게 신분상의 작은 이익과 혜택을 주었던 것이다.

이러한 그물망은 '자연스러운' 것이 아닌 역사적인 것이며 특수한 상황에서 생겨난 것이었다. 다시 말해 쉽게 풀 수 있는 그물망이 아니었다. 그러나 흑인들과 백인들이 다른 역사적 상황에 처해 있었다면 다른 방식으로 함께 살 수 있는 가능성이 있었다는 것을 의미하기도 한다.

3 / 보잘것없는 그들을 통제하라

미국 혁명이 일어나기 100년 전 버지니아에서 반란이 일어났다. 성난 정착민들은 수도 제임스타운에 불을 질렀다. 총독은 불타는 도시를 등지고 달아났으며, 영국은 4만 명의 정착민들을 통제하기 위해 1,000명의 군대를 파견했다.

이것이 '베이컨의 반란(Bacon's Rebellion)'이었다. 이 반란은 아메리카 정착민들이 영국에 전쟁을 선포한 것이 아니었다. 그들이 적으로 간주했던 두 집단에 대한 분노가 폭발한 결과였다. 하나는 인디언들이었고, 다른 하나는 부와 특권을 누리며 그들과 함께 살고 있었던 식민지 지배자들이었다.

베이컨의 반란은 하층계급에서 세력이 형성되었다. 우선 백인 개척자들이 식민지 경영방식에 불만을 품고 분노하여 들고일어났다. 그 후에는 백인 하인들과 흑인 노예들이 가담했는데 그들은 버지니아의 엄청난 빈부격차에 불만을 품고 있었다.

너새니얼 베이컨과 반란

베이컨의 반란은 서부 변경의 개척지 문제에서 야기되었다. 1670년대 버지니아 동부에서는 대지주들이 대부분의 지역을 장악하고 있었다. 그로 인해 평범한 많은 사람은 변경으로 밀려나고 있다고 느꼈으며 그곳에서의 생활은 훨씬 위험했다. 아메리카 대륙의 원주민인 인디언과 문제를 일으켰던 것이다. 그들은 식민지 지배자들이 인디언과 맞서 싸우기를 바랐지만 식민지 지배자들, 즉 정치가들과 대지주들은 대항할 의사가 없었다. 지배자들이 인디언을 스파이나 동맹자로 이용하고 있었기 때문이다.

식민 정부에 실망하고 좌절한 변경의 개척자들은 분노했으며 또한 그들은 혼자가 아니었다. 당시 많은 버지니아인들은 열악한 조건에서 하인으로 일하며 근근이 연명하는 힘든 시절을 보내고 있었다. 1676년 버지니아인들은 너새니얼 베이컨(Nathaniel Bacon)이라는 지도자를 만났다.

한 영국 정부의 기록에는 너새니얼 베이컨이 어떻게 추종자들을 모았는지에 대해 언급되어 있다.

그는 서민들과 가장 무식한 사람들을 꾀어내어 그들의 온 마음과 소망이 베이컨에게 달려 있다고 믿게 했다. 이어서 그는 통치자들이 직무에 태만하고 나약하며, 의지할 수 없고 무능력하며, 법률과 세금은 불공정하고 강압적이라고 비난했다.

사실 많은 토지를 소유하고 있었던 너새니얼 베이컨은 빈민들을 돕는 것보다는 인디언들과의 싸움에 더 관심이 있었던 듯하다. 그러나 여전히 버지니아의 소시민들은 그가 자신들의 편이라고 여기고 있었다. 그들은 너새니얼 베이컨을 하원의원으로 선출하여 식민 정부에 참여시켰다. 그는 인디언들과 싸우기 위해 군대나 시민군을 파견할 준비가 되어 있었다. 그 부대는 정부의 통제에서 벗어나 행동할 것이었다. 이러한 그의 계획은 식민지 총독 윌리엄 버클리(William Berkeley)를 경악하게 했다. 윌리엄 버클리는 그를 반역자로 체포했다.

2,000명의 베이컨 지지자들이 제임스타운으로 진군해 들어가자 윌리엄 버클리는 너새니얼 베이컨에게 사과를 받고 석방했다. 그러나 자유의 몸이 되자마자 그는 군대를 조직하여 인디언들을 습격했다.

너새니얼 베이컨은 "인민선언(Declaration of the People)"이라 불린 문서에서 반란의 명분을 밝혔다. 그것은 인디언들에 대한 개척자들의 증오와 대지주에 대한 서민들의 분노가 한데 뒤섞인 것이었다. 너새니얼 베이컨은 불공정한 세금을 징수한 것과 인디언들로부터 서부의 개척자들을 지켜주지 않는 것을 포함한 버클리 행정부의 비행을 고발했다.

몇 달이 지나 너새니얼 베이컨이 42세의 나이로 병에 걸려 죽음으로써 반란은 지속되지 못했다. 30문의 대포로 무장한 배가 식민지의 주요 수로 가운데 하나인 요크 강으로 들어와 질서를 회복했다. 선장 토머스 그랜섬(Thomas Grantham)은 마지막 반란 집단을 무장 해제시키기 위하여 무력과 속임수를 썼다. 그는 반란군의 주요 근거지에서 무장한 400명의 백인과 흑인을 만났다. 그들 가운데는 자유민도 있었고 하인과 노예도 있었다. 그는 처음에는 그들에게 용서와 자유를 약속했지만 곧 대포를 조준하고 무기를 빼앗았다. 자유를 보장받았던 하

인들과 노예들은 주인들에게 돌려보냈으며, 23명의 반란 지도자들은 교수형에 처했다.

베이컨의 반란은 버지니아에서 나타났던 연속적인 억압의 연결고리 때문에 발생했다. 인디언들은 백인 개척자들에게 토지를 강탈당했고, 개척자들은 제임스타운의 부유한 상류층들에게 세금을 바치며 그들의 통치를 받았다. 그리고 빈부의 격차를 떠나 식민지의 모든 사람들은 영국에게 이용당했다. 식민지인들이 재배한 담배의 가격은 판매지인 영국에서 책정되었고, 영국 왕은 해마다 버지니아 식민지에서 막대한 이익을 얻었다.

버지니아에 거주하는 대부분의 사람은 반란을 지지했다. 윌리엄 버클리 총독 의회의 한 의원은 반란군들이 식민지를 왕에게서 빼앗아 자신들의 소유로 만들려고 했다고 말했다. 또한 혹자는 베이컨의 반란이 인디언 문제 때문에 시작된 것이었지만, 빈민들은 부자들의 재산을 갈취하기 위하여 가담했다고 말했다. 반란군은 어떤 사람들인가?

하층계급에 대한 두려움

베이컨의 반란에 가담했던 하인들은 아주 가난한 백인들로 구성된 하층계급의 일부였다. 그들은 자신들을 불필요하게 여겼던 영국 등 유럽의 도시에서 북아메리카의 식민지로 이주해왔다. 예를 들어 영국에서는 토지법의 개혁에 따라 궁핍한 수많은 농부가 도시로 내몰려 정처없이 떠돌았다. 그뿐만 아니라 빈민들을 처벌하거나 구빈원(workhouse)에

◀ 제임스타운을 불태우는 너새니얼 베이컨과 추종자들(1676년). 버지니아의 지배자들이 베이컨의 반란을 두려워한 가장 큰 이유는 흑인 노예와 백인 하인 세력의 규합 때문이었다.

수용시키거나 국외로 추방할 수 있는 새로운 법률이 통과됨에 따라 일부는 강제로 고향을 떠나 아메리카로 이주하게 되었다. 희망에 부풀어 이주한 사람들도 있었는데 그곳에서의 행복한 생활을 보장하겠다는 감언이설에 속아 이주한 것인지도 모를 일이었다.

아메리카로 이주한 수많은 빈민들은 계약서에 서명함으로써 '연한 계약 노동자(年限契約勞動者, indentured servant)'가 되었다. 계약서에는 아메리카로 가는 항해비용을 5~7년 동안 주인에게 봉사하여 갚는다는 내용이 적혀 있었다. 계약서에 서명한 후에는 배가 출항하기 전에 도망칠까 우려하여 감금시키는 일이 흔히 이루어졌다.

영국이나 유럽에서 아메리카에 도착하기까지는 8~12주 정도 소요되었다. 기상 악화로 예상보다 소요 일정이 길어질 경우 승객들은 굶주리며 지내야 했다. 아메리카 식민지에서 하인으로 일하기 위해 바다를 건너는 빈민들이 더러운 선실에 꽉 차 있었다. 항해 중 죽는 사람들도 있었다. 1750년 무렵 독일에서 아메리카로 건너온 음악가 고트리브 미텔베르거(Gottlieb Mittelberger)는 그 끔찍한 여행에 대해 다음과 같은 기록을 남겼다.

여행 동안 선실에는 악취, 독기, 공포, 구토, 뱃멀미, 고열, 이질, 두통, 숨막힘, 변비, 종기, 괴혈병, 종양, 구강염 등으로 인한 고통의 모습이 가득했다. 게다가 식량 부족, 굶주림, 갈증, 동상, 고열, 습기, 공포, 고통, 원망, 탄식 등 여러 가지 문제들이 있었다. 폭풍이 심한 어느 날, 출산이 임박했는데도 악조건 상 분만하지 못하고 있었던 여성은 창문을 통해 바다에 던져지고 말았다.

아메리카에 도착하자 계약 노동자들은 마치 노예처럼 매매되었다.

1771년 3월 28일자 〈버지니아 가제트Virginia Gazette〉에는 "유스티티아호가 남성, 여성, 소년을 포함한 약 100명의 건강한 하인들을 싣고 도착했음. 4월 2일 화요일에 매매 예정"이라는 기사가 실렸다.

북아메리카로 이주해온 식민지 주민들 가운데 절반 이상이 하인으로 온 사람들이었다. 그들은 대부분 17세기에 영국에서 왔거나 18세기에 아일랜드나 독일에서 왔다. 아메리카 식민지에서 대부분의 사람은 상상했던 것보다 훨씬 힘든 생활을 해야 했다.

매질과 채찍질은 다반사였으며 하녀들은 강간을 당했다. 그 밖에도 그들을 통세하는 또 다른 방법이 있었다. 새로 이주해온 사람들은 자신들이 탈출한 하인들이 아닌 자유민이라는 증서를 갖고 있어야 했다. 식민지 정부는 하인들이 다른 식민지로 탈출했을 경우 반드시 돌려줄 것을 합의했던 것이다(이것은 훗날 미국 헌법에도 포함된다).

주인들은 하인들의 반란에 대한 두려움 속에서 살았다. 베이컨의 반란 이후 버지니아에는 차후에 발생할 수 있는 문제에 대비하기 위해 영국 군대가 주둔했다. 당시의 한 보고서에는 "지금 버지니아는 궁핍하며 그 어느 때보다도 인구가 많다"라고 기록되어 있다. 이에 덧붙여 옷과 같은 기본 생필품을 원하는 하인들이 반란을 일으킬까 우려하며 많은 주민이 두려움에 떨고 있다고 전했다.

반란보다는 탈출하는 것이 쉬웠다. 역사학자 리처드 모리스(Richard Morris)는 《초기 아메리카의 정부와 노동Government and Labor in Early America》에서 간혹 집단적으로 이루어지기도 한 백인 하인들의 탈출에 관해 식민지 시대의 신문들을 연구했고 많은 보고서를 찾아냈다. 어떤 하인들은 파업(strike)을 하며 일을 거부했다. 1663년 메릴랜드의 한 농장주는 하인들이 '일상적인 노동'을 하지 않으려 한다며 고발했다. 이에 하인들은 주인이 콩과 빵밖에 주지 않아 체력이 부실하여 일을 할 수 없었노라고 말했다. 법원은 하인들에게 채찍으로 30대씩 맞으라고 명령했다.

하인들이 탈출하거나 계약 기간이 만료된 빈자리를 노예들로 대신했다. 자유를 얻은 하인들은 어떻게 되었을까? 열심히 재산을 모아 토지를 구입하여 유지가 되었다는 흐뭇한 이야기도 있지만, 역사학자 애벗 스미스(Abbot Smith)는 《식민지 사람들과 구속Colonists in Bondage》이라는 책에서 식민지의 부자나 유력자 가운데 계약 노동자 출신은 거의 없으며, 그 하인들의 후손인 사람조차 거의 없다고 밝히고 있다.

부자와 빈자의 선명한 구분

식민지 시대 동안 계급이 뚜렷이 구별되면서 빈부의 차이가 확연해졌다. 매사추세츠 식민지 초창기였던 1630년 "언제나 부자도 있고 빈자(貧者)도 있기 마련이다"라는 총독 존 윈스럽(John Winthrop)의 말에서 당시 식민지 지배자들의 생각을 엿볼 수 있다. 식민지 지배자들은 돈과 지위가 보장된 사람들이었다. 그들은 북아메리카의 사회가 영국과 비슷했으면 하는 바람을 가지고 있었다. 소수의 사람들이 좋은 땅과 많은 재산을 차지하는 것이 그들이 원하는 바였다.

18세기에 식민지는 빠르게 성장했다. 1700~1760년 사이 인구가 25만에서 150만 이상으로 증가했으며 농업, 어업, 상업을 비롯하여 소규모 공장들도 발전했다. 보스턴, 뉴욕, 필라델피아, 찰스턴 같은 도시들은 두세 배로 커졌다.

사회가 성장함에 따라 상층계급은 대부분의 이익과 정치적 권력을 얻었다. 예를 들어 1770년 보스턴에서는 상위 1퍼센트에 속하는 사람들이 부의 44퍼센트를 차지했다.

식민지의 부유한 상인들은 대저택에서 살았다. 상층계급에 속하는 사람들은 자신들의 초상화를 그렸으며, 사륜마차나 하인 또는 노예들이 메는 가마를 타고 여행하러 다녔다. 반면 빈자들은 살아남기 위해, 특히 추운 겨울에 얼어 죽지 않기 위해 발버둥쳤다. 빈자들의 숫자는 갈수록 증가했고 1730년대에는 사람들이 '거리를 떠돌아다니며 날마다 괴로워하는 수많은 비렁뱅이'를 수용할 수 있는 시설을 만들어달라고 요구했다.

도시에는 노인, 과부, 장애인, 고아, 실업자와 새로운 이민자를 위한 구빈원(poorhouse)이 설치되었다. 1748년 필라델피아의 한 시민이 "지난 겨울 동안 마을 근처의 걸인수가 엄청나게 늘어났다"라고 기록했다. 9년 후에 보스턴의 공무원들은 가족 부양이 버거운 '매우 가난한 많은 사람'에 관해 이야기했다.

식민지에 관한 전통적인 역사 서술은 식민지가 외부의 적 영국에 저항하여 단결했다는 식으로 전개되고 있다. 그러나 사실 식민지 내부에는 노예와 자유민, 하인과 주인, 소작인과 지주, 빈자와 부자들로 인한 심한 갈등이 있었다. 이러한 긴장의 연속으로 질서가 붕괴된다.

1713년 보스턴에서는 식량 부족이 심각했다. 온 도시민들이 굶주리고 있었는데도 앤드루 벨처(Andrew Belcher)라는 거상은 더 큰 이익을 얻기 위해 카리브해의 섬에 곡식을 내다 팔았다. 폭동을 일으킨 200명의 성난 군중은 앤드루 벨처의 창고를 습격했고, 이를 저지하는 식민지 부총독을 저격했다. 또 다른 보스턴의 군중이 관리를 습격하고 총독의 저택을 포위했으며, 강제 징집하는 해군의 행위에 대해 항의했다. 1747년 가난한 보스턴 사람들에게 적대적이었던 거상이자 관리인 토머스 허친슨(Thomas Hutchinson)의 집이 군중의 환호와 함께 의문의 화재로 불타버렸다.

1740년대와 1750년대의 뉴저지에서는 빈농들이 지주들과 충돌했다. 양쪽 모두 토지에 대한 소유를 주장했는데, 지주들이 소작을 부치라고 하자 농민들이 들고일어났던 것이다. 그 당시 영국은 몇 개의 전쟁을 치르고 있었는데, 그 전쟁들로 식민지의 소수의 조선업자들과 상인들은 부를 얻게 되었다. 반면 대다수의 식민지인은 그 전쟁들 때문에 과도한 세금과 실업, 빈곤에 시달려야 했다. 그 결과 부자들과 권력자들에 대한 그들의 분노는 점점 깊어졌다.

통제의 방법들

1760년대에 북아메리카의 영국 식민지를 통치하던 부유한 엘리트계급들에게는 세 가지의 두려움이 있었다. 적대적인 인디언들과 노예 반란의 위험성, 그리고 점점 커져만 가는 가난한 백인 계급의 분노였다. 만에 하나 이 세 집단이 함께 세력을 규합한다면 어떻게 되겠는가?

베이컨의 반란은 인디언들을 무시하는 게 얼마나 위험한지 식민지 지배자들에게 보여주었다. 그것은 변경에 사는 백인 개척자들의 분노를 유발시키기 때문이었다. 한편 인디언들과 전쟁을 벌일 경우 백인들의 지지를 쉽게 얻을 수 있었다. 가난한 사람들과 인디언들을 대치시키면 권력자들은 빈부 격차로 인한 계급 갈등의 싹을 애초에 자를 수 있었다.

흑인들이 백인들에게 저항하기 위해 인디언들과 규합할 수도 있지 않았을까? 이것이야말로 위험천만한 일이었다. 1750년대 캐롤라이나에는 흑인 노예들이 4만 명이고 아메리카 원주민(인디언)들이 6만 명으로 2만 5,000명의 백인보다 훨씬 많았다. 식민지 권력자들은 흑인들과 인디언들이 서로 반목하도록 조장했다. 탈출한 흑인 노예를 돌려보내 달라고 인디언들을 매수했으며, 자유를 얻은 흑인 노예들이 인디언 지역으로 다니지 못하게 법률로 제정해놓았다. 탈출한 노예들이 인디언 마을에 수백 명이나 숨어 있었는데도 대규모로 흑인들과 인디언들이 단합하는 일은 없었다.

남부의 대농장주들에게 가장 두려운 일은 흑인 노예들과 가난한 백인들이 베이컨의 반란 같은 대규모 봉기에 동참하는 것이었다. 인종차별은 흑인들과 백인들이 단결하지 못하도록 할 수 있는 방법이었다. 버지니아의 노예제를 연구한 역사가 에드먼드 모건은 《미국의 노예 제도, 미국의 자유》에서 인종차별이란 흑백의 차이에서 나타나는 '자연스러운' 감정이 아니라고 말하고 있다. 사실은 백인 지배자들이 흑인들에 대한 부정적인 시각을 조장했다는 것이다. 가난한 백인들이 아프리카에서 온 흑인들에게 경멸감을 가졌다면, 그들을 반란에 가담시키려 하지도 않았을 것이다.

식민지들이 성장할수록 지배계급은 통제할 수 있는 다른 수단을 찾게 되었다. 최고의 부유층(富裕層)과 극빈층(極貧層)이 존재하는 사이에서 백인 중산층(中産層)이 발전했다. 중산층에는 소규모 농장주, 독립적인 자영농, 도시의 기술자들이 포함되어 있었다. 중산층 식민지인들이 상인들 및 대농장주들과 세력을 규합한다면 변경의 인디언, 흑인 노예, 가난한 백인에 대한 튼튼한 완충 장치가 될 수 있었다.

상층계급은 중산층의 충성을 얻는 데 성공했는데, 여기에는 분명 중산층에게 대가가 있었음을 의미한다. 과연 어떻게 자신들의 재산과 권력의 손실 없이 그런 일을 가능하게 했던 것일까? 1760년대와 1770년대의 지배계급은 최적의 방법을 찾아냈다. 다름 아닌 자유와 평등에 관한 말이었다. 자유와 평등에 관한 말은 영국에 대한 혁명을 일으킬 때에만 필요했고, 노예제나 불평등을 없애는 데에는 전혀 쓸모가 없었다.

4 / 폭정은 폭정일 뿐

1776년 무렵 북아메리카에 있는 영국 식민지들의 일부 중요 인사들은 한 가지 사실을 발견했다. 나라를 세운 후 합중국(United States)이라 칭한다면 대영제국을 위해 식민지를 관리해온 사람들에게서 토지와 재산, 정치 권력을 빼앗을 수 있었다.

이러한 시각으로 미국 혁명을 바라볼 경우 매우 천재적이고 획기적인 일이라고 할 수 있다. 미국의 건국의 아버지들(Founding Fathers)은 200년 이상 잘 운영되고 있던 국가 통제의 새로운 시스템을 만들어낸 것이기 때문이다.

불만에 가득 찬 식민지에 통제는 반드시 필요했다. 1760년대에는 여러 곳의 식민지 정부들을 전복시키기 위한 봉기가 18차례나 일어났다. 또한 사우스캐롤라이나에서 뉴욕에 이르기까지 여섯 번의 흑인의 반란과 40회의 다른 폭동이 일어났다.

1760년대의 식민지에는 이른바 지역 엘리트들(local elites)이 등장했다. 그들은 각각의 도시, 마을 또는 식민지에서 정치적·사회적 지도자 역할을 수행했다. 그들은 대부분 변호사, 의사, 작가 등 교육받은 사람들이었으며 상당한 영향력이 있었다. 지역 엘리트들 중 일부는 식민지 총독이나 세금 징수원을 비롯하여 대영제국을 대표하는 관리들로 이루어진 당시의 지배계급과 밀접한 관계를 맺고 있었다. 또 다른 부류의 지역 엘리트들은 지배계급과는 무관했지만 다른 식민지인들의 존경을 받기는 마찬가지였다.

지역 엘리트들은 점점 심해져가는 무질서에 동요했다. 그들은 식민지의 사회 질서가 붕괴될 경우 자신들의 재산과 지위에 피해를 입을까 우려하여 그것을 지키기 위한 보장 방법을 모색하게 되었다. 그들은 영국에 대해 반란을 일으킨 무리에 합류하여 그쪽의 지도자가 되었다. 계획적인 것도 아니었지만 즉흥적인 판단도 아니었다. 몇 년에 걸쳐 수차례의 위기에 직면하면서 얻어낸 결론이었다.

분노를 행동으로 보이다

1763년 영국은 7년전쟁(Seven Years' War : 식민지에서는 '프랑스와 인디언 전쟁'이라고 불렸다)에서 프랑스를 격퇴했다. 프랑스는 북아메리카의 영국 식민지에 더 이상 위협적인 존재가 아니었다. 그러나 전쟁이 끝나자 오히려 영국 정부는 식민지들에 대한 통제를 강화했다. 식민지가 그들에게 매우 유용했기 때문이다. 영국은 투입된 전쟁비용을 식민지에서 걷는 세금으로 충당하려 했다. 또한 식민지와의 무역은 대영제국에 해마다 막대한 이익을 남겨주었다.

그러나 식민지에서는 실업과 빈곤의 문제가 불거지고 있었다. 가난한 사람들이 구걸하며 길바닥을 헤매는 것과 달리 부유한 식민지인들은 오늘날 수백만 달러에 달하는 재산을 축적하고 있었다. 극빈자수는 매우 많았지만 막대한 부를 소유한 자는 극소수에 불과했다.

가난으로 일부 식민지인들은 불안해했으며, 심지어는 반란의 조짐마저 엿보였다. 많은 주민이 살고 있던 시골에서도 빈민들과 부자들이 갈등을 빚고 있었다. 1740~1760년대에 이르기까지 뉴욕과 뉴저지의 소작인들이 지주들에 대해 잇달아 반란을 일으켰다.

1766년 노스캐롤라이나의 백인 농부들은 '레귤레이터 운동(Regulator Movement)'을 일으켰다. 레귤레이터들은 자신을 가난한 소작농이거나 노동자라고 밝혔다. 그들은 부당하게 통치하고 있는 부유하고 강력한 관리들에 맞서 평범한 사람들을 지켜야 한다고 주장했다. 레귤레이터들은 높은 세금에 대해 분개했으며 빈민들에게 무거운 빚을 지우는 변호사들과 상인들에 대해서도 분개했다. 레귤레이터들이 세금 징수에 저항하기 위해 조직적으로 움직이자 총독은 그들을 저지하기 위해 군대를 동원했다. 1771년 5월 대포로 무장한 군대가 수천 명의 레귤레이터를 격퇴했고 여섯 명의 레귤레이터를 교수형에 처했다.

보스턴의 하층계급 사람들은 민회(town meeting)를 통해 불만을 토로했다. 매사추세츠의 총독은 보스턴의 가난하고 평범한 사람들이 정기적으로 모임에 참여하고 있다는 기록을 남겼다. 그들은 신사들(gentleman)을 비롯해 지배계급에 근접해 있는 다른 보스턴 사람들을 투표에서 물리칠 수 있었다.

보스턴에서는 무언가 중요한 일이 일어나고 있었는데, 제임스 오티스

뉴욕 볼링그린에서 인지조례에 항의하는 사람들(1765년). 이 법은 7년전쟁의 비용을 식민지인들의 세금으로 충당하기 위해 만들어진 것으로, 부유층에 대한 하층계급의 분노를 불러일으켰다.

(James Otis)와 새뮤얼 애덤스(Samuel Adams)에 관한 이야기로부터 시작된다. 그들은 지역 엘리트에 속했지만 영국과 연계되어 있는 지배계급과는 거리가 멀었다. 제임스 오티스와 새뮤얼 애덤스를 비롯한 지역 엘리트들은 가난한 보스턴 사람들의 분위기를 감지하고 있었다. 그들은 강력한 연설과 논설을 통해 분노의 감정을 고취시켜 하층계급이 행동에 나서야 한다고 선동했다.

보스턴의 군중은 1765년 영국 정부가 인지조례(Stamp Act)를 통과시킨 이후 어떤 일이 발생할 수 있는지를 보여주었다. 인지조례는 7년전쟁의 비용을 식민지인들에게서 착취하기 위한 것이었다. 전쟁 중에 갖은 고초를 겪었던 식민지인들이 이제는 그 비용까지 부담해야만 했다. 이에 반발한 군중은 한 부유한 상인과 토머스 허친슨의 집을 부수는 폭동을 일으켰다. 당시 영국 측의 지배자 중 한 명인 토머스 허친슨의 집을 도끼로 부수는 것으로도 모자라 그의 포도주를 마시고 가구와 재산들을 빼돌렸다.

관리들은 토머스 허친슨의 집과 재산을 파괴한 것이 다른 부유층을 공격하기 위한 계획의 일부라고 영국에 보고했다. 그것은 '약탈행위이자 빈부의 구별을 없애는 전쟁'이 되었다. 그러나 이러한 폭동은 제임스 오티스를 비롯한 지역 엘리트들에게는 근심거리였다. 빈민들의 계급적인 증오심이 단지 영국에 협력하는 부자들에게만 향하기를 바랐고, 자신들에게까지 향하는 것은 원하지 않았다.

보스턴의 상인, 선주(船主), 부유한 기술자들은 '로열 나인(Loyal Nine)'이란 정치적인 단체를 조직하고 인지조례에 항의하기 위한 시위를 준비했다. 로열 나인은 상층계급과 중산층계급에 속한 사람들이었지만 선원, 도제(apprentice), 기술자에게 함께하라고 설득했다(단 흑인들은 포함되지 않았다). 2,000~3,000명의 사람이 지역 관리의 집 밖에서 시위를 벌였다. 그러나 그 시위를 계획하고 조직했던 '신사들'이 자리를 뜨자 군중은 침입하여 관리의 재산들을 파괴했다. 나중에 지역 엘리트들은 잘못된 폭력이라고 하며 군중에게 등을 돌렸고, 폭도들과도 완전히 연을 끊었다.

영국 정부가 또다시 식민지에 세금을 부과하려 하자 지역 엘리트들은 더 많은 시위를 선동했다. 그러나 새뮤얼 애덤스나 제임스 오티스 같은 지역 엘리트들은 이번에는 "폭도, 혼란, 폭동과 같은 사태가 벌어져서는 안 된다"고 말했다. 그들은 사람들이 단지 영국에 대한 분노를 표출하기만을 원했으며 '인명과 재산'의 피해는 없기를 바랐다.

보스턴 차 사건과 《상식》

시간이 흐를수록 영국에 대한 반감은 커져갔다. 1768년 이후 2,000명의 군대가 보스턴에 주둔했고, 일거리가 부족해지자 병사들은 노동자들의 일까지 하기 시작했다. 1770년 3월 5일 '보스턴 학살(Boston Massacre)'이 발생했다. 보스턴 지역의 노동자들과 영국 병사들 사이의 갈등이 유혈사태로 번졌다.

당황한 병사들은 시위 중인 군중을 향해 사격을 시작했고 크리스퍼스 애턱스(Chrispus Attucks)를 비롯한 많은 노동자가 총격으로 사망했다. 변호사였던 식민지인 존 애덤스(John Adams)는 그 일로 재판이 열리자 영국 병사 여덟 명의 변호를 맡았다. 존 애덤스는 학살 현장에 있었던 군중에 대해 "어중이떠중이가 모인 폭도들"이라며 경멸적인 어조로 말했다. 두 명의 병사들은 군대에서 추방당했고 나머지 여섯 명의 병사들은 무죄로 방면되었다. 그 일로 보스턴 사람들은 더욱 분노했다. 영국은 사태를 진정시키기 위해 군대를 도시 외곽으로 철수시켰다.

그러나 여전히 보스턴 사람들의 분노는 가라앉지 않았다. 보스턴의 정치적·사회적 지도자들은 영국의 행동에 대응하기 위하여 '대응위원회(Committee of Correspondence)'를 결성했다. 그들이 취한 행동 가운데 대표적인 것이 바로 1773년에 일어났던 '보스턴 차 사건(Boston Tea Party)'이다. 차(茶)에 부과된 세금 징수에 반발하여 한 무리의 식민지인들이 보스턴 항에 정박해 있던 영국 배를 습격해 차 상자를 바닷물에 버렸던 것이다.

보스턴 차 사건에 대한 영국의 대응은 더욱 엄격한 법을 새로 제정하는 것이었다. 영국은 보스턴 항을 폐쇄했으며 식민 정부를 해체하고 계엄령을 선포했다. 보스턴의 식민지인들은 이에 저항하기 위한 반대 집

보스턴 차 사건(1773년). 차조례에 반대하는 이들이 보스턴 항에 정박 중이던 영국 배를 습격해 차를 바다에 내던진 사건으로, 미국 독립전쟁의 시발점이 되었다.

회를 열었다.

다른 식민지들은 어땠을까? 버지니아의 엘리트들은 하층계급의 분노가 영국으로 향하기를 바랐다. 그들은 패트릭 헨리(Patrick Henry)의 뛰어난 웅변술을 이용하여 버지니아의 식민지인들에게 왜 영국에 대해 분노할 수밖에 없는지 설득했다. 동시에 패트릭 헨리는 식민지인들 사이에서 계급 갈등이 발생하는 것을 막았다. 그의 연설은 애국심과 영국에 대한 저항의식으로 처음부터 끝까지 이루어져 있었다.

저항의식을 독립에 대한 의지로 연결했던 또 다른 영향력이 있었다. 바로 1776년에 토머스 페인(Thomas Paine)이 출판한《상식Common

COMMON SENSE:

ADDRESSED TO THE

INHABITANTS

OF

AMERICA,

On the following interesting

SUBJECTS.

I. Of the Origin and Design of Government in general, with concise Remarks on the English Constitution.

II. Of Monarchy and Hereditary Succession.

III. Thoughts on the present State of American Affairs.

IV. Of the present Ability of America, with some miscellaneous Reflections.

Written by an ENGLISHMAN.

By Thomas Paine

Man knows no Master save creating HEAVEN,
Or those whom choice and common good ordain.

THOMSON.

PHILADELPHIA, Printed
And Sold by R. BELL, in Third-Street, 1776.

토머스 페인이 저술한 《상식》의 첫 페이지(1776년). 《상식》은 식민지인들의 독립의지를 불태우게 한 최초의 책자였으며, 그 당시 50만 부가 넘게 팔릴 정도로 베스트셀러였다.

Sense》이었다. 그 책은 식민지들이 영국의 통제로부터 반드시 자유로워져야만 한다는 것을 주장한 최초의 책자였다.

토머스 페인은 식민지인들이 대영제국에 충성을 바쳐야 이득 될 것이 없으며 영국과 단절해도 해로울 것이 없다고 주장했다. 그 증거로 토머스 페인은 그들을 개입시킨 전쟁을 영국이 일으켰다는 사실을 상기시켰다. 그 전쟁으로 식민지인들의 생명과 재산에 막대한 손실을 입었다. 그는 결정적인 말을 했다.

> (영국으로부터) 독립하는 것은 정당하고 합리적인 일이다. 살해당한 자들의 피와 우리 본성에서 흐느끼는 목소리가 이렇게 외치고 있다. "독립할 때가 온 것이다(TIS TIME TO PART)."

《상식》은 아메리카 식민지에서 대중적인 책이 되었다. 그러나 존 애덤스를 비롯한 일부 엘리트 식민지인들은 그 책에 대해 경계심을 가졌다. 엘리트 식민지인들도 영국으로부터 독립하겠다는 애국적인 주장은 지지했지만, 민주주의로 너무 깊이 진행되는 것은 원하지 않았다. 존 애덤스는 일반대중들이란 경솔하고 어리석은 결정을 하는 존재들이므로, 그들에 의한 통치는 분명 한계가 있다는 생각을 하고 있었다.

토머스 페인은 엘리트계급에 속해 있지 않았다. 그는 영국 출신의 가난한 이민자로 아메리카에 갔지만 혁명이 시작되자 하층계급들의 집단행동과는 거리를 두었다. 그러나 여전히 《상식》에 적힌 그의 말은 미국 독립혁명이라는 단합된 민중들의 운동에 관한 신화로 남아 있다.

과연 누구를 위한 독립인가

영국 정부의 가혹한 모든 행위는 식민지인들의 저항의식을 불러일으킬 뿐이었다. 1774년 식민지인들은 대륙회의(Continental Congress)를 발족했다. 그것은 분명 불법적인 정치기구였지만 독립 정부를 세우기 위한 첫걸음이기도 했다.

식민지인들과 영국 군대의 최초의 무력 충돌이 1775년 4월 렉싱턴(Lexington)과 콩코드(Concord)에서 일어났다. 그 후 대륙회의에서 영국으로부터 독립하기로 결정하고 토머스 제퍼슨(Thomas Jefferson)이 독립선언서를 작성했다. 1776년 7월 2일 대륙회의는 토머스 제퍼슨의 독립선언서를 채택하여 이틀 후에 공표했다.

모든 식민지는 독립을 향한 강렬한 의지를 보이고 있었으며, 독립선언서는 첫머리에서 그러한 분위기를 반영하여 보여주었다.

우리는 다음과 같은 것들을 자명한 진리라고 생각한다. 즉 모든 사람들은 평등하게 태어났으며, 생명과 자유 그리고 행복 추구 같은 빼앗을 수 없는 권리들을 창조주로부터 부여받았다. 이러한 권리들을 보장하기 위하여 정부가 만들어진 것이며, 정부의 권력은 피통치자들의 동의로부터 나오는 것이다. 언제 어떤 형태의 정부라도 이러한 목적들을 깨뜨린다면, 그 정부를 교체하거나 폐지하고 새로운 정부를 세우는 것이 민중들의 당연한 권리이다.

이어서 독립선언서는 영국 왕의 부당한 행위들을 열거했다. 영국 왕의 통치는 폭정이자 압제로서 정의가 배제된 채 폭력에 의지하는 정치라는 것이었다. 독립선언서는 민중이 정부를 통제해야 한다고 주장했다. 독립선언서는 영국이 그들에게 부과했던 고통과 고난을 상기시켰다. 그러한 주장은 식민지의 다양한 사람들이 공유하기에 알맞은 내용이었다. 서로 사이가 좋지 않았던 사람들까지도 함께 영국과 맞서 싸울 수 있게 만들었다.

그러나 독립선언서에는 인디언, 흑인 노예, 여성이 포함되어 있지 않았다. 오히려 독립선언서가 발표되기 20년 전 매사추세츠에서는 인디언들을 '반란군, 적, 반역자'라고 매도하면서 그들의 머리 가죽을 벗겨오면 상금을 주기까지 했다.

독립선언서를 작성한 토머스 제퍼슨에게는 흑인 노예들이 고민거리였다. 우선 그가 작성한 초안을 보면 아메리카로 노예를 보내는 일과 식민지 측에서 노예무역을 제한하려 해도 허락하지 않는 일로 영국 왕을 비난하고 있다. 아마도 이런 내용은 노예제에 대한 도덕적인 판단에서 비롯되었을 것이다. 그러나 정작 대륙회의 측에서는 독립선언서를 발표할 때 그러한 부분을 삭제했다. 식민지의 노예 소유주들이 노예제 폐지에 찬성하지 않았기 때문이다. 따라서 흑인 노예들을 향한 토머스 제퍼슨의 적은 노력마저도 미국 독립혁명의 자유에 관한 진술에서 찾아볼 수 없게 되었다.

독립선언서의 "모든 사람들은 평등하게 태어났다(All men are created equal)"라는 말에서 토머스 제퍼슨이 여성들을 무시하기 위해 일부러 'men'이라는 단어만 사용하지는 않았을 것이다. 여성들을 포함해야 한다는 생각을 미처 하지 못했을 뿐이다. 당시 여성들은 정치에서는 없는 존재나 마찬가지였기 때문이다. 여성들에게는 정치적인 권리가 없었기에 평등을 주장할 수도 없었다.

독립선언서의 표현 자체로만 본다면 백인 남성들의 생명, 자유, 행복에만 국한되어 있다. 그러나 그것을 작성하고 서명한 사람들이 특별히 잘못된 것은 아니다. 그들은 그 시대의 다른 평범한 사람들과 비슷한 사고방식을 가졌을 뿐이다. 그들의 사상은 그 시대의 가장 일반적인 생각들에서 나온 것이었다. 우리는 독립선언서의 결함을 지적하기 위해 연구하는 것이 아니다. 어떻게 해서 독립선언서가 서로 무시하던 여러 집단을 함께 행동하게 했는가를 알기 위해 연구하는 것이다. 우리 시대에도 그 영감 어린 말들은 많은 사람의 지지가 필요할 때 여전히 자주 사용되고 있다. 심지어는 사람들 사이의 중요한 갈등을 무마시키거나 인류 전체를 무시하는 행위를 할 때조차 사용되고 있다.

독립선언서에 숨어 있는 진실은 식민지의 신흥 세력들에게 영국을 격퇴하기 위한 지지가 필요했다는 것이다. 그와 동시에 그들은 재산과 권력에 관한 기존의 체제가 심하게 붕괴되지 않기를 바랐다. 사실상 독립을 이룬 사람들이 기존의 체제에 속해 있었기 때문이다. 독립선언서에 서명한 사람들 가운데 3분의 2 이상이 식민지 관리로서 영국을 위해 봉사했던 사람들이라는 사실에서 증명된다.

보스턴의 공회당에서 독립선언서를 낭독한 사람은 토머스 크래프트(Thomas Craft)였다. 그는 영국에 대한 군사행동을 반대하는 로열 나인의 멤버였다. 그러나 독립선언 나흘 후, 보스턴의 대응위원회는 시민들에게 새로 조직한 의용군(義勇軍, patriot army)에 입대하라고 명령했다. 그러나 부자들은 예외였다. 부자들은 사람을 사서 대신 입대시키면 되었다. 그러나 빈민들은 선택의 여지없이 입대할 수밖에 없었다. 그래서 다음과 같이 불만에 찬 탄식이 흘러나오게 되었다. "폭정은 폭정일 뿐, 누가 해먹어도 마찬가지구나."

5 / 헌법 제정의 감춰진 목적

혁명 전쟁은 대영제국과 북아메리카에 있는 식민지들 사이에 벌어진 전쟁이었다. 그러나 혁명 기간 동안 다른 반란들도 일어났다. 장교들에 대한 병사들의 반란이 있었으며, 인디언들은 자신들의 오랜 적에 가담하기도 했고, 매사추세츠의 빈농들은 새로 세워진 미국 정부에 대항하여 무기를 들기도 했다.

전후 군인들의 반란

보스턴 학살에서 총격을 가한 영국 병사들을 변호했던 매사추세츠의 변호사 존 애덤스는 식민지의 3분의 1에 달하는 사람들이 혁명을 지지했다고 생각했다. 혁명군에 관해 연구한 근대 역사가 존 샤이(John

Shy)는 당시 전체 인구의 5분의 1만이 실제로 영국에 저항하는 활동을 했다고 생각했다.

그러나 식민지의 거의 모든 백인 남성들이 총을 소지하고 있었으며 사용법도 알고 있었다. 혁명을 주도한 지도자들은 빈민들로 이루어진 군중에 대해 신뢰하지 않았지만, 영국에 대항하기 위해서는 그들의 도움이 필요했다. 혁명 지도자들은 어떻게 더 많은 사람을 모집할 수 있었을까? 지지를 얻어내는 방법 가운데 하나는 바로 군복무의 대가를 지불하는 것이었다. 하층계급 출신으로 입대한 사람들은 재산이 증가하고 계급과 사회적 지위가 상승하기를 바랐다.

존 샤이는 빈민들이 혁명과정에서 '실제로 싸우거나 힘든 일들을 거의 도맡아서 했다'는 사실을 알게 되었다. 그들 모두가 자원 입대한 것은 아니었다. 불과 몇 년 전만 해도 식민지인들은 강제로 입대시키던 영국 해군의 징병에 반대하는 폭동을 일으켰다. 그러나 혁명의 중반쯤 되는 1779년에 이르자 이번에는 미국 해군이 똑같은 짓을 하고 있었다.

아메리카 식민지인들은 벙커 언덕(Bunker Hill)과 브루클린 고지 (Brooklyn Heights)에서 벌어진 최초의 전투에서 패했으나 트렌턴과 프린스턴 전투에서는 승리했다. 1777년 뉴욕의 새러토가에서 일어났던 큰 전투에서도 이겼다. 조지 워싱턴(George Washington) 부대가 추위와 싸우며 펜실베이니아의 포지 계곡에서 적과 대치하고 있는 동안, 벤저민 프랭클린(Benjamin Franklin)은 프랑스에 도움을 요청했다. 7년 전쟁에서 영국에 패전한 후 프랑스는 호시탐탐 복수의 기회를 엿보고 있었다. 결국 프랑스는 미국 편을 들어 전쟁에 개입하기로 했다.

전쟁터는 남부로 옮겨졌다. 1781년 버지니아의 요크타운에서 미국군과 마주칠 때까지 영국군은 승리를 거듭했다. 그러나 프랑스군의 도착

영국 콘월리스 장군의 요크타운 항복(1781년). 영국에 복수를 하기 위해 기회를 엿보던 프랑스의 원조가 없었더라면 미국은 독립전쟁에서 이길 수 없었을 것이다.

으로 프랑스 함대가 해상을 봉쇄하여 영국군의 보급로를 차단해 최후의 전투에서는 미국이 승전할 수 있었다. 이로써 전쟁은 종식되었다.

전쟁 중에도 부자들과 빈자들은 갈등을 빚었다. 식민지들을 통치하는 대륙회의를 주도하던 부자들은 결혼, 혈연, 사업 등을 통해 서로 밀접하게 연결되어 있었다. 그들은 서로 보호해주고 있었다.

대륙회의에서는 전쟁이 종식될 때까지 함께했던 장교들에 한해 평생 군에서 받았던 급료의 절반을 받을 수 있게 해주는 법안을 통과시켰다. 일반 사병들을 무시하는 조치였다. 정작 그들은 아무것도 받지 못했다. 1781년 1월 1일이 되자 펜실베이니아의 일부 군대가 폭동을 일으켰다. 그들은 지휘관 한 명을 살해하고 여러 명에게 부상을 입혔으며, 대포를 앞세워 필라델피아에 있는 대륙회의를 향해 진군했다. 당시 육군 총사령관이던 조지 워싱턴은 반란을 일으킨 병사들과 화해하는 방법을 택했다.

그러나 그 직후 뉴저지의 군대도 폭동을 일으키자 조지 워싱턴은 더욱 강경한 입장을 취했다. 그는 두 명의 주동자들을 총살형에 처했는데, 총살의 집행자로 주동자들의 동료를 지목했다. 동료는 눈물을 흘리며 방아쇠를 당겼다. 조지 워싱턴은 다음과 같이 말했다. "이건 본보기다."

군인들의 폭동은 사실 흔한 일이 아니었다. 반란은 민간인들 사이에서 더 빈번히 일어났다. 민간인들의 폭동은 식민지 여섯 곳에 걸쳐서 일어났으며, 대영제국과 전쟁을 치르는 중에도 일어났다.

전쟁을 통해 얻을 수 있는 것이 없다고 생각한 남부 식민지들의 하층 계급 사람들은 혁명에 참가하지 않으려 했다. 전쟁에서 승전하여 영국으로부터 독립을 하든 못 하든 엘리트 정치가들의 지배를 받는 것은 마찬가지라는 사실을 알고 있었던 것이다.

남부에 있던 조지 워싱턴 군대의 사령관 너새니얼 그린(Nathaniel Greene)은 영국에 충성을 바친 국왕파(Loyalist)들을 다룬 방법을 토머스 제퍼슨에게 편지로 알렸다. "100명 이상을 살해했으며, 나머지도 난도질해버렸다." 그는 그러한 행위가 혁명을 지지하는 데 망설였던 자들에게 "좋은 효과"가 있었다고 덧붙였다.

한편, 소작농들은 전쟁 기간 동안 위협적인 세력으로 성장했다. 소작농들은 광활한 토지를 소유하고 있는 지주들에게 땅을 빌려서 농사를 지으며 지대를 지불하고 있었다. 그들이 지대의 지불을 중단하자 혁명정부는 그들이 반란을 일으킬까 노심초사했다. 그리하여 정부는 국왕파들의 토지를 몰수하여 소작농들에게 일부 판매해주었다. 새로 땅주인이 된 사람들은 더 이상 지대를 지불하지 않아도 되었다. 대신 땅을 사느라 돈을 빌린 은행에 이자를 지불해야 했다.

국왕파들에게서 몰수한 대부분의 재산이 혁명 정부의 지도자들과 그 일당의 배를 불리는 데 사용되었다. 혁명은 식민지의 엘리트 집단에 국왕파가 소유하고 있던 권력과 부를 획득할 기회를 주었다. 또한 혁명전쟁은 소지주들에게도 이익을 주었다. 그러나 가난한 백인 노동자들과 소작농들에게는 혁명을 통해 이루어진 변화가 거의 없었다.

혁명 속의 인디언과 흑인

영국과 프랑스의 7년전쟁이 벌어지는 동안 수많은 북아메리카 인디언들이 프랑스 편에 서서 싸웠다. 무역만을 원했던 프랑스인들은 인디언의 땅까지 빼앗지는 않았지만, 정착을 원했던 영국인들은 땅을 탐냈던 것이다.

7년전쟁이 끝나자 프랑스는 동맹자였던 인디언을 무시하고 오하이오 계곡에 있던 자신들의 영토를 영국에 넘겨주었다. 인디언들은 그곳에 있는 영국군의 요새들을 공격했고, 영국군은 반격을 시도했다. 영국군의 주 무기 가운데 하나는 생물학전이었다. 그들은 인디언 부족에 천연두를 퍼뜨릴 요량으로 인디언들에게 병원에서 가져온 담요를 건네주었다.

그러나 영국군은 인디언들의 의지를 완전히 꺾을 수는 없었다. 결국 1763년에 평화조약을 체결했다. 영국은 애팔래치아 서부 지역을 인디언 영역이라고 선언하고 식민지인들의 진출을 제한했다. 이러한 조치는 식민지인들을 화나게 했으며, 영국에 저항할 또 하나의 이유가 되었다. 또한 이것은 왜 인디언들이 혁명이 일어나자 오랜 적수였던 영국을 도와 싸웠는가에 대한 해답이기도 했다. 혁명전쟁이 끝나고 영국이 철수한 후 미국인들은 인디언들을 살고 있던 땅에서 쫓아냈으며, 반격을 시도하면 살해했다.

흑인 노예들도 혁명전쟁에서 싸웠다. 그들은 양편 모두에 속해 있었다. 자유를 원하는 흑인들은 혁명군 편에서 싸우려고 했으나 조지 워싱턴이 거부했다. 그런데도 결국 약 5,000명의 흑인이 혁명군에 가담했다. 수천 명의 흑인은 영국을 위해 싸웠다.

혁명은 일부 흑인들로 하여금 백인 사회에 더 많은 것을 요구할 수 있는 힘을 주었다. 예를 들어 1780년 매사추세츠의 흑인 일곱 명이 투표권을 입법부에 청원했다. 그들은 아메리카인들이 오로지 스스로 통치할 수 있는 권리를 얻기 위해서 싸웠다는 사실을 지적했으며, 수많은 '흑인들'이 혁명을 위해 싸웠던 것을 상기시켰다.

전쟁이 끝난 후 북부에 있는 주(州)에서는 노예제가 폐지되었지만, 천천히 진행되어 1810년 북부에는 약 3만 명의 노예들이 남아 있었다. 1840년이 되어도 여전히 1,000명의 노예가 남아 있었다. 남부에서는 쌀과 면화를 재배하는 대농장들이 성장하면서 오히려 노예제가 더 확장되었다.

혁명 속의 농부들

혁명이 일어나던 무렵, 아메리카의 식민지에는 이미 특정한 방식들이 자리 잡고 있었다. 인디언은 새로운 세상에서 설 자리를 잃었으며 흑인들은 백인들과 동등한 대우를 받지 못했다. 모든 것을 부자들과 권력자들이 주도했다. 전쟁이 끝난 후 혁명 지도자들은 이러한 방식들을 새로 탄생한 국가의 법으로 만들었다.

지도자들은 미국 헌법을 작성하기 위해 1787년 필라델피아에 모였다.

그들은 반란에 대한 두려움에 사로잡혀 있었다. 1년 전 '셰이스의 반란(Shays' Rebellion)'이 일어나 매사추세츠 서부 지역을 전쟁터로 만들었던 것이다.

매사추세츠는 투표할 수 있는 자격조건에서 재산의 수위를 올리는 주법(州法, state laws)을 통과시켰다. 따라서 충분한 재산을 보유하지 못한 사람들은 투표할 수 없게 되었다. 또한 재력가가 아니면 주의 관리가될 수도 없었다. 빚을 지고 살아가는 빈농들은 주의 법률가들이 자신들을 전혀 생각하지 않는 점에 분개했다.

플라우 조거(Plough Jogger)는 한 집회에 참석하여 정부가 자신한테얼마나 부당한 대우를 하고 있는지, 또 그가 원하는 것은 무엇인지에 관해 이야기했다.

나는 전쟁 당시 내가 부담해야 할 부분 이상을 강요당하면서 혹사당해왔소. 교회에내는 세금, 마을에 내는 세금, 주(州)에 내는 세금, 대륙회의에 내는 세금 등등 그 모든 세금을 부담해야만 했지요. …… 나는 보안관, 경찰관, 세금 징수원에게 끌려다니는 신세가 되었고, 결국 내 소도 제값보다 싸게 팔고 말았소. …… 높으신 양반들은우리가 가진 걸 죄다 빼앗으려고 하는 게요. 이제 우리가 들고일어나서 그런 짓들을중단시킬 때가 온 것이라고 생각하오. 재판관, 보안관, 징수원, 변호사들에게서 벗어나야 합니다.

불만에 찬 농부들 중에는 독립전쟁에 참전했던 베테랑들도 있었다.그들은 혁명을 위해 싸웠지만 전쟁이 끝났어도 보상은 한 푼도 받지 못했다. 그들은 빚을 지고 있었지만 가진 돈이 없었다. 법정이 그들의 소와 땅을 몰수하기로 하자 그들은 저항했다. 법정이 그들의 저항을 저지

하자 대규모의 무장 집단이 법정으로 행진해갔다. 또한 폭도가 된 농부들은 감옥을 부수고 채무자들을 풀어주었다.

매사추세츠의 정치가들은 경악했다. 전날 보스턴에서 영국에 저항했던 새뮤얼 애덤스는 사람들이 법을 준수해야 한다고 주장했다. 그에 대해 폭동을 일으킨 그리니치 마을 사람들은 "보스턴에 사는 당신들에게는 돈이 있지만 우리에게는 없다. 그리고 혁명 당시에는 당신들도 법을 어기는 행동을 하지 않았는가?"라고 대꾸했다.

혁명이 일어났을 즈음 농장에서 일하던 가난한 일꾼 대니얼 셰이스 (Daniel Shays)는 군에 입대하여 렉싱턴, 벙커 언덕, 새러토가에서 싸웠으나 보수를 받지 못하여 1780년에 군에서 나왔다. 고향으로 돌아온 그는 빚을 갚지 못하여 법정에 서는 신세가 되고 말았다. 그는 다른 사람들도 비슷한 처지에 처해 있다는 것을 알게 되었다. 빚 갚을 능력이 없던 병든 여성은 침대까지도 몰수당하고 말았다.

매사추세츠 대법원에서 농민들의 반란 지도자들을 범죄자로 규정했다는 소식을 듣고 대니얼 셰이스는 700명의 무장한 농민들을 규합했다. 그들 대부분은 베테랑 군인들이었다. 스프링필드의 법정으로 행진하면서 그 수는 점점 증가했다. 겁먹은 판사들은 서둘러 폐정하는 추태를 보였다.

농민들은 계속해서 압박을 가했다. 그러나 겨울이 되고 눈이 오면서 법정으로 향하는 농민들의 행군에 차질이 생겼다. 대니얼 셰이스가 1,000명의 농민과 함께 보스턴으로 행진했을 때, 악천후로 한 명이 동사 (凍死)했다. 한편 위기의식에 빠진 보스턴 상인들은 농민들과 대항할 군

◀ 세금고지서를 받고 있는 대장장이의 모습. 1786년 여름 서부 매사추세츠에서 빚에 시달려온 농부, 노동자들이 퇴역병 대니얼 셰이스의 지휘 아래 일으킨 봉기는 지도자들을 두려움에 떨게 했다.

대의 사기를 올리기 위해 급료를 인상해주었다. 수적으로 열세했던 반란 농민들은 결국 패주했고 대니얼 셰이스는 버몬트로 도주했다. 그의 동료 가운데 일부는 항복했고 일부는 싸우다 죽었다. 나머지는 폭력을 통해 정부에 대한 필사적인 저항을 했다. 그러나 창고를 불태우거나 장군의 말을 죽이는 것 정도가 고작이었다.

생포된 농민들은 법정에 세워졌다. 대니얼 셰이스는 나중에 사면되었지만 열두 명이 사형을 언도받았다. 새뮤얼 애덤스는 자기처럼 왕에게 반란을 일으키는 것과 농부들의 반란은 다르다고 주장했다. 왕에 대한 반역은 용서받아야 하지만 "공화국 법에 대해 반란을 일으킨 자는 죽어 마땅하다"는 것이었다.

하지만 토머스 제퍼슨은 생각이 달랐다. 그는 그런 봉기들이 건강한 사회를 만드는 데 일조한다고 여겼다. 그는 "이따금 일어나는 작은 반란들은 괜찮다고 생각한다. 건강한 정부를 만드는 데 필요한 약이기 때문이다"라는 기록을 남겼다.

그러나 새로 탄생한 국가의 정치적·경제적 지도자들은 토머스 제퍼슨의 견해에 동의하지 않았다. 그들은 그런 반란들이 점차 증가하면 빈자들이 부자들의 재산을 배분해달라고 할까 두려울 뿐이었다. 그리고 이러한 공포야말로 미국 헌법을 작성한 사람들의 정신 상태였다.

가진 자들을 위한 보호막, 헌법

대부분의 미국인들은 헌법에 대해 민주주의와 평등의 법적인 토대를 만든 현명한 사람들이 함께 모여 이루어낸 커다란 성과라는 견해를 가지고 있다. 그러나 다른 견해도 있다.

1935년 역사학자 찰스 비어드(Charles Beard)가 발표한 헌법에 관한 새로운 견해를 접한 사람들은 분노했다. 찰스 비어드가 헌법 작성을 위해 모였던 55인에 관해 연구한 결과 그들 대부분이 부자라는 사실을 알아냈다. 그들 가운데 절반은 사채업자들이었고 대부분은 변호사였다. 그들은 현재 자신들이 누리고 있는 경제 시스템을 유지해줄 강력하고 중앙집권적인 연방정부를 만들 필요성이 있었다. 찰스 비어드는 여성, 흑인, 계약 노동자, 빈민들이 헌법 작성과정에 참여하지 못했다는 점을 지적하며 힘없는 사람들의 요구 사항이 헌법에 반영되지 않았음을 밝혔다.

헌법에서는 각 주의 입법자들이 연방의회에서 주를 대표하는 상원의원을 선출한다고 규정하고 있다. 각 주의 입법자들은 대통령을 선출할 선거인단을 선정한다. 대통령은 대법원의 구성원들을 임명한다. 국민이 정부에 직접 참여할 수 있는 방법은 하원의원의 선출이 유일했다. 그나마도 각 주는 투표 자격조건에 제한을 두었다. 여성, 인디언, 노예에게는 투표권이 주어지지 않았고, 이와 마찬가지로 거의 모든 주에서는 빈민들에게도 투표권을 박탈했다.

민주주의는 헌법에서 투표권에 관해 제한을 둔 것보다 훨씬 심각한 문제였다. 그런 조치는 빈부에 따른 사회적 차별이 저변에 깔려 있는 것이었다. 토지, 재물, 신문, 교회, 교육 제도 등을 좌지우지할 수 있는 부와 권력을 가진 사람들을 과연 투표를 통해서 저지할 수 있었을까?

각 주에서 새로운 국가의 법을 수용해야 하는 헌법 비준 시간이 다가왔다. 헌법과 함께 강력한 중앙집권 정부를 원하는 사람이 있는가 하면, 13개의 주가 독립적인 상태를 유지하거나 절충적으로 연결되어야 한다고 생각했다.

뉴욕에서는 헌법 비준에 관한 격렬한 논쟁이 일어났다. 헌법을 지지하는 연방주의자들의 대표인물 알렉산더 해밀턴(Alexander Hamilton)은 사회가 여러 계급으로 나누어져 있는 것이 지극히 자연스러운 현상이라고 생각했다. 그는 상층계급이 모든 것을 주도해야 한다는 견해를 갖고 있었다. 진짜 민주주의는 위험하다고 생각했기 때문이다.

모든 사회에서는 소수와 다수가 자연스럽게 양분된다. 소수는 부유하고 유복한 사람들을 뜻하며, 다수는 일반 민중을 의미한다. 민중들은 거칠고 변덕이 심하다. 그들이 올바른 판단이나 결정을 하는 일은 거의 없다. 그러므로 정부에서 소수계급에 확실하고 영구적인 역할을 주어야 한다. 오직 영구적인 기구만이 민주주의의 경솔함을 방지할 수 있다.

연방주의자들은 중앙정부의 장점을 설명하는 책을 출간했다. 제임스 매디슨(James Madison)의 설명에 따르면, '13개나 되는 주에 걸쳐 있는 거대한 국가'에서 일어날 수 있는 폭동, 반란 등의 사회적 무질서를 감소시킬 수 있다는 것이다. '평등한 부의 분배'처럼 악랄한 인간의 욕망이 주(州) 정부 하나 정도는 전복시킬 수 있겠지만, 연방정부를 그렇게 할 수는 없다는 것이다.

미국인의 3분의 1 정도는 재산을 소유하고 있었지만 약간의 땅을 갖고 있을 뿐이었다. 여전히 인구의 3분의 1에 해당하는 사람들은 강력하고 안정적인 정부가 자신들을 보호해주리라고 믿고 있었다. 게다가 도시의 기술자들은 수입품의 위협으로부터 자신들의 직업을 보호해줄 중앙정부를 원하고 있었다. 이것은 18세기 말 당시 정부에 대한 세상에서 가장 거대한 지지 기반이 되어주었다.

헌법은 부유한 엘리트들의 이익과 맞아떨어지는 것이었다. 그러나 동시에 소규모 자산가들이나 중산층의 노동자들과 농부들의 지지도 얻어 낼 수 있을 만한 것이었다. 헌법은 연방의회에서 권리장전(權利章典, Bill of Rights)이라고 알려진 수정 또는 변화가 이루어지면서 더욱 현실적으로 타당한 것이 되었다. 권리장전은 새로운 정부를 민중들의 자유의 수호자로 만든 것처럼 보였다. 권리장전은 언론, 출판, 종교, 공정한 재판 등의 권리를 보장해주었다. 또한 그것은 발언의 기회를 주지 않고 사람을 체포할 수 없는 인신 보호 영장(人身保護令狀, habeas corpus)의 권리도 보장해주었다. 그런데 오히려 수정 조항 제1조는 자유라는 것이 얼마나 쉽게 사라질 수 있는가를 보여주고 있다.

수정 조항 제1조는 연방의회가 언론, 출판의 자유를 제약하는 법을 만들 수 없다고 규정하고 있다. 그러나 헌법에 권리장전이 추가된 지 불과 7년밖에 지나지 않은 1798년, 의회는 분명 언론의 자유를 제한하는 법안을 통과시켰다.

그 법은 보안법(Sedition Act)으로서 연방정부에 대한 "그릇되고, 수치스럽고, 악의적인" 말을 범죄로 취급한다는 것이었다. 민중들을 정부로부터 돌아서게 할 수 있는 비판 자체가 금지된 것이었다. 보안법은 수정 조항 제1조에 위배되는 것으로 여겨졌으나, 실제로 정부에 대해 비판적인 말을 한 사람 열 명이 이 법으로 수감되었다.

연방의회는 전쟁을 치르느라 외국에 졌던 빚을 갚기 위한 새로운 세금법도 통과시켰다. 그 빚을 지게 한 사람들은 나라에서 가장 부유한 사람들이었지만, 그것을 갚기 위해 세금을 낸 사람들은 평범한 시민들이었다. 그 가운데 위스키세는 위스키를 만들어 팔던 평범한 농부들에게 고통을 주었다. 1794년 이 세금에 반대하는 농부들이 무기를 들고 반란을 일으키자 정부는 군대를 파견하여 진압했다. 헌법 제정 초기에는 수정

조항 제1조와 같은 일부는 무시되었다. 반면 다른 부분들, 예를 들어 세금을 징수할 권리 같은 것들은 매우 중요하게 다루어졌다.

건국의 아버지들은 과연 권력의 균형을 맞추기 위해 노력했던 현명하고 공정한 사람들이었는가? 그들은 균형보다는 현 상태를 유지하기를 원했다. 결코 그들은 노예와 주인, 부자와 빈자, 인디언과 백인 사이의 균형을 원하지 않았다. 인구의 절반을 차지하고 있는데도 건국의 아버지들이 신경도 쓰지 않았던 사람들이 있었다. 그 '보이지 않는' 시민들은 초창기 미국의 여성들이었다.

6 / '여성스러움'에 반기를 들다

일부 역사책에서는 미국 인구의 절반을 차지하는 사람들을 전 혀 존재하지 않는 것처럼 취급한다. 역사책들에서 주로 다루고 있는 탐험가, 상인, 정치가, 군인들은 모두 남성들이다. 초창기 미국에서 여성들은 직업을 가질 수 없었다. 그들은 역사에서 보이지 않는 존재였다.

아메리카에 도착한 유럽인들에게 법과 사회적 관습은 여성이 남성과 동등하지 않다는 것을 분명히 했다. 남성은 여성에 대한 통제권을 갖고 있었다. 여성들은 스스로 인생을 개척할 수 없도록 억압받고 있었다. 여성에 대한 억압은 근절시키기 어려웠다.

여성들은 어떤 대우를 받았는가

아메리카 식민지에 정착한 최초의 이민자들은 대부분 남성들이었다. 여성들은 아내, 아이의 양육자, 동반자 자격으로 나중에 데리고 왔다. 1619년 버지니아 제임스타운 식민지에 90명의 여성을 태운 배가 도착했다. 그녀들은 생전 처음 보는 식민지 남자들과 결혼하는 조건으로 대서양을 건너는 여비를 대신하기로 했다.

대부분의 여성과 십대 소녀들은 연한 계약 노동자로 식민지에 왔다. 일정 기간 동안만 일하면 된다는 사실을 제외하면 노예들과 크게 다를 바 없는 생활이었다. 하녀로 일할 동안 만큼은 주인 부부에게 복종해야 했으며, 때로는 성의 노리개가 되기도 했다. 《미국의 여성 노동자 America's Working Women》에 따르면 "하녀들은 형편없는 보수를 받았으며, 수시로 거칠고 난폭한 대우를 받았다."

흑인 여성들은 흑인과 여성이라는 이유로 억압당하며 이중고(二重苦)를 겪었다. 한 노예 상인은 대서양을 건너며 그녀들이 감내해야 했던 끔찍한 상황에 대해 다음과 같은 기록을 남겼다.

> 나는 임산부들이 방치된 시체들과 함께 쇠사슬에 묶인 채 술 취한 감독관들의 감시를 받으며 출산하는 것을 보았다. 갑판에 쇠사슬로 묶여 있던 팔려온 한 흑인 처녀는 배에 오르자마자 미쳐버리기도 했다.

하인이나 노예가 아닌 자유로운 백인 여성들도 힘겹게 살기는 매한가지였다. 의료 수준이 열악하고 질병이 흔하던 시절에 아이를 낳아 키운다는 것 자체가 힘든 일이었다. 18명의 기혼녀가 청교도의 배 메이플라워 호를 타고 아메리카로 건너왔다. 세 명은 임신 중이었다. 1년이 채 지나지 않아 그녀들 가운데 불과 네 명만이 생존했다. 출산과 질병으로 목숨을 잃었던 것이다.

영국에서 건너온 법률과 사고방식은 여성들에게 또 다른 족쇄가 되었다. 여성이 결혼할 경우 남편이 그녀의 주인이 되는 것이 당시의 법률이었다. 아내에 대한 법적인 권리가 남편에게 있었다. 죽이거나 평생 낫지 않을 상처를 입히지 않는 한 남편은 아내에게 체벌을 가할 수도 있으며, 아내의 재산과 소유물 또한 남편의 소유가 되었다. 아내의 재산이 곧 남편의 재산이기도 했다.

영국 책 가운데 베스트셀러인 《딸에게 남기는 충고Advice to a Daughter》는 '성별에 따른 불평등'은 삶의 한 부분이라고 주장한다. 남성들은 입법자가 되도록 정해져 있으며 여성들보다 이성의 힘, 즉 사고력이 풍부하다는 내용의 이 책을 수많은 미국인이 읽었다. 그러나 여성이 남성보다 열등하다는 이러한 강력한 메시지가 담겨 있었는데도 일부 여성들은 자신들의 독립성을 증명할 방법을 모색했다.

독립심이 강한 여성들

앤 허친슨(Anne Hutchinson)은 매사추세츠 식민지 초기에 살았던 신앙심 깊은 여성이었다. 그녀는 성경을 혼자 읽고 이해할 수 있고, 다른 평범한 사람들도 마찬가지라고 주장하며 교회의 목사와 대립했다.

앤 허친슨은 법정에 두 번이나 불려갔다. 우선 교회가 종교 지도자들에게 인정받지 못한 신앙을 고집한 죄, 즉 이단의 죄를 물어 그녀를 고소했다. 식민지 정부도 그녀가 자신들의 권위에 도전했다며 고소한 바 있었다.

앤 허친슨은 매사추세츠 식민지에서의 추방령을 언도받았다. 1638년

모임에서 연설하는 앤 허친슨. 존 윈스럽 총독은 그녀에 대해 "빈틈없는 재치와 적극적인 사고, 뛰어난 언변을 가진 여성"이라고 말했다.

그녀가 로드아일랜드를 떠나게 되자 35가구가 그녀를 따랐다. 후에 롱아일랜드로 이주한 그녀는 그곳의 인디언들에게 가족과 함께 살해당했다. 인디언들은 그녀가 자신들을 살던 땅에서 추방한 적들 가운데 하나라고 판단했다. 메리 다이어(Mary Dyer)라는 매사추세츠의 한 여성은 '반역적인' 신앙을 가지고 행동했다는 죄목으로 교수형에 처했다.

여성들은 정치 같은 공적인 일에 거의 참여하지 않았다. 그러나 전쟁의 압박감으로 인하여 혁명 기간 동안 소수의 여성들에게 사회 활동에 참여할 수 있는 기회를 주었다. 여성들은 애국단체를 조직했고, 영국에 반대하는 시위를 벌였으며, 독립을 주장하는 글을 쓰기도 했다.

1777년의 여성들은 독자적으로 '보스턴 차 사건'을 일으키기도 했다. 건국의 아버지들 가운데 한 명인 존 애덤스의 아내 애버게일 애덤스(Abigail Adams)는 남편에게 보내는 편지에 그러한 내용을 적었다. 한 상인이 커피를 고가에 팔려고 하자 여성들은 그가 소유하고 있는 창고로 가 상인을 손수레 쪽으로 떠밀어버리고 그에게서 열쇠를 넘겨받아 창고에서 커피를 가지고 사라졌다. 애버게일 애덤스는 "수많은 남자가 있었지만 이런 식으로 거래가 이루어지는 것을 보고 너무 놀란 나머지

입을 다물고 구경만 했다"고 적었다.

변경에서는 기술과 노동력이 급히 필요한 경우가 많았다. 이를 계기로 일부 여성들은 남성들과 동등하다는 것을 증명할 기회를 가지게 되었다. 혁명을 전후한 시기에 여성들은 신문 출판, 가게 운영, 숙박업과 같은 중요한 일에 종사했다. 다른 여성들은(아이들도) 집에서 일을 했다. 그녀들은 주로 방직공장에서 쓰일 실을 잣는 일을 했다.

공업이 경제의 중요한 부분을 차지하기 시작하자 여성들은 집에서 나와 일자리를 갖게 되었다. 그러나 여전히 여성들에게는 쉽게 통제할 수 있는 집으로 돌아가라는 압력이 가해졌다.

교회 설교 내용이나 책에서 완벽한 여성의 직업은 행복하고 독실하며 애국심 넘치는 가정을 지키는 것이라고 주장했다. 여성은 가족의 간호사이자 요리사이며 청소부이고 재봉사이며 교사인 동시에 꽃꽂이 전문가라는 역할을 맡고 있었다. 책을 너무 많이 읽어서는 안 되는 것뿐만 아니라 절대로 보면 안 되는 책도 있었다. 결국 여성의 역할은 남편의 요구에 충실한 하인이었다.

일하는 여성들의 권리 찾기

목사와 글 쓰는 이들이 훌륭한 '여성스러운' 품행을 찬양하고 있는 동안 여성들은 사회가 지워놓은 제한에 도전했다. 여성들은 투표를 하거나 재산을 보유할 수 없었을뿐더러 대학에 가거나 법률 또는 의학을 공부할 수도 없었다. 남성들과 똑같은 일을 해도 여성들은 훨씬 적은 보수를 받았다.

그런데도 여성들은 일하기를 원했다. 19세기에는 수많은 여성이 섬유공

로웰 공장의 시간표. 매일 새벽 5시~저녁 7시까지 거의 쉬지 않고 일했던 여성 노동자들은 노예나 다름없는 대우를 받았다.

장이나 의류공장에서 일했으며, 역직기(power loom) 같은 신형 기계들을 다루었다. 섬유공장 노동자 대부분이 15~30세 사이의 여성들이었다.

최초의 파업들 가운데 일부를 일하는 여성들이 주도하기도 했다. 그녀들은 임금 인상과 노동조건 개선을 요구하며 섬유공장에서 일을 중단했다. 여성 노동자들에 의한 최초의 파업으로 알려진 사건은 1824년 로드아일랜드의 포터컷에서 일어났다. 10년 후 매사추세츠 로웰 공장의 한 젊은 여직공이 해고당하자 항의 차원에서 다른 여직공들도 일을 중단했다. 특히 그 가운데 한 명은 마을에 있는 펌프 위로 올라가 여성의 권리에 대해 연설했다.

당시 로웰 공장에 있던 캐서린 비처(Catherine Beecher)는 훗날 여성들의 교육 향상에 힘쓴 개혁가가 되었다. 그녀는 여성들의 반발 원인이 되었던 공장 시스템에 관한 기록을 남겼다.

나는 한겨울에 그곳에 있었으며, 노동의 시작을 알리는 종소리를 들으며 매일 아침 5시에 눈을 떴다…… 저녁 시간도 왕복 시간을 제외하면 30분밖에 되지 않았다. 공장에 돌아와서는 7시까지 일했다…… 도저히 잊을 수 없는 일이 있다. 석유등 때문에 일하는 시간 내내 신선한 공기가 부족한 방 안에 40~80명이 있었고…… 수천 개의 카드, 물레, 베틀에서 발생하는 먼지들로 가득 차 있었다.

여권운동의 시작이 된 노예제 반대운동

여성의 권리가 제기된 것은 섬유공장뿐만이 아니었다. 사회에서 여성들이 차지하는 위치가 서서히 변하고 있었다.

중산층 여성들은 대학교에 갈 수 없었지만 초등학교 교사는 될 수 있었고, 차츰 여성들이 그 직업을 장악했다. 여성들은 선생님으로서 더 많이 읽고 더 많이 가르침으로써 고등교육에 매진했다.

1821년 에마 윌러드(Emma Willard)는 사상 처음으로 여성들만을 위한 학교를 설립했다. 28년 후 엘리자베스 블랙웰(Elizabeth Blackwell)은 의학 박사학위를 받은 최초의 여성이 되었다.

또한 여성들은 잡지에 글을 쓰기 시작했으며 여성잡지를 간행하기도 했다. 1780~1840년 사이에 읽고 쓸 줄 아는 여성들이 두 배로 증가했다. 종교단체에 가입하기도 했으며 건강한 개혁가가 되었다. 그녀들 가운데 가장 왕성하게 활동했던 사람들은 노예제 반대운동에 참여하기도 했다.

이러한 모든 활동을 통해서 여성들은 목적을 위해 단결, 연설, 행동하는 경험을 쌓았고, 그 경험을 바탕으로 또 다른 새로운 목적을 이루려고 했다. 그 목적이란 다름 아닌 여성의 권리 쟁취였다.

루시 스톤(Lucy Stone)은 미국노예제폐지협회(American Anti-Slavery Society)의 강사였다. 그녀는 거침없는 언변으로 연설하는 동안 누군가가 던진 책에 맞기도 했으며, 찬물 세례와 폭도들의 공격을 받기도 했다. 그래도 그녀는 1847년 오빠가 목사로 있는 매사추세츠의 한 교회에서 여성의 권리에 관한 강연을 했다.

반노예제 운동가 앤젤리나 그림케(Angelina Grimké)도 여성의 권리를 위해 활동했던 여성 가운데 한 명이었다. 그녀는 미국이 "수백만의 남녀 노예를 해방시켜서 인간 남성과 여성으로 만들" 수 있다면, "수백만의 무릎 꿇은 여성들도 두 발로 당당히 서게 할" 수 있으리라고 믿었다.

전국적으로 여성들은 노예제에 반대하는 단체를 위해 많은 일을 했다. 이는 노예제 반대운동과 함께 이루어졌던 여권(女權)운동에 커다란 영향을 끼쳤다. 1840년 영국 런던에서 열렸던 세계반노예제대회 (World's Anti-Slavery Convention)는 여권운동의 중요한 시발점이 되었다.

여성들이 공적인 대회에 참석하는 것이 '바람직하지' 못하다고 생각한 대회 관계자들은 여성들의 참석을 거부했다. 그러나 결국 커튼 뒤에 앉아 있는다는 조건하에 참석을 허용했다. 노예제 폐지와 함께 여성의 권리를 지지했던 미국의 노예제 폐지론자 윌리엄 로이드 개리슨(William Lloyd Garrison)은 일부러 여성들 옆에 앉았다.

여성들을 노예제 반대운동의 2류 구성원으로 취급하는 행위는 엘리자베스 캐디 스탠턴(Elizabeth Cady Stanton)이나 루크레시아 모트(Lucretia Mott) 같은 여성들을 화나게 했다. 그녀들은 여성의 사회적 역할과 권리에 깊이 관여했던 노예제 반대운동가였다.

1848년 엘리자베스 캐디 스탠턴과 루크레시아 모

▶ 파업한 여성들의 행진(1860년). 제화 장비의 도입으로 일자리를 잃은 여성 제화공들은 눈보라 속에서 피켓을 들고 매사추세츠 린의 거리를 행진했다.

The banner reads:

AMERICAN LADIES WILL NOT
BE SLAVES

...US A FAIR COMPENSATION

...WE LABOUR CHEERFULLY

LYNN STATION

트는 스탠턴의 고향인 뉴욕 세니커폴스에서 역사상 처음으로 여권대회를 조직했다. 300명의 여성이 참석했으며 여성의 권리에 찬성하는 일부 남성들도 함께했다.

대회의 마지막 순서에는 100명의 사람이 행동선언(Declaration of Principles)에 서명했다. 그 선언에는 토머스 제퍼슨의 독립선언서에서 쓰인 말들이 사용되었으나, 여성들이 그 내용에 포함되는 변화가 있었다. 행동선언은 "모든 남성과 여성은 평등하게 태어났다"고 말하고 있다. 이 말은 여성들에 대한 불평등한 대우를 묘사한 것이며, 동시에 더 큰 개념의 평등으로 향하는 발걸음을 내디딘 것이다.

그러나 진정한 평등이란 여성에게 권리를 허용하는 것 이상을 의미했다. 즉 흑인 여성도 백인 여성과 동등하게 대우해야 함을 의미하는 것이었다. 1851년 여권의 지지를 위한 모임에서 나이 지긋한 흑인 여성이 남성 목회자의 말을 경청하고 있었다. 토론을 주도한 남성 목회자를 향해 그녀가 자리를 박차고 일어났다. 회색 드레스에 흰색 두건을 착용한 키가 크고 마른 체형의 소저너 트루스(Sojourner Truth)라는 이름의 노예 출신 여성은 흑인 여성으로 살아왔던 자신의 삶을 이야기했다.

저기 계신 남자 분은 여성들이 마차를 탈 때나 도랑을 건널 때는 도움을 받을 필요가 있다고 말하지요. …… 아무도 내가 마차를 탈 때나 진흙탕을 건널 때 도와주지 않고, 좋은 자리를 양보하지도 않아요. 그럼 난 여자도 아닌 겁니까?

내 팔을 좀 보세요! 나는 쟁기질도 했고 농작물도 길렀으며 추수도 했어요. 그리고 어떤 남자보다도 내가 더 잘했지요. 그럼 난 여자가 아닌가요?

난 남자들만큼 많이 일하려고 했고 또 많이 먹으려고 했어요. 내가 그럴 수 있었을 때에는 채찍으로 매도 많이 맞았지요. 그럼 난 여자가 아닙니까?

나는 13명의 아이를 낳았지만 그 아이들이 거의 다 노예로 팔려가는 걸 봐야 했습니다. 그 아이들의 엄마인 내가 슬퍼서 울부짖을 때 그 소리를 들어주는 분은 하나님밖에 없었어요. 그럼 난 여자가 아니란 말입니까?

다른 여성들도 전국 각지에서 집회를 열었고 여권운동은 힘을 얻었다. 여성들은 '여성들이 있어야 할 곳'에 가두어두기를 원하는 사람들과 싸우고 있었다. 그녀들은 단지 여권을 위한 것만이 아니라 교도소 개선, 의료시설 확충, 노예제 폐지 같은 거의 모든 종류의 사회운동에 관여했다.

이런 모든 운동이 활발히 일어나던 도중에 새로운 충동이 미국을 강타했다. 그 충동이란 팽창하고 싶어하는, 더 거대해지고 싶어하는 것이었다. 미국인들은 더 많은 토지를 원했다. 그들은 처음부터 그랬듯이 그것을 인디언들에게서 빼앗으려 했다.

2부

멈추지 않는
팽창 야욕의
시계

•
•
•

7 / 인디언들과 함께 살 수는 없다

혁명 전쟁 동안 거의 모든 주요 인디언 부족들이 영국 편에서 싸웠다. 인디언들은 영국이 패할 경우 미국인들에게서 돌려받을 게 없어진다는 것을 알고 있었다. 정착민들이 애팔래치아 산맥을 넘어 인디언 영역으로 들어오려 하고 있었던 것이다.

인디언들의 판단이 옳았다. 토머스 제퍼슨이 대통령이 되었던 1800년 무렵에는 70만 명에 달하는 백인들이 이미 애팔래치아 산맥 서부, 즉 인디언 영역에 정착했다. 미국인들은 애팔래치아 산맥과 미시시피 강 사이의 땅을 차지하기 위해 노력했다. 숲을 개간한 땅에 목화와 곡식을 심고 도로와 도시, 운하를 건설하고 싶어했다. 그때 그들은 북아메리카와 태평양 해안에 이르는 전역을 다 차지해야 한다고 생각했다.

그 계획에 인디언들이 포함되어 있었다. 미국 정부는 백인들의 거주지를 마련하기 위해 '인디언 이주(Indian removal)'를 계획했다. 이러한 '이주'로 인해 엄청나게 많은 인디언이 목숨을 잃었으며 고통에 휩싸였다. 이렇게 엄청난 상실은 역사학자들조차도 짐작하기 어려운 일이었다.

앤드루 잭슨의 땅 투기

혁명 이후 미국의 부자들은 변경지대에 있는 땅을 엄청나게 많이 사들였다. 그들은 일종의 부동산 투기 목적으로 나중에 비싼 값으로 되팔려는 생각을 하고 있었다. 투기자들 가운데에는 조지 워싱턴이나 패트릭 헨리 같은 건국의 아버지들도 있었다.

상인이자 노예 상인이며 군인이었고 훗날 대통령이 될 또 한 명의 투기자였던 앤드루 잭슨(Andrew Jackson)은 인디언들의 입장에서 생각할 때, 미국 역사 초기에 가장 무자비한 적수였다.

앤드루 잭슨은 1812년의 전쟁에서 유명해졌다. 교과서에는 일반적으로 미국의 생존을 위해 영국과 벌였던 전투로 설명하고 있지만, 사실은 그 이상의 의미가 있는 전쟁으로 영토를 둘러싼 전쟁이기도 했다. 그 전쟁을 통해 미국은 캐나다와 플로리다(원래 스페인 영토)와 인디언들 영역까지 진출할 수 있었다.

앤드루 잭슨이 처음 인디언과 교전한 것은 조지아 전역에 분포되어 살고 있던 크리크족(Creeks)과의 싸움이었다. 크리크족 전사들은 앨라배마 요새에 있던 백인 250명을 학살했다. 이에 앤드루 잭슨의 부대는 크리크족의 마을을 불태웠으며 남녀노소를 불문하고 살해하는 것으로 대응했다. 1년이 지난 1814년 앤드루 잭슨은 호스슈벤드 전투(Battle of Horseshoe Bend)에서 1,000명의 크리크족과 싸우면서 국민영웅이 되

앤드루 잭슨에게 항복하는 크리크족 추장 윌리엄 웨더포드(1814년). 이때 맺은 협정은 인디언들에게 토지에 대한 개인 소유의 개념을 심어주었고, 결과적으로 인디언들끼리 서로 반목하게 했다.

었다. 800여 명이 사망한 크리크족과 달리 앤드루 잭슨 부대의 사상자는 거의 없었다. 그때 미국 정부에게 대우 보장을 약속받은 체로키족(Cherokees)은 앤드루 잭슨을 도와 함께 싸웠으며, 앤드루 잭슨은 승리의 공을 체로키족에게 돌렸다. 앤드루 잭슨의 직속부대가 크리크족을 공격했다가 실패했을 때, 체로키족이 크리크족의 배후를 쳐서 승리를 거둘 수 있었던 것이다.

전쟁이 끝나자 앤드루 잭슨과 부하들은 크리크족의 땅을 매입했다. 그것을 노리고 앤드루 잭슨은 협정 임무를 자처하여 맡았다. 1814년 그는 크리크족의 영토를 반으로 축소하는 조약을 맺었다.

이 조약은 새롭고 중요한 것의 시작이었다. 인디언들에게는 토지가 특정 개인의 소유라는 개념 자체가 아예 없었다. 쇼니족(Shawnees)의 추장 테쿰세(Tecumseh)는 "땅은 모든 사람들의 것이며, 각자의 쓰임새에 맞게 쓰인다"라고 말했다. 그러나 앤드루 잭슨의 조약은 토지 공유 대신 토지의 개인 소유라는 개념을 인디언들에게 심어주었다. 인디언들 가운데 일부는 매수하고, 나머지는 추방하는 과정에서 인디언들끼리 서로 반목하게 만드는 결과를 초래했다.

그 후 10년간 앤드루 잭슨은 남부 인디언들과의 사이에서 체결된 여러 조약에 관여했다. 무력, 뇌물, 속임수 등을 이용하여 그는 앨라배마와 플로리다의 4분의 3, 테네시의 3분의 1, 기타 여러 주에서 약간의 땅들을 백인들이 차지할 수 있게 했다. 이 땅들은 훗날 백인 소유의 대농장에서 노예들이 일한 미국 남부라는 면화 왕국의 토대가 되었다.

어느새 백인 정착민들은 스페인이 통치하던 플로리다의 끝자락에 이르렀다. 그곳은 인디언 부족 세미놀족(Seminoles)의 고향이자 탈출한 흑인 노예들이 살고 있던 지역이었다. 앤드루 잭슨은 자신을 방어하기 위해 반드시 플로리다를 차지해야 한다고 주장했다. 이것은 근대국가들이 다른 나라의 영토를 차지하기 위한 정복전쟁을 일으킬 때마다 늘 하던 말이었다.

앤드루 잭슨은 플로리다를 습격하여 세미놀족의 마을에 불을 질렀으며, 스페인 요새를 포위하여 공격했다. 연이은 기습 공격에 지친 스페인은 마침내 플로리다를 미국에 넘겼다. 플로리다의 주지사가 된 앤드루 잭슨은 친지들에게 노예와 땅을 사두라고 조언했다.

1828년 앤드루 잭슨은 제7대 미국 대통령에 당선되었고, 마틴 밴 뷰런(Martin Van Buren)이 제8대 대통령으로 당선되었다. 이 두 사람의 대통령 재직 기간 동안 미국 정부는 미시시피 강 동쪽에 살던 7만 명의 인디언들을 강제 이주시켰다. 정부 관료 루이스 캐스(Lewis Cass)는 "야만인들은 문명화된 사회 근처"에서 살 수 없다는 말로 인디언의 강제 이주를 설명했다.

루이스 캐스는 미시간 준주의 총독이 되었을 때 인디언들이 살던 수백만 에이커의 땅을 빼앗았다. 1825년 쇼니족 및 체로키족과의 조약이 체결되던 자리에서 루이스 캐스는 그들에게 미시시피 강을 건너 서부로 이동만 하면 "미국은 다시는 당신들의 땅을 요구하지 않을 것"이라고 했다. 강 건너의 땅은 영원히 인디언들의 영역으로 남으리라고 맹세했다.

끔찍한 선택, 연방법과 주법

앤드루 잭슨이 대통령이 되기 전인 1820년대 초중반, 남부의 인디언들과 백인들은 함께 정착하여 평화롭게 지내며 왕래도 빈번히 가졌다. 백인들이 인디언 마을에 방문하는 경우도 있었고, 인디언들이 백인들의 손님이 되기도 했다. 데이비드 크로켓(David Crockett)이나 샘 휴스턴(Sam Houston) 같은 개척자들이 바로 그런 사람들이었다. 앤드루 잭슨과는 다르게 그들은 인디언의 친구였다.

인디언들에게 강제 이주를 종용하기 위해 가했던 압박은 철도와 도시를 원했던 정치가, 사업가, 부동산 투기자, 그리고 인구 성장의 이유로 이루어졌다. 이러한 압박은 가난한 개척자들을 인디언들과의 무력 충돌 속으로 몰아넣을 수도 있었다. 그러나 인디언들의 좋은 이웃이었던 개척자들은 인디언을 추방하는 움직임에 적극적이지 않았다.

그렇다면 정부는 어떻게 조지아, 앨라배마, 미시시피 등지에 살던 인디언들을 이주시켰던 것일까? 그 해답은 연방법(federal laws)과 주법

(state laws)의 차이에 있다. 연방법은 연방정부와 인디언 부족 사이에 맺었던 조약들과 밀접한 관련이 있었던 탓에 미국 상원은 인디언 문제로 골머리를 앓았다. 그러나 주정부는 독자적으로 법을 제정하여 별다른 어려움 없이 인디언의 땅을 빼앗아 백인들에게 줄 수 있었다.

연방법을 강화시킨 대통령이라는 평을 듣는 앤드루 잭슨은 주들을 무시하는 대신에 자율권을 주었다. 이러한 방침으로 인디언들은 매우 끔찍한 상황에 처하게 되었다. 서부로 이주하라고 '강요'당하지는 않았지만 남아 있기 위해서는 주법을 준수해야 했다. 그러나 주법은 그들의 권리를 짓밟았다. 인디언들은 자신들의 땅을 원했던 백인들로부터 끝없는 고통을 당해야 했다.

이와 반대로 인디언들이 이주할 경우 연방정부는 그들에게 돈과 미시시피 강 서쪽의 땅을 제공해주었다. 앤드루 잭슨은 촉토족(Choctaws)과 체로키족에게 이주만 한다면 새로운 땅을 줌과 동시에 간섭하지 않겠다고 하며 다음과 같은 메시지를 전했다.

추장들과 전사들에게 나는 그들의 친구라고 전하라. …… 그러나 그들은 미시시피주와 앨라배마 주를 떠나 내가 제공하는 지역에 안착함으로써 내 제안을 받아들여야만 한다. 어느 주의 경계에도 속하지 않고 오직 그들만의 땅이 될 그곳은 '풀이 자라거나 물이 흐르는 한' 영원히 그들이 소유하게 될 것이다. 나는 그들을 보호하고 있고 그들의 친구나 아버지 같은 존재이며 앞으로도 그러할 것이다.

결국 인디언 부족들은 차례로 압박을 받게 되었다. 촉토족은 이주하고 싶지 않았지만 부족민 50명이 돈과 땅에 현혹되어 미시시피 강 동쪽 땅을 포기한다는 조약에 서명하고 말았다. 그 대가로 촉토족은 서부로 떠나는 이주비용을 지원받았던 듯하다. 1831년 말 1만 3,000명의 촉토족은 낯선 땅과 기후를 향해 떠나는 이주를 시작했다. 그들의 이주를 지원하기 위한 군대까지 동원되었지만 처참한 실패로 끝이 났다. 촉토족 사람들은 굶주림과 추위, 질병으로 수천 명씩 죽어갔던 것이다. 미시시피에는 그들과 함께 가기를 거부한 7,000명의 촉토족이 남아 있었다. 그 자손들 가운데 일부는 아직도 미시시피에서 살고 있다.

1832년 대통령에 재선된 후 앤드루 잭슨은 인디언 강제 이주에 박차를 가했다. 당시 앨라배마의 크리크족 2만 2,000명은 과거에 비해 현저하게 줄어든 영역에서 지내고 있었다. 그들도 연방정부의 약속을 믿고 떠나는 데 동의했다. 그들이 살던 땅 가운데 일부가 부족민들 개개인에게 주어질 것이며, 땅을 받은 사람들은 그 땅을 팔든 머무르든 연방정부가 보호해준다는 내용의 약속이었다.

그러나 연방정부는 그 약속을 지키지 않았다. 연방정부는 크리크족의 땅으로 몰려드는 백인들로부터 크리크족을 보호하지 않았다. 당시의 한 군대 지휘관은 크리크족 사람들이 "위협과 협박, 강요를 받았고, 미국이라는 나라 안에서는 어떤 보호도 받지 못하리라는 것을 깨닫고 몹시 슬퍼했다"는 기록을 남겼다.

수없이 인디언을 속이고 푸대접하는 미국 정부를 보며 나이가 많은 '얼룩뱀(Speckled Snake)'이라는 이름의 크리크족 인디언은 그가 백 살도 넘었을 때, 백인들의 속임수에 대해 다음과 같이 이야기했다.

형제들이여! 나는 우리 '위대한 백인 아버지(Great White Father: 인디언들이 미국 대통령을 일컫는 말)'에게서 많은 이야기를 들어왔다. 그가 처음 넓은 바다를 건너왔을 때, 그는 그저 아주 작은 사람에 불과했다. …… 오랫동안 배 안에 쪼그려 앉아 있어 다리에 쥐가 난 그는 모닥불을 피울 작은 땅만 달라고 구걸했다. …… 그러나 인디언들이 피운 불로 몸을 녹이고 인디언들의 옥수수로 배를 채우고 나자 백인은 덩치가 매우 커졌다. 그는 한걸음에 산을 뛰어넘었고 벌판과 계곡을 발아래 두었다. 동쪽과 서쪽의 바다를 손에 움켜쥐었고 달을 베개 삼아 머리를 기대었다. 그러고 나서 그는 우리들의 위대하신 아버지가 되었다. 그는 홍색인종을 사랑하시며 이렇게 말했다. "조금만 더 멀리 가렴, 너무 가까이 붙어 있잖니."

절망에 빠진 크리크족이 백인 정착민들을 몇 차례 공격하자 정부는 그들의 '전쟁행위'로 인해 조약이 깨졌다고 주장했다. 이제 미국은 크리크족을 서부로 몰아내기 위해 군대를 동원할 수 있게 된 것이다. 미국 병사들은 크리크족의 마을에 침입하여 부족민을 2,000~3,000명 단위로 묶어 서부로 몰았다. 미국 정부는 이주하는 크리크족 사람들에게 음식이나 임시 거처, 담요 같은 것들을 제공했던 듯싶다. 그러나 그 역시 실패로 돌아갔다. 낡다못해 썩어가는 배에 탄 채 미시시피 강을 건너면서 크리크족 사람들은 기아와 질병으로 수백 명씩 죽어갔다. 배 한 척이 침몰하면 300명 이상이 죽기도 했다.

눈물의 행로를 떠난 인디언들

1835년 12월 미국 정부는 세미놀족에게 서부로의 이주를 시작하기 위해 집합하라고 명령했다. 그러나 아무도 나타나지 않았다. 세미놀족은 대항하기로 결정했다.

세미놀족은 해안선을 따라 정착한 백인들에게 기습 공격을 가했다. 치고 재빨리 내륙의 은신처로 빠지는 방법을 선택했다. 백인 가족과 노예를 살해했으며 재산도 파괴했다. 윈필드 스콧(Winfield Scott) 장군이 이끄는 연방군은 세미놀족과 싸우기 위해 플로리다로 진입했으나 그들의 흔적조차 찾을 수 없었다. 진흙, 늪, 열기, 질병 등에 시달린 윈필드 스콧 부대의 지휘관들 가운데 3분의 2가 사임하고 물러났다.

전쟁은 8년 동안 지속되었고 2,000만 달러와 미군 1,500명의 생명이 소모되었다. 엄청난 자원을 가진 거대한 국가에 저항하는 소규모 집단에 불과했던 세미놀족은 결국 지쳐 1840년 휴전을 요청했지만, 휴전을 요청하러 갔던 세미놀족이 오히려 체포되었다. 세미놀족 추장 오세올라(Osceola)는 감옥에서 사망했고 전쟁은 끝이 났다.

조지아의 체로키족들은 무력을 사용하지 않고 그들만의 방식으로 저항했다. 농부, 대장장이, 목수가 됨으로써 백인들의 세상에 적응하려 했다. 그들은 통제기구를 조직했으며 기독교도들과 백인 선교사들도 받아들였다. 추장 세쿼이아(Sequoyah)는 체로키 문자를 만들어 영어와 체로키어로 신문을 발행했다. 이렇게 체로키족이 백인 사회에 적응하기 위해 노력했는데도 백인들은 여전히 그들의 땅을 원했다.

조지아 주는 체로키족을 추방하는 법을 통과시키고 체로키족의 정부, 집회, 신문을 법으로 금지했다. 서로에게 고향땅에 남아 있자고 부추기기만 해도 감옥에 갈 수 있었다. 체로키 부족민들이 고향땅에 남아 있도록 허락해야 한다고 주장했던 백인 선교사들까지도 교도소에서 4년간 중노동을 하는 처벌을 받았다.

소수의 체로키 부족민들은 다른 부족민들 몰래 서명하고 연방정부와 다시 한 번 이주 조약을 체결했다. 정부는 이주를 강제로 실행시키기 위한 군대를 파견했다. 사로잡힌 1만 7,000명의 체로키 부족민들은 감금되었다. 1838년 10월 1일 유명한 '눈물의 행로(The Trail of Tears)'를 떠날

첫 번째 집단이 출발했다.

감금과 굶주림, 갈증, 질병, 과도한 노출로 4,000명의 체로키족이 눈물의 행로 도중 숨졌다. 그러나 1838년 12월 대통령 마틴 밴 뷰런은 의회에서 "체로키족 전원이 미시시피 서쪽의 새 보금자리로 완전히 이주했다"고 말했다. 이어서 그는 체로키족을 이주시키기로 한 의회의 결정은 "최상의 행복한 결과"를 낳았다고 말했다.

◀ 눈물의 행로(1838년). 체로키족은 인디언 이주법에 따라 그들의 땅에서 쫓겨날 수밖에 없었다. 수용소에 갇혀 있는 동안, 또는 서부로 이동하던 중에 4,000여 명이 사망했다.

8 / 서부 개척, 그들만의 승리

이선 앨런 히치콕(Ethan Allen Hitchcock)은 1845년 6월 30일 일기에 "거의 한숨도 자지 못했다"라고 기록했다. 이선 앨런 히치콕은 루이지애나에 주둔 중인 미국 육군 대령이었다. 사령관인 재커리 테일러(Zachariah Taylor) 장군은 부대를 이끌고 텍사스 남서부에 있는 리오그란데 강의 강둑으로 가라는 명령을 받았다. 이선 앨런 히치콕은 이 작전이 문제의 씨앗이 되리라는 것을 알고 있었다.

그는 "폭력은 폭력을 부른다. 만약 우리의 이 군사행동이 다른 군사행동을, 즉 유혈 충돌로 진행시키지 못한다면 나는 엄청난 실수를 저지르는 것이다"라고 했다. 그러나 이선 앨런 히치콕은 실수하지 않았다. 재커리 테일러 장군이 리오그란데 강으로 행군함으로써 유혈전쟁이 시작되었다. 미국이 멕시코에 승전해 서부의 새로운 영토를 차지하게 되었다.

명백한 사명

1803년 토머스 제퍼슨이 '루이지애나를 구입(제퍼슨이 대통령 재직 시절 프랑스의 나폴레옹 1세에게서 루이지애나를 1,500만 달러라는 헐값에 구입했다-옮긴이)'했지만, 1845년 당시 미국은 오늘날에 비하면 상당히 작았다. 서쪽 경계는 로키 산맥이었으며, 남서쪽으로는 멕시코와 맞닿아 있었다. 멕시코는 1821년 스페인으로부터 독립을 한 상태였다.

원래의 멕시코는 지금보다 훨씬 넓었다. 텍사스, 뉴멕시코, 유타, 네바다, 애리조나, 캘리포니아 전부와 콜로라도 및 와이오밍의 일부가 모두 멕시코 영토였다. 1836년 텍사스는 미국의 도움을 받아 '론스타 공화국(Lone Star Republic, Lone Star State : 옛 텍사스 깃발에 큰 별 한 개가 그려져 있던 것에서 유래한 명칭)'으로 독립했다. 1845년 미국 의회는 텍사스를 미국에 편입시키기로 했다.

그 당시 대부분의 미국인은 미국이 서부로 팽창해야 한다고 생각했다. 대통령 제임스 포크(James Polk)도 팽창주의자였다. 그는 비서에게 대통령으로서의 주요 목표 가운데 하나가 캘리포니아의 미국 편입이라고 밝혔다. 〈워싱턴 유니언Washington Union〉지는 다음과 같이 제임스 포크를 지지했다. "캘리포니아로 가는 길은 우리에게 활짝 열려 있다. 우리의 서부인들을 누가 감히 막으려 하겠는가?"

그 직후 1845년 여름, 다른 신문 편집자 존 오설리번(John O'Sullivan)은 "해마다 수백만씩 인구가 증가하는 우리의 자유로운 발전을 위해 하나님께서 주신 이 대륙을 우리가 모두 차지하는 것은 명백한 사명이다"라는 기사를 썼다. 존 오설리번은 하나님의 뜻에 따라 미국인들이 북아메리카 전부를 마음대로 다 차지해야 한다고 말했다. 그가 사용한 "명백한 사명(manifest destiny)"이라는 말은 차후 팽창주의자들의 슬로건이 되었다.

오랫동안 멕시코와 미국은 두 나라 사이의 국경을 리오그란데 강에서 북쪽으로 약 150마일에 있는 뉴에이서스 강으로 합의하고 있었다. 그러나 텍사스가 독립을 위해 멕시코와 전쟁을 치르는 동안 텍사스인들은 멕시코의 장군 산타 안나(Santa Anna)를 생포하여 그에게 리오그란데 강이 국경이라고 말하도록 강요했다. 이는 텍사스의 팽창을 의미한다. 훗날 제임스 포크 대통령은 여전히 그 두 강 사이에 멕시코인들이 거주하고 있다는 사실을 무시하고, 리오그란데 강을 국경으로 삼겠다고 텍사스인들에게 말했다.

따라서 제임스 포크가 재커리 테일러 장군에게 부대를 리오그란데 강으로 이동시키라는 명령을 내린 것은 사실상 멕시코에 도전장을 내민 것이었다. 멕시코인들이 사는 지역에 군대를 보내는 것은 분명 갈등을 야기할 것이었다. 그러나 병사들이 리오그란데 강에 도달했을 때, 그들은 텅 빈 마을만 발견했다. 그곳에 살던 멕시코인들은 이미 강을 건너 마타모로스(Matamoros)로 피신한 상태였다. 재커리 테일러는 대포로 마타모로스를 조준한 채 요새를 건설했다.

1846년 봄, 군대는 제임스 포크가 원하는 전쟁을 시작할 준비를 했다. 이제 필요한 것은 오직 계기였다. 그러던 어느 날 강가에 나갔다가 실종된 재커리 테일러 부대의 지휘관이 두개골이 박살난 채 발견되었다. 모든 사람들은 멕시코의 게릴라 전사들이 강을 건너와 그를 죽인 것이라고 생각했다. 바로 다음날 멕시코인들이 순찰 중이던 병사들을 습격해 16명을 죽였다. 재커리 테일러는 제임스 포크에게 전쟁이 시작되었다고 보고했다.

분명 멕시코인들이 먼저 공격한 것이었다. 바로 미국 정부가 원하던 바였다. 이러한 상황을 이선 앨런 히치콕 대령은 알고 있었다. 그 공격이 있기 전에 그는 일기에 다음과 같은 글을 적었다.

나는 처음부터 미국이 침략자라고 했다. …… 우리는 여기서 아무런 권리도 없다. ……정부는 전쟁을 도발할 목적으로 소규모 부대를 파견한 듯하다. 캘리포니아를 비롯해 이 나라(멕시코)의 많은 땅을 빼앗을 명분을 만들려는 것이다. …… 나는 이런 일은 하고 싶지 않다. …… 그러나 군인이라 어쩔 수 없이 명령을 수행해야 하는 신세다.

멕시코전쟁에 대한 찬성과 반대

제임스 포크 대통령은 재커리 테일러 장군의 보고를 받기 전부터 선전포고를 하자며 의회를 재촉했다. 재커리 테일러의 보고를 받자마자 제임스 포크는 의회에서 "멕시코가 국경을 넘어와 우리 영토를 침범했으며, 미국인의 땅에서 미국인의 피를 흘리게 했소"라고 말했다.

의회는 선전포고를 했다. 소수의 의원만이 반대를 했다. 그들은 노예제에 강력하게 반대했으며, 전쟁은 새로운 노예주(slave states : 노예제에 찬성하는 주-옮긴이)를 만들 영토를 획득하기 위한 핑곗거리에 불과하다고 믿었다. 오하이오 주 의원 조슈아 기딩스(Joshua Giddings)는 그 전쟁을 "침략적이고, 성스럽지 못하고, 정당성도 없는 전쟁"이라고 말했다.

대부분의 미국인은 전쟁이란 말에 환호했다. 그들은 전쟁을 지지하는 집회를 열었고 수천 명씩 군에 자원했다. 유명 시인 월트 휘트먼(Walt Whitman)은 신문에 "미국은 팽창하는 방법뿐만 아니라 박살내는 방법도 잘 알고 있다"라고 자랑스럽게 게재했다.

또 다른 시인 제임스 러셀 로웰(James Russell Lowell)은 전쟁에 대해 다른 시각을 갖고 있었다. 그는 전쟁의 유일한 목적이 "새로운 노예주를 포함시키려는" 것이라는 내용의 시를 썼다. 매사추세츠의 작가 헨리 데이비드 소로(Henry David Thoreau)도 전쟁을 비판했다. 그는 인두세 납부를 거부하여 감옥에 갇힌 적도 있었는데 하룻밤 만에 석방되었다. 친구들이 그에게 허락도 받지 않고 세금을 대신 내준 덕분이었다.

2년 후 헨리 데이비드 소로는 〈시민의 반항Civil Disobedience〉이라는 에세이를 썼다. 그는 법과 정의의 차이점에 대해서, 그리고 군인들이 때로는 어떻게 해서 자신들이 수행하고 있는 명령이 옳지 못한 것인가를 깨닫게 되는지에 대해 논했다.

법은 인간을 전혀 정의롭게 만들지 못하였으며, 법을 존중하게 함으로써 심성이 고운 사람들까지도 부당한 행동을 하는 사람들로 만들었다. 법에 대한 과도한 존중이 초래하는 당연하고 자연스러운 결과로 다음과 같은 것이 있다. 군인들의 경우를 살펴보자. …… 그들은 훌륭한 규율을 갖춘 채 언덕과 골짜기를 넘어 행군한다. 그러나 그것은 그들의 의지에 어긋나는 것이며, 상식과 양심에도 어긋나는 것이다. 따라서 그 행군은 정말로 고된 것이 되고 만다. ……

교회의 많은 지도 인사들도 전쟁에 대한 반대 의사를 표했으며, 시간이 지날수록 동참의 목소리가 높아졌다. 신문기자 호러스 그릴리(Horace Greeley)는 〈뉴욕 트리뷴New York Tribune〉지에 불필요한 전쟁이라는 내용의 기사를 썼다. 노예 출신의 노예제 폐지론자 프레드릭 더글러스(Frederick Douglass)는 "추악하고 잔인한" 전쟁이라고 표현했다. 반노예제 신문인 〈해방자The Liberator〉는 더 심하게 멕시코 측의 "가장 성공적인 승리"를 바란다고 했다.

그렇다면 일반인들은 어땠을까? 그들 가운데서 얼마나 많은 사람이

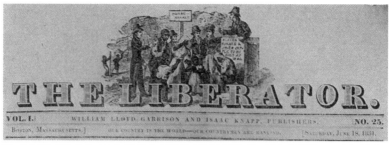

반노예제 신문 〈해방자〉. 노예제 폐지론자들은 〈해방자〉를 통해 "잔인무도한 짓거리, 배반행위 등 국가적 타락의 모든 특징을 드러내는 공격, 침략, 정복, 약탈 전쟁"이라고 전쟁을 비난했다.

전쟁을 지지했는지는 알 수 없으나, 일부 노동자들이 반대했다는 증거가 있다. 뉴욕 시에서 열렸던 반전(反戰) 집회에 수많은 아일랜드계 노동자들이 동참했다. 그들은 그 전쟁이 노예 소유주들의 음모라고 주장했다. 뉴잉글랜드 노동자동맹(New England Workingmen's Association) 또한 반전 의사를 표했다.

전쟁 초기에 일었던 흥분이 가라앉자 자원 입대자들의 물결도 잦아들었다. 충분한 병력을 확보해야 한다는 절박감에 군대는 신병들에게 보수를 지급하기로 했다. 또한 전쟁을 마친 자원 입대자들에게는 땅도 주기로 했다.

징병에 응해 입대했던 병사들 가운데 일부는 피비린내나는 전쟁의 공포로 인해 충격을 받았다. 예를 들어 마타모로스 외곽에서 한차례 전투가 치러지고 난 뒤 50명의 미국 병사와 500명의 멕시코 병사가 죽거나 부상을 당해 들판에 누워 있었다. 양편 사상자들의 비명과 신음이 끔찍하게 울려 퍼졌다. 또 다른 신병(新兵)들은 전방으로 갈 때 탔던 비좁은 수송선 등의 비참하고 열악한 환경 속에서 병들어 숨졌고, 더 나은 보수를 받는다는 말에 멕시코 쪽으로 탈영한 병사들도 있었다.

캘리포니아, 결국 정복되다

멕시코로부터의 분리를 원하는 전쟁이 캘리포니아에서 발발했다. 군인들이 육지와 바다 양면에서 캘리포니아로 투입되었다. 그 가운데 젊은 해군 장교가 미국이 캘리포니아라는 서부 영토를 획득했을 경우 일어날 일에 대해 상상해보았다. "많은 사람이 캘리포니아의 비옥한 토지를 찾아 들어올 것이다"라고 그는 일기에 적었다.

캘리포니아의 미국인들은 스페인인들에 의해 건설되었던 멕시코인들의 정착지를 습격했고, 말을 훔치기도 했다. 그들은 캘리포니아가 독립지역이라고 주장하면서 '베어 플래그 공화국(Bear Flag Republic)'이라고 불렀다.

한 미국 해군 장교는 캘리포니아의 인디언 추장들을 불러 모아놓고 다음과 같이 말했다.

당신들이 거주하고 있는 이 지역은 더 이상 멕시코에 속하지 않는다. 이제는 당신들이 보고 들어온 큰 바다(태평양)에서부터 여기서 수천 마일 떨어진 해가 떠오르는 큰 바다(대서양)까지의 모든 영토를 차지할 강력한 국가에 속한다. 지금 우리 군대가 멕시코에 진입해 있고, 조만간 완전히 정복할 것이다. 그러나 당신들이 옳게 행동하고, 또 새로운 통치자, 즉 우리의 신뢰를 저버리지 않는다면 당신들이 두려워할 것은 전혀 없다. 우리는 당신들을 지켜볼 것이며 진정한 자유를 줄 것이다. 그러나 반란, 무법, 기타 여러 가지 범죄들을 저질러서는 안 된다. 보호하고 있는 군대가 확실히 처벌할 것이며, 도망가서 숨더라도 끝까지 좇아갈 것이다.

그 사이 뉴멕시코를 통과하여 서쪽으로 진격한 미국 병사들은 전투도 치르지 않고 샌타페이를 장악했다. 그러나 몇 달 후, 근처 타우스에 있는 멕시코인들이 미국의 통치에 저항하여 반란을 일으켰다. 반란은 진압되었지만 반란군 일부가 언덕으로 도주했다. 마지막 전투에서 미국 군대가 반란군 150명을 살해할 때까지 그들은 산발적인 공격으로 미국인들을 죽였다.

로스앤젤레스에서도 반란이 일어났다. 그곳의 멕시코인들은 1846년 9월 미국 군대의 항복을 받아냈다. 미국은 그해 12월 치열한 격전을 치르기 전까지 로스앤젤레스를 탈환하지 못했다.

우리도 승전의 영광을 누리고 싶다

그 당시 재커리 테일러 장군은 리오그란데 강을 건너 마타모로스를 점령한 상태였다. 그의 부대는 멕시코를 통과하여 남부로 진격하던 중이었다. 병사들은 점점 통제하기 힘들었다. 술에 취해 멕시코인들의 마을을 약탈했으며, 약탈 사례는 꾸준히 증가했다.

그와 동시에 질병과 열기가 병사들의 목숨을 앗아갔다. 1,000명의 병사가 행군 중에 사망했다. 몬테레이에서 멕시코인들과 다시 전투를 치렀고, 병사들과 군마(軍馬)들은 극심한 고통 속에서 숨졌다. 그 모습을 본 한 미국 병사는 피거품으로 땅이 미끄러울 지경이었다고 말했다.

미국 해군은 베라크루스에 있는 해안 도시에 포탄을 퍼부었다. 그로 인해 많은 시민이 목숨을 잃었고 우체국과 병원이 파괴되었다. 이틀 동안 1,300발의 포탄에 직격당한 도시는 백기를 들었다. 한 미국인 기자는 다음과 같은 기록을 남겼다. "멕시코 측의 사상자 수에 대해서는 500~1,000명까지로 의견이 분분하다. 그러나 군인들이 입은 피해에 비해 여성이나 아이 등 민간인들의 피해가 훨씬 더 크다는 점에는 모두 동의하고 있다."

멕시코전쟁을 풍자한 카툰(1846년). 승리의 영광은 대통령과 장군들을 위한 것이었을 뿐, 탈영병이나 사상자들을 위한 것은 아니었다.

윈필드 스콧 장군의 1만 명의 군대가 멕시코 심장부로 진입했다. 특별한 목표 없이 치러진 일련의 전투가 끝난 후 양측의 사망자 수는 수천을 헤아리게 되었다. 결국 양측 군대는 멕시코의 수도 멕시코시티를 놓고 교전을 벌였다. 멕시코 상인은 친구에게 보내는 글에서 미국이 멕시코시티를 점령하던 모습에 대해 다음과 같이 말했다. "어떤 때에는 건물 전체가 무너져 남녀노소 가릴 것 없이 엄청나게 많은 사람이 죽거나 다쳤다네."

승리의 대가로 미국 병사들이 얻은 것은 행군, 전투, 죽음의 공포로 인한 극심한 피로뿐이었다. 탈영도 문제였다. 1847년 3월의 군 기록에는 1,000명 이상이 탈영했다고 보고하고 있다. 전쟁을 치르던 기간을 통틀어 9,000명 이상이 탈영했다.

멕시코 북부에서는 버지니아, 미시시피, 노스캐롤라이나 출신의 자원병들이 사령관에게 반항했다. 사령관은 항명한 병사들 가운데 한 명을 처형했지만, 그의 부관 두 명이 항명을 중지시키는 것을 거부했다. 평온을 유지하기 위해 육군은 할 수 없이 항명했던 병사들을 용서했다.

승리의 영광은 대통령과 장군들을 위한 것이었을 뿐 탈영병과 사상자들을 위한 것은 아니었다. 많은 군인이 자신들을 수많은 생명을 앗아간 끔찍한 전쟁터로 이끌었던 사람들에게 분노했다. 전쟁을 시작할 때 630명이었던 매사추세츠 출신의 자원병들이 귀향할 때에는 300명이 줄어 있었다. 대부분이 질병으로 사망했던 것이다. 귀향을 축하하는 만찬회에서 병사들은 자신들의 사령관에게 거센 비난을 퍼부었다.

고향에 살아 돌아온 일부 자원병들도 내세울 만한 것이 없었다. 정부는 토지 지급을 약속했었으나 부동산 투기자들이 그들의 땅을 매입했다. 돈이 턱없이 부족했던 많은 군인이 160에이커의 땅을 불과 50달러에 팔아넘기는 일이 다반사였다.

멕시코가 항복하자 미국인들 가운데 일부는 미국이 그 땅을 전부 차지하리라고 예상했지만 절반만 차지하는 데 그치고 말았다.

1848년 2월 멕시코와 미국은 과달루페이달고 조약(Treaty of Guadalupe Hidalgo)을 체결했다. 멕시코가 남서부 전체와 캘리포니아를 미국에 양도한다는 내용이었다. 또한 양국의 국경을 리오그란데 강으로 정한다는 내용도 포함되어 있었다. 미국은 그 대가로 멕시코에 1,500만 달러를 지불하겠다고 약속했다. 정부가 새로운 영토를 강제로 빼앗은 것이 아니라 구입한 것이라고 내세울 수 있는 명분을 위해서였다. 미국의 한 신문에는 다음과 같은 기사가 실렸다. "우리가 정복해서 강제로 빼앗은 것은 전혀 없다. …… 하나님께 감사드리자."

9 노예 해방의 날은 오는가

미국 정부는 남부 경제가 전적으로 노예제에 의존하고 있었기에 노예제를 지지했다. 경제가 성장하면서 노예들의 수도 증가했다. 1790~1860년 사이 남부의 면화 생산량은 연간 1,000톤에서 100만 톤으로 증가했다. 그 기간 동안 노예들의 수도 50만에서 400만으로 늘어났다. 뿌리 깊이 정착되어 있던 노예제는 전쟁과 같은 획기적인 사건이 일어나지 않는 한 결코 폐지되지 않을 것이었다.

자유를 얻거나 죽거나

1808년 미국 정부는 노예 수입을 금지했다. 북부의 항구 도시들은 노예무역을 통해 이익을 얻고 있었다. 미국의 노예제는 1808년부터 이미 노예가 된 아프리카인들과 그 자녀들로 한정되어 있었지만, 노예의 수요가 증가하면서 잘 지켜지지 않았다. 역사학자 존 호프 프랭클린(John Hope Franklin)의 《노예 제도에서 자유로From Slavery to Freedom》에 따르면 남북전쟁이 시작된 1861년 이전에 약 25만 명 정도의 노예들이 불법으로 수입되었다.

노예제를 어떻게 설명해야 할까? 경험해본 사람들만이 설명할 수 있을 것이다. 한때 노예였던 존 리틀(John Little)은 다음과 같은 기록을 남겼다.

> 그들은 노예들도 웃고 즐거워하므로 행복하다고 말한다. 나를 비롯한 네다섯 명의 노예들은 낮에 채찍으로 200대씩 맞고 발에 족쇄를 차고서도, 밤이 되면 다른 사람들의 유흥을 위해 쇠사슬을 절겅거리며 춤추고 노래했다. 우리가 정말로 행복한 사람들이었던가! 우리는 근심 걱정을 털어버리기 위해, 억장이 무너지는 것을 견디기 위해 그렇게 했다. 그렇게 노래 부르는 것이 찬송가를 부르는 것처럼 정말로 행복한 일이란 말인가!

1811년 뉴올리언스 근방에서 미국 최대 규모의 반란이 일어났다. 그 반란에 400~500명의 노예가 가담했다. 미국 육군은 군대를 동원하여 반란을 진압했다. 1822년 자유 흑인 덴마크 베시(Denmark Vesey)가 사우스캐롤라이나에서 반란을 시도했으나, 그 사실을 알아챈 집권층이 그를 포함한 35명을 교수형에 처했다. 1831년 여름, 버지니아에서 냇 터너(Nat Turner)가 약 70여 명의 무리를 선동하여 폭동을 일으켰다. 그들은 여러 농장을 휩쓸고 다니면서 남녀노소 불문하고 55명 이상을 살해했다. 결국 그들은 탄약이 떨어져 체포되었으며, 모두 교수형에 처했다.

다른 노예들은 탈출을 택했다. 1850년대에는 해마다 노예들이 약

1,000명씩 미국 북부, 캐나다, 멕시코로 탈출했다. 유명한 탈출 노예 해리엇 터브먼(Harriet Tubman)은 다른 노예들의 탈출을 돕기 위해 지하철도(Underground Railroad)의 탈출로를 따라 열아홉 번이나 노예 지역(남북전쟁 이전에 노예제에 반대하는 지역을 '자유 지역free territory,' 노예제가 존속하는 지역을 '노예 지역slave territory'으로 불렀다-옮긴이)으로 진입하는 위험한 여행을 감행했다. 그녀는 노예들에게 이렇게 말했다. "자유를 얻거나 죽거나 둘 중 하나예요."

때로 노예들을 돕는 백인들은 집권층의 근심거리였다. 가난한 백인들이 노예들을 동정해서가 아니라 부유한 농장주들에 대한 증오심으로 노예 반란을 조장할까 봐 두려워했다. 남부의 농장주와 결혼한 유명한 여배우 패니 켐블(Fanny Kemble)은 조지아의 운하를 건설할 때 흑인 노예들과 가난한 아일랜드계 노동자들을 격리시켜놓았다고 일기에 기록했다. 아일랜드계 노동자들이 '실제로 노예들을 동정하는 마음이 따뜻하고 자비로운 사람들'이었기 때문이다.

부끄러운 노예제를 폐지하자

일부 미국 백인들은 '노예들에게 동정을 금치 못하고' 있었다. 노예제 폐지나 종식을 부르짖은 그들을 가리켜 노예제 폐지론자라고 불렀다. 그들은 노예제에 반대하는 신문 사설을 쓰고 연설했다. 또한 그들은 많은 노예가 지하철도를 통해서 탈출할 수 있도록 도왔다. 지하철도는 탈출한 노예들이 자유 지역으로 갈 수 있도록 안내 역할뿐만 아니라 은신처도 제공했다. 그러나 노예제 반대운동의 중추를 이룬 사람들은 흑인 노예제 폐지론자들이었다.

지하철도(1893년). '지하철도'는 1840~1861년까지 노예를 거부한 흑인들을 북부나 캐나다의 안전지대로 탈출시킬 목적으로 결성된 비밀조직이다.

1830년 당시 북부에는 자유를 얻은 약 13만 명의 흑인들이 살고 있었다. 20년 후에는 20만 명으로 증가했다. 그들 대부분은 남부의 노예들에게 자유를 주기 위해 활동했다. 노예의 자식으로 태어나 보스턴에서 낡은 옷가지를 팔던 데이비드 워커(David Walker)도 그런 사람들 가운데 한 명이었다. 그는 흑인들에게 자유를 찾아 싸우라는 내용을 담고 있는 《워커의 호소Walker's Appeal》라는 책을 출간했다.

우리의 적들이 백정 같은 짓을 계속해서 그들의 잔을 피로 가득 채우도록 하자. 당신이 가야 할 길이 명확히 보이기 전까지는 절대로 우리의 자유나 자연권을 얻으려는 시도를 하지 마라. …… 때가 되어 당신이 행동하게 되면 두려워하지도 말고 당황해 하지도 마라. …… 하나님은 기꺼이 우리에게 (백인들에게 주신 것처럼) 두 개의 눈과, 두 개의 손과, 두 개의 발과, 머릿속의 몇 가지 감각을 주셨다. 우리가 그들을 노예로 삼을 수 없는 것처럼 그들도 우리를 노예로 삼을 수 없다. …… "쥐구멍에도 볕들 날이 있다." 미국인들(백인들)의 시대는 이제 끝나고 있다.

《워커의 호소》는 남부의 노예 소유주들을 격노하게 만들었다. 그들 가운데 한 명이 데이비드 워커를 사살하거나 생포할 경우 사례하겠다고 공언했다. 1830년 어느 여름날, 데이비드 워커는 자신의 가게 앞에서 시체로 발견되었다.

프레드릭 더글러스는 노예로 태어났지만 글을 익혔고 21세에 북부로 탈출했다. 그는 노예제에 반대하는 글을 쓰고 연설을 하면서 그 당시 가장 유명한 흑인이 되었다. 그는 "언젠가 자유인이 되리라는 생각"이 "노예제의 힘을 총동원해도 깰 수 없는" 꿈이었다고 말했다.

멕시코전쟁이 끝난 후 미국 정부는 캘리포니아를 비롯하여 새로 얻은 영토에 대해 비노예주(enslave state)로 규정했다. 그 대가로 노예주에는 1850년 도망노예법(Fugitive Slave Act)을 통과시켜주었다. 탈출한 노예들을 다시 소유주에게 되돌려주기 위한 법으로, 이미 북부로 탈출하여 살고 있는 노예들에게도 적용되었다. 이 법은 노예 소유주가 자유 흑인도 탈출한 자신 소유의 노예라고 우기기만 하면 사유화시킬 수 있게 악용될 소지가 다분했다.

피부색의 흑백을 막론하고 북부의 노예제 폐지론자들은 도망노예법에 반대하여 저항했다. 법이 통과된 지 1년 후인 1851년 제리라는 이름의 탈출 노예가 체포되어 법정에 섰다. 그때 군중이 들이닥쳐 뉴욕 시러큐스에 위치한 법정을 부수고 그를 자유롭게 풀어주었다. 1852년 7월 4일 독립기념일에 프레드릭 더글러스는 노예제로 인한 부끄러움은 남부만의 문

유색인종의 영웅을 그린 석판화(1881년). 왼쪽부터 블랜치 브루스, 프레드릭 더글러스, 하이럼 레블스. 블랜치 브루스와 하이럼 레블스는 연방 상원의원에 당선되었다.

제가 아니라 미국 전체의 문제라는 내용의 연설을 했다.

친애하는 시민 여러분. 당신들의 7월 4일은 미국의 노예들에게는 과연 무엇입니까? 저는 그날이 1년 중 다른 그 어떤 날들보다도, 흑인들에게 영원한 희생자로서의 부당함과 잔인함이 가해졌다는 사실을 여실히 나타내는 날이라고 대답하겠습니다. …… 이 지구상에서 지금 바로 이 순간, 미국인들이 하는 것보다 더 충격적이고 피비린내나는 행위를 했던 나라는 일찍이 없었습니다.

미국 정부는 노예무역을 금지하는 법을 강화하는 대신 도망노예법만 강화시켰다. 앤드루 잭슨 대통령 시절에는 정부가 남부와 야합하여 노예제 폐지론 측의 신문이 남부 주들에서 발행되는 것을 막기도 했다.

1857년 연방대법원은 드레드 스콧(Dred Scott)이라는 노예가 자유 지역에서 한동안 지내왔는데도 그가 자유를 얻을 수 없다는 판결을 내렸다. 그 이유는 그를 인간이 아닌 재산으로 간주했기 때문이다.

정부는 반란을 통한 노예제의 폐지를 결코 수용하려 하지 않았다. 노예제가 종식될 수 있는 유일한 방법은 오직 백인들에게 달려 있었다. 특히 노예제 폐지는 북부의 정치적·경제적인 이익과 부합될 때에만 가능한 일이었다. 그러한 점에서 에이브러햄 링컨(Abraham Lincoln)이야말로 노예제에 종지부를 찍을 수 있는 완벽한 인물이었다.

에이브러햄 링컨은 경제적인 요구에 대해 잘 이해하고 있었을 뿐만 아니라 새로운 공화당과 정치적 야망을 공유하고 있었다. 결론적으로 그는 뛰어난 화술로 도덕적인 차원에서 열정적으로 노예제에 반대하는 연설을 했다. 동시에 그는 노예제 폐지론이 새로운 문제들을 일으키지 않을까 우려하여 정치적으로도 신중을 기했다. 에이브러햄 링컨은 노예제가 옳지 못한 제도라는 신념을 가지고 있었지만, 흑인들이 백인들과 동등하다는 생각까지는 하지 못했다. 그가 생각했던 가장 좋은 해결책은 흑인 노예들을 해방시켜서 아프리카로 돌려보내는 것이었다.

남북전쟁은 노예해방을 위한 것이 아니었다?

북부의 경제를 주도하던 금융가나 사업가 같은 엘리트계급은 그들이 주도하는 경제가 팽창하기를 바라고 있었다. 그들은 자유로운 토지 이용, 자유로운 고용, 기업가들에게 유리한 세금 등을 원했다. 에이브러햄 링컨은 그들과 같은 생각을 하고 있었다. 반면 남부의 농장주들은 자신들만의 유쾌하고 유리한 삶의 방식을 에이브러햄 링컨과 공화당이 망쳐

놓으려 한다고 생각했다. 1860년 가을, 에이브러햄 링컨이 대통령에 당선되자 남부의 7개 주가 연방에서 탈퇴했다. 에이브러햄 링컨이 노스캐롤라이나 포트 섬터에 있는 기지를 무력으로 탈환하려 하자 4개 주가 추가 탈퇴했다. 남부 측은 남부연합(Confederacy)을 조직했고, 남북전쟁(American Civil War)이 시작되었다.

노예제 폐지론자들은 남부의 노예들을 해방시키라고 에이브러햄 링컨을 종용했다. 그러나 그는 노예해방을 위해 전쟁을 하는 것이 아니라는 점을 분명히 했다. 그의 목표는 남부를 연방에 복귀시키는 것이었다. 노예제 폐지론자였던 신문기자 호러스 그릴리에게 보내는 편지에서 에이브러햄 링컨은 다음과 같이 말했다.

이 분쟁에서 저의 궁극적인 목표는 어디까지나 연방을 보존하는 것이지 노예제를 유지하거나 폐지하는 것이 아닙니다. 노예를 해방시키지 않고도 연방을 보존할 수 있다면 저는 그렇게 할 것입니다. 반대로 노예를 해방시켜야 연방을 보존할 수 있다면 저는 그렇게 할 것입니다.

전쟁이 점점 치열해지면서, 특히 북부 측의 전황이 불리해지면서 에이브러햄 링컨은 마침내 노예제에 반대하는 입장을 취했다. 1862년 9월 그는 연방으로 복귀하지 않는다면 노예들을 해방시킬 것이라고 경고하며, 남부 측에 4개월간의 휴전을 제의했다. 그러나 전쟁은 계속되었다. 1863년 1월 1일 에이브러햄 링컨은 노예해방선언(Emancipation Proclamation)을 했다. 2년의 시간이 지나 전쟁이 끝나기 직전에 의회는 미국 내의 모든 노예제를 폐지한다는 내용의 수정 헌법 제13조를 통과시켰다.

이러한 변화는 아프리카 출신의 미국인들, 즉 흑인들에게 여러 면으로 영향을 주었다. 만족할 만한 것은 아니었지만, 흑인들이 연방 측의 군대에 자유롭게 입대할 수 있게 되면서 전쟁은 더욱더 노예해방을 위한 전쟁이라는 양상을 띠게 되었다. 백인들의 고통이 심해질수록 그들은 흑인들을 더 원망했다. 그 누구보다 가장 화가 난 사람들은 강제로 징병된 가난한 백인들이었다. 부자들은 300달러로 대리인을 입대시킴으로써 면제받을 수 있었다. 당시 목수 등의 숙련된 기술자들이 일당으로 2달러 정도 받던 시절이었던 만큼 300달러는 어마어마한 액수였다. 비숙련공들은 숙련된 기술자들보다 더 적게 받았다. 1863년 징병에 반대하는 폭동이 북부 도시들에서 일어났고, 흑인 이웃들에 대한 백인들의 폭력과 살해가 잇달았다. 그리고 군대와 북부 도시들에서의 흑인 병사들에 대한 처우는 자유가 반드시 적절하고 진정한 평등을 뜻하지 않음을 보여주었다. 흑인 병사들에게는 가장 더럽고 힘든 임무가 맡겨졌으며, 길거리를 거닐다가 백인들에게 공격을 당하는 일도 있었다.

남북전쟁은 그때까지의 역사에서 가장 처절한 전쟁의 하나였다. 그 전쟁에서 60만 명의 생명이 사라졌다. 당시 인구는 3,000만 명이었다. 1864년 말 남부는 전쟁에서 밀리고 있었고, 신병의 공급도 부족한 상태였다. 그런데 4백만 명의 노예들은 있었다. 결국 남부연합의 지도자들 사이에서 흑인들을 입대시키자는 의견이 제시되었고, 이에 충격을 받은 한 장군은 "만에 하나 흑인들이 좋은 병사가 된다고 칩시다. 그러면 노예제에 대한 우리의 이론은 모두 어긋나는 것입니다."라고 말했다. 1865년 3월 남부연합의 대통령 제퍼슨 데이비스(Jefferson Davis)는 흑인들을 남부군에 입대시킨다는 법안에 서명했다. 그러나 그 법안의 효력이 발생하기도 전에 전쟁이 끝나고 말았다. 남부는 패했고 노예들은 자유의 몸이 되었다.

"헌법은 색깔을 구분하지 못하는데……"

남북전쟁이 끝나고 오랜 시간이 흐른 뒤, 1865년 당시 어린아이였던 흑인들은 해방이라는 소식을 접했던 노예들의 눈물과 노래와 희망을 상기했다. 축복의 시간이었으며 새로운 날의 새벽이기도 했다. 그러나 많은 흑인은 전쟁 후 자신들의 처지가 자신들을 자유롭게 한 법률에 달려 있지 않다는 것을 알게 되었다. 그들의 처지는 토지를 소유하고 있느냐, 아니면 남을 위해 일해야 하느냐의 여부에 달려 있었다.

남부의 엄청난 양의 땅덩어리들이 남부연합의 구성원이었던 사람들에게 되돌려지거나 북부에서 온 부동산 투기자들에게 넘어갔다. 흑인들에게는 땅을 살 여유가 없었다. 노예 출신의 토머스 홀(Thomas Hall)은 다음과 같이 말했다. "링컨은 우리의 해방을 찬양하는 말을 했다. 그런데 그는 과연 그렇게 했는가?" 토머스 홀은 에이브러햄 링컨이 노예들에게 자유만 주었지 자립할 수 있는 기회는 주지 않았다는 사실을 깨달았다. 자유를 얻은 흑인들은 먹고살기 위해 여전히 백인들에게 의존해야만 했다.

미국 정부가 노예주들과 싸운 것은 노예제를 종식시키기 위해서가 아니라 남부의 막대한 영토와 자원, 시장을 얻기 위해서였다. 노예제의 종식은 정치판에 새로운 세력들의 등장을 불러왔다. 그러한 세력들 가운데 첫 번째는 인종적 평등에 관여하고 있던 백인들이었다. 일부 백인들은 남부로 가 교사가 되거나, 해방 노예들을 돕기 위해 정부에서 설립한 해방노예국(Freedmen's Bureau)의 관리가 되었다. 두 번째는 자신들이 얻은 자유에 의미를 부여하기로 결심한 흑인들이었다. 세 번째는 공화당이었다. 연방정부에 대한 통제력을 유지하고 싶어한 공화당은 남부 흑인들의 표를 기대하고 있었다. 북부의 사업가들도 공화당의 정책이 자신들과

KKK단의 행렬. KKK단은 전직 사령관, 병사, 남부연합 지도자, 교회 목사들로 조직되었으며, 흑인들과 진보적 백인 공화당원들에 대한 테러를 일삼았다.

이해를 같이한다고 판단하여 그 상태가 지속되기를 원했다.

남북전쟁이 끝난 후 이러한 세력들은 짧은 시간 동안이나마 남부의 흑인들이 투표를 하고, 주의회와 미국 상하 의원에 당선되어 진출하고, 자유롭고 인종적으로 통합된 교육을 선보일 수 있게 했다. 새로 제정된 법들은 흑인들을 차별로부터 보호했으며 동등한 권리를 보장해주었다. 그러나 일자리 때문에 백인들에게 의존하고 있었던 탓에 흑인들의 투표권은 돈에 매수되거나 위협에 의해 빼앗길 소지가 있었다.

흑인들에 대한 백인들의 폭력은 전쟁이 끝나자마자 남부에서 폭발하기 시작했다. 1866년 5월 테네시 주의 멤피스에서는 백인들이 흑인 46명을 살해했으며, 100군데 이상의 가정집과 교회, 학교에 불을 질렀다. 이런 폭력은 습격, 구타, 인종에 따른 살인행위를 하기 위한 백인들의 폭력조직 결성으로 이어졌다. 큐 클럭스 클랜(Ku Klux Klan : KKK)이 대표적인 단체이다. 1867~1871년 사이에 켄터키 주에서만 이러한 인종적 폭력이 116건이나 발생했다.

1870년대에도 백인들의 폭력이 계속되자 연방정부는 흑인들의 보호에 대해 점차 방관하게 되었다. 북부의 정치가들은 흑인 유권자들의 지지에서 얻는 이익과, 공화당을 받아들인 백인들이 장악한 남부의 안정적인 상태에서 생기는 이익을 놓고 저울질했다. 법적으로 자유라 하더라도 흑인들이 또다시 노예와 다를 바 없는 상태로 전락하는 것은 시간 문제였다.

1877년 공화당 지도부는 자신들이 내세운 후보 러더퍼드 헤이스(Rutherford Hayes)를 당선시키기 위한 거래를 했다. 필요한 표를 얻는 대가로 남부에 주둔 중인 연방 군대를 철수시키기로 했던 것이다. 남부 흑인들에 대한 마지막 군사적 보호마저 사라졌음을 의미하는 조치였다. 남부의 주들이 평등을 조금씩 손상시키는 법안을 통과시키면서 법적인 보호 역시 붕괴되었다. 19세기 말에 이르면 미국 대법원이 인종에 따른 격리 또는 분리를 허용하는 법안을 승인하는데, 과거 노예 소유주였었던 단 한 명의 대법원 판사만이 이 법안에 반대했다. 존 할란(John Harlan) 판사는 다음과 같이 탄식했다. "우리의 헌법은 색깔을 구별하지 못하는데. ……"

경제가 파탄에 빠지면서 남부는 돈이 필요했다. 북부의 금융가와 투기자, 남부의 엘리트계급 사이에 새로운 동맹관계가 형성되었다. 그들은 석탄광산과 철광산, 사업과 철도를 통한 '새로운 남부(New South)'에 관해 논의했다. 과거 노예였던 사람들은 그 청사진에서 배제되었다. 1900년 무렵 남부의 모든 주가 흑인들에게서 투표권과 평등권을 박탈하는 법안을 통과시켰다.

이런 최악의 상태에 이르게 되자 미국의 흑인들은 배신당했다는 것을 깨달았다. 그들 가운데 일부는 폭력과 빈곤에서 벗어날 수 있기를 바라면서 남부를 떠났다. 남은 사람들은 자기방어를 위한 조직을 결성했다. 그들은 1년에 100건이 넘는 린치에 시달려왔던 것이다. 〈뉴욕 글로브 New York Globe〉지의 젊은 흑인 편집인 토머스 포춘(Thomas Fortune)은 미국 상원의원에게 이렇게 말했다. "검둥이를 쏴 죽인 백인은 자유롭게 길거리를 활보한다. 반면 돼지고기를 훔친 검둥이는 10년간 쇠사슬에 묶인 채 중노동을 해야 한다."

　　흑인으로서 애틀랜타 대학교에서 강의하던 W.E.B. 듀보이스(W.E.B. Du Bois)는 흑인들이 당했던 배신이 미국에서 일어났던 거대한 사건의 한 부분이라고 보았다. 그는 가난한 백인들과 흑인들 모두가 정치가들과 기업가들에 의해 착취당하고 이용당했다고 주장했다. 투표권이 있었기에 백인들은 자신들이 착취당하고 있다고 생각하지 않았다. 그러나 듀보이스는 "막대한 자본의 절대적인 힘"이 투표를 통해 나타날 수 있는 그들의 힘을 제한했다고 했다. 그는 국가가 아닌 개인이나 회사가 농장과 공장을 소유하고, 가격을 통해 시장에서 서로 경쟁하고, 부를 축적하는 자본주의라는 경제체제에 대해서 이야기하고 있는 것이었다.

　　듀보이스의 말은 옳은 것인가? 어떤 면에서는 정말 미국 자본주의의 성장은 흑인들뿐만 아니라 백인들도 노예로 만들었다는 사실을 의미하는 것일까?

10 / 또 하나의 내전, 노사갈등

남북 전쟁은 19세기 미국에서 나타났던 유일한 내부 갈등이 아니었다. 또 하나의 내전(內戰)이 일어났는데, 그것은 계급 갈등이라고 할 수 있다. 이 내부 갈등은 종종 교과서에서 생략되기도 한다. 대신 그 시대의 역사를 공화당과 민주당 간의 사소한 충돌로만 묘사하는 방법을 즐겨 택한다. 공화당과 민주당이 국가 권력의 대부분을 장악하고 있는 계급들을 각자 대변하고 있었는데도 말이다.

'잭슨 민주주의'의 신화

1828년 대통령에 당선되었던 앤드루 잭슨은 '사회적 신분이 낮은 사람들', 즉 노동자나 농부 같은 사람들을 옹호하는 말을 했다. 분명 그는 살던 땅에서 쫓겨난 인디언들이나 노예로 살고 있는 흑인들을 위한 말을 한 것이 아니었다. 거대한 지지 기반이 필요했던 정부는 지지를 얻기 위하여 마련된 '잭슨 민주주의(Jacksonian Democracy)'의 신화를 탄생시켰다.

그 신화는 평범한 시민들로 하여금 자신들이 정부에 대해 목소리를 낼 수 있으며, 자신들의 이익을 정부가 세심히 보살피고 있다고 믿게 했다. 이것은 정부가 필요할 때 중하층계급(lower and middle classes)에게서 지지를 얻을 수 있도록 하기 위한 방편이었다. 국민에게 두 정당을 놓고 선택권을 준다는 것, 조금 더 민주적으로 보이는 당을 선택하게 해준다는 것은 국민을 통제할 수 있는 아주 좋은 방법이었던 것이다. 공화·민주 양당 지도자들은 국민이 바라는 대로 조금씩 개선해줌으로써 사회의 통제력을 장악할 수 있다는 것을 잘 알고 있었다. 단, 지나친 개혁은 금물이었다.

미국은 엄청난 속도와 흥분 속에서 발전하는 중이었고, 그 결과 도시화가 진행되었다. 1790년의 미국의 도시 인구는 100만도 채 되지 않았으나, 1840년경에 이르러서는 11배로 증가했다. 뉴욕 시만 하더라도 1820년에 13만 명이었던 인구가 1860년에는 100만 명이 되었다.

수많은 도시인이 가난에 허덕였다. 필라델피아의 노동자 가족들은 빈민 아파트(tenement)에서 살았다. 가족 전체가 한 방을 사용했고, 상하수도조차 제대로 갖춰지지 않았다. 뉴욕의 빈민들은 쓰레기더미 옆에서 노숙했다. 하수도가 없었던 빈민가의 빈민들이 버린 오물은 치명적인 질병의 원인이 되었다.

이러한 극빈층 사람들에게서 정부에 대한 지지를 얻어낸다는 것은 기대도 할 수 없었다. 그들의 존재는 노예나 인디언들과 마찬가지였다. 평소에는 눈에 잘 띄지 않지만 한번 들고일어나면 상층계급 사람들을 기겁하게 만들었다. 그러나 극빈층이 아닌 사람들은 현 체제를 지지했다. 자기 소유의 토지가 있는 농부들, 보수가 좋은 노동자들, 도시의 회사원들은 적당한 보수를 받고 적절하게 위신을 세우는 존재들이었다. 위기가 닥치면 현 체제에 충성을 바쳤다. 상층계급이 그들을 지배하는 것은 몹시 쉬운 일이었다.

덩치가 커진 미국 경제

19세기 미국에서는 사업 붐이 일었다. 서부 시대의 개막은 운하, 철도, 전신 체제의 발달에 힘입은 바가 컸다. 철제 쟁기나 자동수확기 같은 새로운 장비들은 농업의 생산성을 높여주었다. 그러나 경제가 사람들의 요구를 충족시키면서 계획되거나 운영된 것은 아니었다. 경제는 사적 이익의 추구에 의해 움직였다. 경제는 호황기(성장과 번영의 시기)와 불황기(불경기와 실업의 시기)가 반복적으로 번갈아 나타났다.

사업을 더욱 안정적이면서 경쟁을 완화하기 위해 회사들이 합병했다. 예를 들어 여러 철도회사가 뉴욕 센트럴 철도(New York Central)라는 하나의 회사로 합병했다. 또한 회사들은 소비자들이 자신의 물건과 서비스를 이용하지 않을 수 없게끔 담합하여 가격을 마음대로 책정함으로써 경쟁을 좌지우지했다. 더불어 그들은 정부의 도움도 받았다. 1850년대의 7년 동안 연방정부와 주정부들은 철도회사에 2,500만 에이커라는 방대한 토지를 공짜로 주었고, 수백만 달러의 채권도 허용해주었다.

남북전쟁 말기에 국가 지도층 사람들의 관심사는 재물과 이익이었지 노예제 반대운동이 아니었다. 설교자 시어도어 파커(Theodore Paker)

그린 강(Green River) 건널목의 건설노동자들과 수송열차(1885). 무질서하고 기형적으로 발전한 경제체제와 오로지 돈에만 관심 있는 지도층들 때문에 노동자들의 끔찍한 근로조건은 무시되었다.

는 청중들에게 "오늘날 이 나라에서는 돈이 가장 큰 힘이다"라고 말했다.

그러나 정치·경제를 통제하려는 노력은 좀처럼 결실을 맺지 못했다. 때때로 빈민들은 도시의 인구문제, 장시간의 노동, 높은 물가, 실업, 질병, 끔찍한 주거시설(빈민 아파트) 등에 대한 자신들의 분노를 표출했다. 1827년 공장 노동자들(숙련공과 비숙련공craft and trade worker)의 집회에서 어떤 청년은 살아간다는 게 얼마나 힘든 일이며, 노동자들이 어떻게 고용주들에게 종속되어 있는가에 대해 말했다.

우리가 여러 방면에서 억압을 받고 있다는 것은 우리 스스로 잘 알고 있죠. 우리는 다른 사람들의 기쁨을 위해 온갖 편리한 물건들을 만들어내느라 힘들게 일합니다. 하지만 우리에게 돌아오는 몫은 턱없이 작고, 그나마도 지금 이 세상에서는 고용주들 마음에 달려 있습니다.

가끔 부자들에게 대항하여 갑작스럽고 조직적이지 못한 폭동들이 일어나기도 했다. 그리고 가끔은 그런 분노의 화살이 흑인들, 가톨릭 신자들 또는 이민자들에게 향하기도 했다. 그리고 때로는 빈민들이 금융가, 부동산 투기자, 지주, 상인 등 경제를 주도하는 사람들에게 맞서 조직적인 시위를 벌이기도 했다.

노동자들의 대규모 단결

1829년 필라델피아의 노동자들은 미국 최초로 도시 전역에 걸친 노동자대회를 개최했다. 그곳에서 스코틀랜드 출신의 정치사상가이자 여성운동가 프랜시스 라이트(Frances Wright)가 초청강연을 했다. 프랜시스 라이트는 독립 혁명이 "조국의 산업 역군인 아들딸을 억압하기 위한 투쟁이었느냐"고 물었다. 그녀는 새로 등장한 기계들이 인간의 노동 가치를 떨어뜨리고, 사람들을 기계의 하인으로 종속시키며, 공장에서 일하는 어린아이들의 심신을 망가뜨리지 않을까 우려했다.

노동조합들은 임금 인상과 노동 조건 개선을 위해 노동자들이 결속하는 형태를 갖추었다. 1835년 필라델피아에서는 제책(製冊)이나 가구 제작 등 50여 개의 다양한 직종 노동자들이 노동조합을 결성했다. 그들은 노동시간이 하루 10시간으로 제한될 때까지 파업을 했으며, 성공을 거두었다.

법정은 산업에 타격을 주기 위해 불법적으로 공모했다면서 노동조합의 뒤통수를 쳤다. 시위에 나섰던 재단사들에게 뉴욕 법정이 '불법 공모'의 죄를 물어 벌금형을 선고하자 2만 7,000명의 군중이 판결에 항의하기 위해 시청 앞으로 모여들었다. 도시 안에서는 다음과 같은 내용의 전단이 돌았다.

가난한 자들과 맞서는 부유한 자들이여!

기계공들과 노동자들이여! 여러분의 자유는 엄청난 타격을 받았다! …… 저들은 노동의 대가를 조정할 권리가 노동자들에게 없다는 것을 합법화시켰다. 다시 말해 가난한 사람들에게 필요한 것은 오직 부자들만이 판단할 수 있다는 말이다.

시간이 지나 뉴욕 주 전역의 농부들과 노동자들은 스스로 입후보자를 선거에 출마시키기 위해 평등권당(Equal Rights Party)을 창설했다.

1837년의 경제적 위기는 음식, 연료, 집세의 상승을 야기했다. 뉴욕 시에는 전체 노동자수 3분의 1에 해당하는 약 5만 명의 실업자들이 존재했다. 평등권당은 대규모 집회를 마련했는데, 군중이 밀가루가 가득 차 있는 가게에 들이닥치는 순간 폭동으로 바뀌었다.

노동운동은 필라델피아에서 순조로운 출발을 보였다. 그러나 미국 태생의 개신교 신자 직조공들과 아일랜드 이민자 출신의 가톨릭 신자 직조공들 사이의 종교적 갈등이 심화되면서 분열되었다.

아일랜드계 이민자들은 굶주림을 면하기 위해 조국을 떠나온 사람들이었다. 당시 아일랜드는 대기근(The Great Famine: 보통 아일랜드 대기근, 감자 대기근, 감자 대흉년이라고 한다-옮긴이)에 시달리고 있었다. 가난하고 차별당하던 새로운 이민 집단은 미국 흑인 노예들의 어려움에 대해 동정심이 있지 않았다. 거의 대부분의 노동운동가가 흑인들에 대해서는 외면하고 있었다. 의회에까지 진출했던 뉴욕의 노동조합 지도자 일리 무어(Ely Moore)는 노예제 폐지에 반대하는 의견을 냈다. 상층계급에 대한 노동계급의 상대적 박탈감이 커질수록 인종차별도 심해졌다. 일종의 화풀이였던 셈이다.

1850년 당시 미국의 노동 인구는 약 825만 명이었다. 자유민이든 노예이든 그들 대부분은 농업에 종사했다. 직업을 갖고 있는 여성들은 약 50만 명이었다. 그녀들 가운데 대부분은 하녀였고, 나머지는 공장에서 일했다. 특히 제분소, 방직공장, 의류공장에서 일했다. 약 5만 5,000명은 교사였다.

여성 방직공들은 노동운동에 열성적이었다. 매사추세츠 로웰 공장에서 일하던 여성들은 노동조건의 개선을 요구하며 반복적으로 파업을 했다. 예를 들면 하루 13시간 30분의 노동시간을 11시간으로 단축해달라고 요구했다. 시위에 참가한 11세의 소녀직공 해리엇 핸슨(Harriet Hanson)이 다음과 같이 말했다.

저랑 같은 방을 쓰는 소녀들은 무엇을 어떻게 해야 할지 몰라서 우물쭈물하고 있었죠. 전 그 애들이 이야기가 다 끝나면 나가지 않을 거라는 생각이 들었어요. 참을 수 없는 일이었죠. 그래서 전 앞에 나서서 어린아이처럼 용감하게 말했어요. "너희가 뭘 하든 난 상관없어. 너희가 나가든 안 나가든 상관없이 난 나갈 거야." 그러고는 힘차게 걸어나갔어요. 그러니까 나머지도 따라나왔어요. 길게 줄을 지어 저를 따라오는 사람들을 뒤돌아보면서 지금껏 느껴보지 못했던 자부심이 들었어요.

뉴저지 주 패터슨(Paterson)에서는 아이들이 최초의 제분소 파업을 시작했다. 회사 측에서 점심시간을 12시에서 13시까지로 바꾸자 아이들이 일손을 놓았던 것이다. 부모들도 아이들을 격려했다. 다른 노동자들이 참여하기 시작하면서 그 파업은 10일에 걸친 투쟁으로 발전했다.

매사추세츠 주 린(Lynn)의 구두공장 노동자들은 1857년의 불경기로 고통을 겪었다. 많은 사람이 직장을 잃었고, 나머지 사람들은 임금이 깎였다. 노동자들은 파업을 단행했는데, 곧 25개 마을로 확산되었으며 수개월간 지속되었다. 결국 그 구두공장의 소유주는 노동자들을 돌아오게 하기 위해 임금인상을 제의했으나, 노동자들은 노동조합을 인정해달라고 요구하며 거부했다. 아직까지 노동자들은 고용주들과 개인적으로 맞서야 했던 것이다.

남북전쟁이 벌어지는 동안 북부의 노동자들은 임금이 전혀 인상되지 않은 상태에서 높은 물가에 시달려야만 했다. 전국적으로 파업이 일어났다. 1863년 한 신문에는 "뉴욕에서 혁명을"이란 구호 아래 발생했던 파업, 항의 등 노동쟁의들의 리스트가 실렸다. 드디어 빈민들의 분노가 표출된 것이었다.

북부의 백인 노동자들은 남북전쟁에 별 관심이 없었다. 흑인 노예들이나 자본가들을 위한 전쟁이라고 여겼던 것이다. 그들 생각에 남북전쟁은 새로운 백만장자 계급에 이익을 주는 전쟁일 뿐이었다. 그들이 일으킨 파업 가운데 일부는 연방군의 무력 진압으로 끝나기도 했다.

갈등의 요소 가운데 또 한 가지는 연방군의 징병이었다. 300달러를 지불할 수 있을 정도의 부자는 면제를 받는 것이 가능했지만, 빈민들은 선택의 여지없이 죽음을 무릅쓰고 전쟁터에 끌려나가야 했다. 뉴욕을 비롯한 여러 도시에서 징병에 저항하는 폭동이 일어났다. 빈민들과 노동자들에게는 부자, 흑인, 공화당원과 같은 많은 분노의 대상들이 있었다. 군중은 공장과 부자들의 집을 파괴했다. 흑인 고아들을 보살피던 보육원도 불태웠으며 흑인들을 길에서 죽였다. 결국 군대가 출동해서 질서를 회복해야 했다.

남부는 남부 나름의 계급 갈등이 있었다. 수백만의 남부 사람들은 사실 노예를 거느릴 능력이 없는 가난한 백인들이었다. 그들 가운데 일부는 노예들보다 나을 게 없는 생활을 하고 있었다. 북부와 다를 바 없이 빈민들은 전쟁터에 끌려가야 했고 부자들은 돈으로 면제받을 수 있었다. 북부와 전혀 다를 바 없이 남부에서도 징병 거부 폭동이 일어났다.

끊임없는 통제와 반발의 연속

전쟁의 소음으로 정신없는 가운데 의회와 에이브러햄 링컨은 사업가들에게 그들이 원하는 것을 주는 일련의 법규를 만들었다. 모릴법(Morrill Act)은 해외에서 수입한 물품값을 인상시켰다. 미국 내의 사업가들에게 물건을 더 비싸게 팔 수 있게 해줌으로써 소비자들은 더 비싸게 구입해야만 했다. 계약노동법(Contract Labor Law)은 해외 노동자들이 미국에 오기 위해 사용한 경비를 노동으로 대신하도록 합법화시켰다. 이것은 사업가들에게 값싼 노동력과 파업 방해자(strikebreaker)들을 제공해주었다. 파업 방해자란 노조에 가입한 노동자들이 파업을 할 경우 일을 함으로써 파업을 무의미하게 만드는 사람들을 의미한다. 어떤 법들은 공장주들에게 타인의 재산을 침범할 수 있는 권한을 주기도 했으며, 또 다른 법들은 농부들의 땅을 철도회사나 운하회사에 넘겨주기도 했다.

주법과 연방법은 노동자들을 보호하려는 시늉조차 하지 않았다. 건강이나 안전에 관한 법들은 거의 없는 것이나 마찬가지였다. 있는 법들은

피츠버그의 펜실베이니아 철도회사 차고 방화 사건(1877년). 일찍이 볼 수 없었던 가장 폭력적인 노사분쟁이었다.

제대로 시행되지도 않았다. 공장이 붕괴되어 88명의 노동자가 사망했을 때, 법정은 공장의 소유주들에게 잘못이 없다는 판결을 내렸다. 건물의 내부 구조상 무거운 기계를 지탱할 수 없다는 사실을 소유주들이 알고 있었다는 증거가 있었는데도 말이다.

전쟁이 끝나고 제대한 병사들은 일자리를 찾았다. 그들은 자신들이 전쟁터에 있는 동안 여성들도 산업 노동자들의 집단에 합류하게 되었음을 알게 되었다. 여성들은 방직이나 재봉과 같은 일뿐 아니라 담배 생산이나 인쇄 같은 일에도 종사하고 있었다. 그녀들 가운데 일부는 자신들

만의 조합을 만들기도 했다. 흑인들도 마찬가지였다. 그들도 그들만의
조합을 만들었다.

  1873년에 또다시 경제 위기가 미국을 강타했다. 부자들이 안전하게
부를 축적하는 동안 소규모 사업자들은 도산하고 노동자들은 굶주림,
추위, 죽음에 시달려야 하는 불황이 시작되었다.

  불황은 1870년대 내내 지속되었다. 수천, 수만의 사람들이 일자리를
잃었고, 심지어는 가정도 잃었다. 수많은 사람이 유리걸식을 했다. 절망
에 빠진 사람들은 유럽이나 남아메리카로 가려고 했다. 실직 상태의 노

동자들은 집회를 열어 정부의 구제를 요청했다.

1877년 여전히 심각한 불황은 계속되었고, 철도 노동자들의 연속적인 파업이 나라를 뒤흔들었다. 웨스트버지니아 주 마틴즈버그의 철도 노동자들은 임금 인하, 사상자 발생의 위험이 있는 열악한 작업 환경에 항의하기 위한 파업을 감행했다. 그들은 철도 운행을 중단시켰다. 연방 군대가 기차를 다시 운행했지만, 볼티모어에서는 파업 시위자들을 지지하는 군중이 주 방위군을 에워싸고 군인들에게 돌을 던졌다. 그러자 군인들은 총알로 답례했다. 그 과정에서 열 명의 남자들이 죽었다. 기차역에서 벌어진 싸움에서 군중은 기차의 엔진을 파괴하기도 했다.

철도 노동자들의 폭동은 피츠버그까지 확산되었다. 군대의 총격으로 열 명이 사살되자 도시 전체가 분노에 휩싸였다. 수천 명의 사람이 화물열차를 약탈했으며, 도시는 불길과 싸움으로 뒤덮였다. 파업과 폭동이 펜실베이니아 주의 레딩, 시카고, 세인트루이스, 뉴욕에서 줄을 이었다. 권력자들은 신속하게 폭력으로 대응했다.

일단의 젊은이들이 철도, 목재소, 공장 등을 돌아다니며 파업을 조장하자 경찰이 습격했다. 당시의 신문기사를 살펴보면, "곤봉으로 머리를 내리치는 소리가 신물나게 들려오더니, 나중에는 아예 그 소리에 익숙해졌다. 곤봉을 한 번 내리칠 때마다 시위자들이 한 명씩 나뒹굴었다. 바닥이 그들로 뒤덮일 지경이었다." 뉴욕에서 있었던 평화로운 노동자들의 집회에서 연설자는 다음과 같이 선언했다. "우리 빈민들에게 아무 것도 없을지라도 우리는 자유롭게 말할 수 있고, 그 누구도 우리에게서 그것마저 앗아갈 수는 없습니다." 말이 끝나기 무섭게 경찰들이 들이닥쳐 무차별적으로 곤봉을 휘둘렀다.

1877년의 대규모 철도 파업은 전국 철도 화물열차의 절반가량의 운행을 중단시켰다. 파업이 끝났을 때 100명이 사망했고, 1만 명이 감옥에 갔다. 그러나 셀 수 없이 많은 실직자가 가담했다는 것을 알게 되었다.

철도회사들은 노동자들에게 약간의 혜택을 보장해주었다. 그러나 동시에 자신들의 경찰력도 강화했다. 변한 것은 실상 아무것도 없었다. 흑인들이 노예해방에서 약속받았던 것들을 얻어낼 수 있는 힘이 없다는 사실을 깨달았던 것과 마찬가지로, 노동자들은 부자들과 정부 권력의 결속을 물리칠 만큼 단결해 있지도 않고 강하지도 않다는 사실을 깨달았다. 그러나 그들의 투쟁은 계속되었다.

11 / 부의 독점은 반란을 부르고

남북 전쟁이 끝난 1865~1900년까지의 시기에는 증기기관과 전기가 점차 인간의 노동력을 대신했다. 미국에는 19만 3,000마일의 철로가 건설되었다. 전신, 전화, 타자기 등 새로운 기기들은 사무의 속도를 향상시켰다. 석탄과 석유를 사용하여 공장의 기계를 작동시켰고, 도시의 가정집과 길거리도 밝힐 수 있었다. 발명가들과 사업가들이 이 모든 일들을 가능하게 했다.

어떤 발명가들은 사업가를 겸하기도 했다. 토머스 에디슨(Thomas Edison)은 단지 전기장치를 발명만 한 것이 아니었다. 그는 판매에도 능했다. 또 어떤 사업가들은 다른 사람들이 발명한 것들을 총합하여 주식회사를 세우고 부를 축적했다. 1885년 시카고의 정육업자 구스타브스 스위프트(Gustavus Swift)는 냉동 설비를 갖춘 철도차량을 제안하여 미국 최초로 정육공장을 설립했다.

　발전에는 노동이 필요했다. 대부분의 작업량은 이민자들의 몫이었다. 당시에는 그 어느 때보다도 많은 이민자가 유입되고 있었다. 1880년대에는 550만의 이민자들이, 1890년대에는 400만의 이민자들이 쏟아져 들어왔다. 그들 가운데 대부분은 남유럽이나 동유럽에서 대서양을 건너온 사람들이었다. 서쪽의 태평양 연안에는 중국계 이민자들이 주를 이루어 1880년의 캘리포니아 인구의 10분의 1을 차지할 정도였다. 새로 이민 온 중국인들과 유대인들은 인종차별에 의한 폭력의 좋은 표적이 되었다. 그런 폭력은 때로는 먼저 이민 온 집단들, 예를 들어 아일랜드계 사람들에 의해 행해졌다.

　이민자들에 대한 폭력은 살인으로 이어지기 십상이었다. 1885년 와이오밍 주 록스프링스의 백인들은 28명의 중국계 이민자들을 죽였다. 그 전에 작가 브렛 하트(Bret Harte)는 캘리포니아에서 살해된 완 리(Wan Lee)라는 중국인을 회상하며 다음과 같은 글을 남기기도 했다.

　나의 친애하는 죽은 벗이여. 1869년 우아한 샌프란시스코의 길거리에서, 성숙하지 못한 아이들과 기독교 학교 학생들이 던진 돌에 맞아서 죽었구나.

　19세기 후반의 미국에서는 인류 역사상 유례를 찾아볼 수 없는 엄청난 경제 성장이 이루어졌고, 그로 인해 생산된 부가 마치 피라미드처럼 구조를 이루었다. 피라미드를 세우고 유지하는 사람들은 노동자들이었다. 노동자들은 흑인, 백인, 중국인, 유럽 이민자, 여성들과 같은 다양한 구성원들로 이루어져 있었다. 그리고 그 피라미드의 꼭대기에는 미국의 새로운 억만장자들이 자리 잡고 있었다.

강도 남작들의 장악

가난에서 벗어나 억만장자가 된 사람들도 있었다. 그들이 '가난뱅이에서 부자'가 된 이야기는 빈민들에게 언젠가는 그런 부자가 될 수 있다는 환상을 심어주는 데 곧잘 이용되었다. 그러나 사실 거의 모든 억만장자들은 상류층이나 중산층 가정 출신들이었다. J.P. 모건(J.P. Morgan), 존 D. 록펠러(John D. Rockefeller), 앤드루 카네기(Andrew Carnegie), 제임스 멜런(James Mellon), 제이 굴드(Jay Gould)와 같이 그 시대를 풍미한 거부들은 남북전쟁 시절에 돈으로 자신을 대신하여 다른 사람을 입대시킴으로써 병역을 면할 수 있었던 사람들이다. 그때 제임스 멜런의 아버지가 편지에 쓴 말이 있다. "세상에는 (너랑 비교하면) 가치 없는 생명들이 얼마든지 있단다."

이런 사람들은 정부와 법의 비호를 받으며 막대한 부를 축적할 수 있었다. 가끔 그런 도움의 대가를 지불해야 할 때도 있었다. 예를 들어 토머스 에디슨은 뉴저지의 정치가들이 자기 사업에 도움이 될 법안을 만들어주면 1,000달러씩 주겠다고 약속했다.

역사책에서 최초의 대륙횡단 철도에 대해 미국이 거둔 위대한 성과라고 평하는 것을 종종 볼 수 있다. 그 철도는 두 철도회사에 의한 피와 땀, 정치적 책략, 도둑질 위에 건설된 것이었다. 센트럴 퍼시픽 철도는 서쪽의 태평양 연안에서 동쪽 방향으로 건설을 시작했다. 자유로운 토지 사용과 차관을 확보하기 위해 워싱턴 D.C.에 있는 분들께 20만 달러의 뇌물을 바쳤다. 반면 현장에서 일하는 아일랜드계, 중국계 노동자들에게는 1, 2달러 정도의 일당을 지급했다. 유니언 퍼시픽 철도(Union Pacific)는 네브래스카부터 서쪽으로 건설을 진행했다. 감사를 받아야 할 때가 되자 이를 모면하기 위한 뇌물 차원에서, 의원들에게는 회사의 주식을 헐값으로 양도했다. 한편 노동자들은 더위와 추위, 그리고 인디언들의 공격으로 수백 명씩 목숨을 잃었다.

존 D. 록펠러는 새로운 석유사업을 통해 재산을 모았는데, 그 과정에서 철도회사들과의 암거래가 이루어졌다. 운송비를 싸게 해주는 대신 석유 운반에 그들의 철도를 이용하겠다고 약속했던 것이다. 이런 암거래로 자금을 확보할 수 있었고, 그로 인해 기름을 싸게 팔 수 있었다. 결국 다른 석유회사들은 제대로 경쟁조차 할 수 없었다. 그는 그런 경쟁회사들을 매입하여 독점기업을 세웠다. 독점이란 하나의 회사가 산업 전반을 장악하는 것을 의미한다.

19세기 후반의 유력한 사업가들을 일컫는 말 가운데 강도 남작(robber baron)이란 말이 있다. 중세 귀족인 남작들처럼 강력한 권력을 갖고 있었으며, 강도처럼 탐욕스럽고 부당한 방법을 이용하여 재물을 축적했기 때문에 불린 명칭이다. 상품의 판매가격은 높게, 노동자들의 임금은 낮게 유지함으로써 경쟁자들을 물리쳐 자신들에게 유리한 법과 세금을 만들어주는 정부의 도움을 받아, 그들은 산업화가 진행되면 될수록 점점 더 자신들의 제국을 키워나갔다. 정부는 타당하게 행동하는 척했지만 사실은 부자들의 이익을 위한 봉사단체나 마찬가지였다. 정부의 목적은 상층계급 사이에서 일어나는 분쟁을 평화롭게 조율하고, 하층계급에 대한 통제력을 유지하며, 경제가 안정적으로 돌아가게 하는 것이었다.

1884년에 그로버 클리블랜드(Grover Cleveland)의 대통령 당선은 당시 미국에서 일어나던 현상들의 상징적인 사건이었다. 많은 사람은 민주당의 그로버 클리블랜드가 독점기업 및 주식회사들의 권력과 맞서 싸울 것이라고 생각했다. 그러나 그는 산업계의 수장들에게 "제가 대통령으로 있는 한 여러분이 사업을 하는 데 어떤 어려움도 없을 것입니다"
라고 약속했다. 당선된 후 그로버 클리블랜드는 빈민들보다는 부자들에
대해서 훨씬 더 신경 쓰고 있다는 것을 증명해 보였다. 가뭄으로 곤경에
처한 텍사스 농부들이 곡물 씨앗을 살 수 있도록 10만 달러를 정부에서
지원해주는 것이 아까워서 거절했다. 당시 국고에는 엄청난 돈이 쌓여
있었는데도 말이다. 그러나 그해에 그로버 클리블랜드는 부자들이 갖고
있던 국가 채권들을 원래 가격보다 비싼 값으로 되사는 짓을 저질렀다.
결국 그는 부자들에게 4,500만 달러를 헌납한 셈이었다.

자본주의와 저항의 목소리

소수의 정치가들은 주식회사들의 힘을 제한하기 위해 노력했다. 독점
을 금지하기 위해서 존 셔먼(John Sherman) 상원의원은 '셔먼 반트러
스트법(Sherman Anti-Trust Law: 셔먼법)'을 만들었고, 1877년 의회에
서 통과되었다. 존 셔먼이 진정으로 두려워했던 것은 개선이 이루어지
지 않는다면, 거대 주식회사들의 힘에 반발하는 사람들이 유럽의 경우
에서 나타났던 것처럼 새로운 정치적 위험 세력들로 성장하지 않을까
하는 점이었다.

그 가운데 하나가 바로 사회주의였다. 사회주의란 농장, 광산, 공장과
같은 모든 생산 수단들이 국가 또는 국민 전체의 소유가 되는 경제체제
를 말한다. 이는 공동 이익만을 목표로 하는 것이지 사적 이익을 추구하
는 것이 아니었다. 그리고 공산주의는 더 치밀하게 사유재산 자체와 재
산에 근거한 계급 구분을 폐지하는 것이었다. 공산주의 사회에서는 모
든 물건이 모든 사람의 소유이며, 필요한 사람은 누구나 사용할 수 있었

다. 마지막으로 아나키즘은 정부라는 것 자체가 잘못된 것이며 불필요하다고 주장하는 무정부주의였다.

셔먼법의 목적은 자본주의 체제를 재정비함으로써 노동자들과 빈민들 사이에서 사회주의나 공산주의가 발생하는 것을 미연에 방지하는 것이었다. 그러나 셔먼법이 발표된 지 채 20년도 지나지 않은 시점에서 미국 대법원은 셔먼법을 무의미하게 만드는 해석을 했다. 그와 동시에 주식회사들에 대한 보호를 했다. 이러한 판결들은 피라미드 꼭대기에 있는 자들의 재산을 지켜주었다. 1893년 대법원 판사 데이비드 J. 브루어(David J. Brewer)는 "사회의 부가 소수의 손에 쥐어진다는 것은 불변의 법칙이다"라는 말을 했다.

교회, 학교, 회사, 정부는 사회의 모든 것이 제대로 작동하고 있다고 교육함으로써 사람들의 생각을 통제하려고 했다. 가난은 개인이 실패한 것이지 사회의 잘못이 아니며, 부자들은 부자가 될 자격이 있는 사람들이었다. 결론적으로 자본주의 체제는 옳고도 바른 것이었다.

모든 사람들이 그러한 교육을 액면 그대로 받아들이지는 않았다. 어떤 사람들은 자본주의에 대해서 거칠게 비판할 의사가 있었으며, 다른 방식의 삶을 꿈꾸기도 했다. 그런 사람들 가운데 한 명이 헨리 조지(Henry George)였다. 필라델피아의 노동자 출신인 그는 독학으로 신문기자 겸 경제학자가 되었다. 전 세계 사람들이 1879년에 출판된 그의 저서 《진보와 빈곤Progress and Poverty》을 읽어왔다. 헨리 조지는 부의 근본이 토지이므로, 토지세를 통해서 정부에 필요한 자금을 조달하여 빈곤문제를 해결할 수 있다고 주장했다. 한편 변호사였던 에드워드 벨러미(Edward Bellamy)는 서기 2000년도의 생활을 예측한 《돌이켜보면Looking Backward》이란 소설을 발표했다. 에드워드 벨러미의 미래에 대한 희망찬 견해에서 나타나는 사회는 사회주의적인 색채를 띠고 있다. 모든 사람들이 노동을 하고, 조합에 가입해 있으며, 개인들 간의 경쟁이 없다.

노동자와 농부들에 의한 대규모 노동운동들이 1880년대와 1890년대에 전국을 휩쓸었다. 이런 운동들은 그 전에 일어났던 산발적인 파업들과는 차원이 달랐다. 국가 권력자들이 위기감을 느낄 정도의 전국적인 운동이 일어났던 것이다. 미국의 도시에는 혁명단체들이 존재하게 되었고, 혁명에 관한 이야기가 여기저기서 흘러나왔다.

1883년 피츠버그에서 아나키스트대회가 열렸고, "성별과 인종에 따른 차별이 없는 모든 사람들을 위한 평등권"을 주장하는 성명서를 발표했다. 그 성명서는 1848년에 카를 마르크스(Karl Marx)와 프리드리히 엥겔스(Friedrich Engels)가 발표한《공산당 선언Communist Manifesto》의 일부를 인용했다. "전 세계의 노동자들이여, 단결하라! 여러분은 그 속박에서 벗어나야만 한다. 승리의 세계를 쟁취해야 한다!"

헤이마켓 사건

1886년 현행 체제와 새로운 사상 간의 충돌이 일어났다. 전국의 노동조합들을 통합하여 결성한 지 5년째인 미국노동총연맹(American Federation of Labor)은 하루 8시간의 노동시간 제한이 거부되고 있는 곳들에서 전국적으로 총파업을 하자고 주장했다. 결국 1만 1,500여 곳에서 약 35만 명의 노동자들이 파업을 일으켰다.

시카고에서만 4만 명의 사람들이 파업에 동참했다(다른 4만 5,000명에게는 파업에 가담하지 못하게 하려고 노동시간 단축을 허용했다). 한 공장

헤이마켓 사건을 묘사한 〈하퍼스 위클리〉 삽화(1886년). 조용하고 평화로운 집회에 대한 정부의 과도한 탄압은 국제적인 분노를 불러일으켰고, 혁명운동의 불씨가 되었다.

밖에서는 노동자들 및 그들을 지지하는 사람들과 '비조합원들(scabs : 노조에 가입한 노동자들이 파업을 하면 대신 일을 해서 파업을 방해하는 역할을 맡았다) 사이에 싸움이 벌어졌다. 군중을 향한 경찰의 발포에 파업 중이던 네 명의 노동자들이 목숨을 잃었다. 그 후 아나키스트로서 노동자들의 지도자였던 오거스트 스파이스(August Spies)는 무기를 들고 고용주들과 맞서라는 메시지를 노동자들에게 전하는 전단을 인쇄했다. 다른 아나키스트들은 헤이마켓 광장(Haymarket Square)에서 있었던 집회에서 약 4,000명의 청중에게 연설했다. 그러나 평화로운 집회였는데도 경찰들이 들이닥쳐 강제 해산 명령을 내렸다. 바로 그때 폭탄이 터졌고 경찰 66명이 부상당했다. 그 가운데 일곱 명은 사망했다. 경찰이 총격을 가하여 200명이 다쳤으며 그 가운데 일부가 숨졌다.

폭탄을 투척한 용의자를 검거할 수 있는 증거는 나타나지 않았다. 집권층에서는 오거스트 스파이스와 일곱 명의 동료 아나키스트들을 살인 조장 혐의로 체포했다. 일리노이의 법에서 살인죄와 동일하게 취급되었다. 그들의 혐의를 입증한 증거는 그들의 사상과 그들이 연설에서 했던 말들이었지 그들의 행위가 아니었다. 사실 그들 가운데 그날 헤이마켓에 있었던 사람은 단 한 명뿐이었다. 그러나 여덟 명 모두에게 유죄라는 판결이 내려졌고, 일곱 명에게 사형이 언도되었다. (그들 가운데 네 명은 교수형에 처했고, 한 명은 사형에 처해지기 전에 자살했다. 나머지 세 명은 나중에 사면되어 석방되었다.)

곳곳에서 사람들이 잔혹한 판결에 반대하는 시위를 벌였다. 시카고에서는 2만 5,000명의 사람이 항의 차원에서 행진을 했다. 해마다 전국 각지에서 헤이마켓의 희생을 기념하기 위한 집회가 열렸다. 사람들은 헤이마켓 사건(Haymarket Affair)으로 인해 정치가들의 행위에 대해 경악을 금치 못했다(헤이마켓 사건의 발단이 된 총파업은 1886년 5월 1일에 시작되었고, 사흘 뒤인 5월 4일 헤이마켓 사건이 발생했다. 이 사건을 기리기 위해 5월 1일을 노동절로 정하게 되었다-옮긴이).

인민주의 절반의 성공

헤이마켓 사건에서의 가혹한 판결과 집행도 노동운동을 잠재우지는 못했다. 1886년은 '노동자 대반란의 해'로 기억된다. 남부의 사탕수수 농장들에서도 노동조합들이 형성되었고, 노동자들이 파업을 일으켰다. 루

▶ 홈스테드 파업을 묘사한 〈하퍼스 위클리〉 삽화(1892년). 이 파업은 다른 앤드루 카네기 소유의 공장들이 파업에 동참하지 못해 실패로 돌아갔고, 그로 인해 노동조합 결성은 20세기까지 미루어졌다.

이지애나에서 두 명의 흑인 파업 주동자들이 연행되었다가 행방불명되는 일이 생기자, 파업자들과 군대 사이의 총격전이 벌어졌다. 뉴올리언스의 한 흑인 신문은 티보도 마을에서 일어났던 폭력에 대해 보도했다.

> 절름발이 남자와 맹인 여자도 총에 맞았다. 아이들과 백발노인들까지도 무자비하게 몰살당했다! 흑인들은 저항도 하지 못했다. 예고되지 않은 갑작스러운 살인행위였기에 저항할 수가 없었던 것이다. 살아남은 사람들은 숲으로 도망쳤다. …… 미국 시민들이 주 법정의 지시를 받는 폭도들에 의해 죽임을 당했다. …… 임금 인상을 요구하던 노동자들은 마치 개처럼 취급당했다!

몇 년이 지난 후 테네시의 석탄 광부들이 파업을 했다. 이에 광산 소유주들이 대신 일을 시키려고 죄수들을 투입시키자 광부들이 광산을 점령했다. 펜실베이니아 주 홈스테드에 있던 앤드루 카네기의 제철공장 노동자들도 파업을 일으켰다. 주지사는 파업을 통제하기 위해 군대를 파견했고, 공장 측에서는 강철 생산을 계속하기 위해 파업 방해자들을 투입했다. 두 달이 지난 후 파업은 실패로 돌아갔다.

1893년 미국은 지금껏 겪어보지 못했던 최악의 경제 위기에 봉착했다. 불황이 수년간 지속되었고, 파업의 거대한 물결이 휩쓸고 다녔다. 철도 노동자들의 파업은 최대 규모임과 동시에 가장 폭력적이었으며, 노동조합과 사회주의 운동에 평생을 바친 노동자 유진 데브스(Eugene Debs)의 출발점이 되었다. 유진 데브스는 파업을 지지한 죄로 체포되었다. 2년 후 그는 다음과 같은 글을 썼다.

> 문제는 '사회주의 대 자본주의'라는 것이다. 나는 인간에 대한 사랑(humanity) 때문

에 사회주의를 지지한다. 우리는 오랫동안 황금의 지배라는 저주에 시달려왔다. 돈은 문명의 올바른 토대가 되지 못한다. 사회를 재구성할 때가 온 것이다. 우리는 지금 인류 전반에 걸친 변화의 전야(前夜)에 있는 것이다.

노동자들과 마찬가지로 농부들도 고통스러워하고 있었다. 농기구 가격이나 곡물을 운반할 철도 운송비는 계속 오르는 데 반해 농작물 값은 계속 내려가고 있었던 것이다. 수많은 농부가 빚을 지고 갚지 못해 땅을 몰수당했다.

농부들은 서로 도울 수 있도록 조합을 조직했다. 그들은 더 저렴한 가격으로 물건을 공동구매했으며, 농민을 위한 법안들을 통과시키도록 노력했다. 이런 단체 가운데서도 농민동맹(Farmers Alliance)은 인민주의(populism: '민중의' 정치적·경제적 신념과 활동)의 탄생을 가져왔다. 농부들이 함께 행동함으로써 자신들만의 기구들을 조직하고 정치적 단체들을 결성할 수 있었던 것이 인민주의의 형성을 촉진시켰다.

일반적으로 인민주의자들은 독점기업(트러스트)과 자본주의에 저항했다. 그들은 정부가 철도 운송비와 은행의 이자율을 조절해서 막대한 이익을 남기는 것에서 자신들이 제외되기를 바랐다. 그러나 그들은 인종에 따른 의견차를 좁히지 못했다. 일부 흑인과 백인들은 모든 가난한 농부들이 같은 곤경에 처해 있고 협력할 필요가 있다고 생각했으므로, 인종 구별 없이 연합할 것을 주장했다. 다수의 인민주의자는 단순히 인종을 경제체제만큼 중요하게 생각하지는 않았지만, 여전히 일부 백인 인종주의자들은 강한 인종주의에 빠져 있었다. 수많은 인민주의자는 새로운 이민자들을 반대했다. 특히 동유럽, 서유럽, 아시아 출신의 이민자들을 반대했다.

결국 인민주의 운동은 흑인들과 백인들, 그리고 농부들과 도시 노동자들의 연합에 실패했다. 일부 정치가들은 인민주의 또는 인민당 (People's party)을 표어로 내세우며 입후보하기도 했지만, 각 도시의 인민주의자들은 선거에서의 승산을 높이기 위해 민주당과 제휴했다. 그러나 선거에서 승리를 거두는 것은 대부분 정치적인 거래에 능한 사람들이지 혁명에 몸바친 농부들이 아니었다. 결국 인민주의 운동은 민주당의 정책이라는 큰 바다 속에 가라앉고 말았다.

1896년의 대선에서 주식회사들과 언론은 공화당 후보 윌리엄 매킨리 (William McKinley)를 지지했다. 그 선거는 처음으로 엄청난 돈이 뿌려진 선거가 되었으며, 결국 돈을 뿌린 쪽이 승리를 거두었다. 윌리엄 매킨리가 당선된 것이다. 다른 정치가들처럼 그도 계급 갈등을 해소하는 데 애국심을 이용했다. "저는 이 나라의 모든 부류의 국민이 하나의 깃발, 우리의 자랑스러운 성조기를 위해 헌신하려 한다는 것을 알게 되어 기쁩니다." 이어서 매킨리는 돈에 대해 종교나 애국심만큼 중요하게 생각한다는 것을 보여주었다. "이 나라의 국민은 성조기의 명예를 지키려는 것과 마찬가지로 조국의 재정적인 명예도 지켜내려 합니다."

12 제국의 취향

"**나는** 그 어떤 전쟁도 환영할 생각이네. 이 나라에는 전쟁이 필요하기 때문이지." 후에 미국 대통령이 될 시어도어 루스벨트(Theodore Roosevelt)가 그의 친구에게 보내는 편지에서 한 말이다. 왜 그는 미국이라는 나라에 전쟁이 필요하다고 했을까?

전쟁은 파업과 시위에 쓰일 불온한 에너지를 소모시켜줄 것이며, 외부의 적을 향해 국민과 군대를 단결시켜줄 것이다. 그리고 경제적으로 얻는 것이 있으리라.

윌리엄 매킨리는 대통령에 당선되기 전에 이런 말을 했었다. "우리는 국내시장에서 팔고 남은 잉여생산물을 판매할 해외시장이 필요하다." 인디애나 주의 상원의원 앨버트 베버리지(Albert Beveridge)는 다음과 같이 공언했다.

미국의 공장에서는 미국인들이 사용할 수 있는 것보다 더 많은 양의 물건들이 생산되고 있다. 미국의 농지에서도 미국인들이 소화할 수 있는 것보다 많은 작물이 생산되고 있다. 우리 정책의 방향은 운명적으로 정해져 있다. 우리는 반드시 세계시장을 장악해야 한다.

정치가들을 비롯한 수많은 미국인은 다른 나라들이 시장을 개방하여 미국의 물건들을 수입해야 한다고 생각했다. 설령 다른 나라들이 미국 물건을 수입할 생각이 없다고 하더라도 미국의 잉여생산물을 해외에 수출할 수 있다면 미국의 회사들은 많은 이익을 얻을 것이고, 1890년대에 나타났던 경제 위기로 인한 계급 간의 충돌은 피할 수 있을 것이었다.

전쟁은 필시 지배계급의 구성원 대부분이 신중히 고려한 결과 이루어지는 것은 아닐 것이다. 오히려 자본주의와 국가주의라는 두 요소에서 자연적으로 발생한다고 보는 편이 타당할 것이다. 자본주의는 더 넓은 시장을 요구했다. 그리고 강렬한 국가적 자긍심을 뜻하는 국가주의는 국민으로 하여금 미국에 팽창할 권리와 다른 나라들의 일에 간섭할 권리가 있다고 생각하게 했다. 나아가 그러한 것들을 권리라기보다는 오히려 의무로 여기게 했다.

과시욕에 빠진 미국 정부

미국 군사력의 해외 진출은 사실 그리 새로운 생각이 아니었다. 멕시코전쟁으로 미국은 이미 태평양에 진출했다. 그리고 그보다 더 전인 1823년에 제임스 먼로(James Monroe) 대통령은 유명한 먼로 독트린(Monroe Doctrine)을 발표한 바 있었다. 먼로 독트린은 지구의 서쪽 절반(북아메리카, 중앙아메리카, 남아메리카)에 관한 정책에 미국이 권리 주장을 하고 있다는 사실을 분명히 밝혀주었다. 그것은 아메리카 대륙에 있는 나라들에 간섭하지 말라고 유럽 국가들에 던진 경고였다.

그러나 미국은 자신들도 다른 나라 일에 간섭하지 말아야 한다는 생각은 하지 못했다. 1798~1895년까지 약 100년의 시간 동안 미국은 103번이나 다른 나라에 군대를 파견하거나 적극적으로 개입했다. 예를 들어 1850년대에 미국은 일본에 함대를 파견하여 강제로 문호를 개방시켰다(1854년 미국 해군의 페리 제독이 일본의 바쿠후幕府를 함포 사격으로 위협함으로써 미일 화친조약을 체결했던 일을 말한다-옮긴이).

19세기 말엽 수많은 군인, 정치가, 사업가는 외국의 일에 더욱 많이 관여해야 한다는 생각을 지지했다. 당시 〈워싱턴 포스트Washington Post〉지에는 다음과 같은 글이 실렸다.

우리는 새로운 것을 자각하고 있다. 강력함에 대한 자각, 즉 새로운 욕구, 우리의 강력함을 과시하고 싶은 욕구 말이다. …… 그것이 사람들이 말하는 제국의 취향이라는 것이다. ……

또 하나의 흑인 공화국은 안 된다

미국 국민은 해외 갈등에 개입하는 것이 옳은 일이었다고 한다면 더욱 기꺼이 그렇게 하려고 했을 것이다. 예를 들어 외국의 지배를 받고 있는 나라의 국민을 돕는 일 말이다. 플로리다 주 근처에 있는 섬나라 쿠바가 바로 그런 상황에 처해 있었다. 쿠바는 여러 세기에 걸쳐 스페인 식민지였다. 1895년 쿠바인들은 스페인의 지배에 반란을 일으켰다.

침몰한 전함 메인 호(1898년). 원인 불명의 폭발로 268명이 희생된 이 사건을 두고 〈뉴욕 저널〉과 〈뉴욕 월드〉는 여론을 선동했다. 미국은 이 사건으로 쿠바를 지원할 명분을 얻었다.

일부 미국인들은 쿠바인들이 독립 혁명에서의 식민지인들처럼 자유를 위해 싸우고 있으므로, 그들을 미국이 지원해야 한다고 생각했다. 그러나 미국 정부는 스페인이 물러났을 경우 누가 쿠바를 통치할지에 대해서 더 관심이 많았다.

인종도 중요한 부분 가운데 하나였다. 쿠바에는 흑인과 백인이 함께 살고 있었기 때문이다. 클리블랜드 행정부는 쿠바 반란군의 승리가 '백인과 흑인이 공존하는 공화국'을 초래할까 봐 두려워했다. 미국인 어머니에게서 태어난 대영제국의 젊은 건설자 윈스턴 처칠(Winston Churchill)도 같은 생각이었다. 1896년 윈스턴 처칠은 한 잡지에 스페인의 쿠바 통치가 잘못되었고 쿠바의 반군들이 쿠바 민중의 지지를 받고 있다 하더라도, 쿠바의 통치가 계속되는 편이 나을 것이라는 내용의 글을 썼다. 반군들이 승리한다면 쿠바는 '또 하나의 흑인 공화국'이 될 것이기 때문이었다. 윈스턴 처칠은 쿠바가 아이티처럼 되리라는 경고를 하고 있었던 것이다. 아이티는 아메리카 대륙에 처음으로 생긴 흑인들이 통치하는 나라였다.

미국인들이 쿠바의 전쟁에 개입할 것인지에 대해 논쟁을 벌이고 있던 중, 쿠바의 수도 하바나 항에서 일어난 폭발로 미국 전함 메인 호가 침몰하는 사건이 발생했다. 쿠바에 대한 미국의 관심을 표명하기 위해 보냈던 군함이었다. 폭발 원인을 밝힐 단서는 찾지 못했지만, 그로 인해 미국과 윌리엄 매킨리 대통령은 전쟁에 참전하기로 결정했다. 분명한 것은 미국이 전쟁 없이 스페인을 축출할 수 없다는 점이었다. 그리고 군대의 파견 없이 미국이 쿠바에서 군사적·경제적 이익을 거둘 수 없다는 점도 자명했다.

1898년 4월 윌리엄 매킨리는 선전포고할 것을 의회에 요청했고, 즉시 미국 군대가 쿠바에 투입되었다. 미국-스페인 전쟁이 시작된 것이다.

미국 국무장관이었던 존 헤이(John Hay)는 훗날 이 전쟁에 대해 "빛나는 작은 전쟁"이었다고 회상했다. 스페인 군대는 석 달 만에 격퇴되었다. 약 5,500명의 미국 병사들이 사망했다. 그 가운데서 교전 중 사망자 수는 379명뿐이었다. 나머지는 질병 등 다른 원인으로 목숨을 잃었다. 확실한 원인 한 가지는 미국의 정육업자들이 군대에 썩은 고기를 납품했기 때문이다.

스페인과의 전쟁을 시작했던 쿠바의 반군들은 어떻게 되었는가? 미국 군대는 그들을 없는 셈 쳤다. 스페인이 항복했을 때 쿠바인들은 그 항복에 대해 논의하거나 조약에 서명할 수 없었다. 미국이 모든 것을 통제했다. 미국 군대는 스페인의 항복 이후에도 철수하지 않고 쿠바에 잔

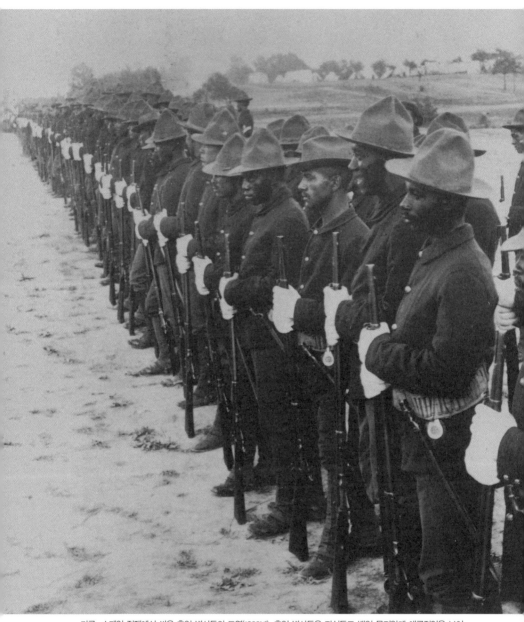

미국-스페인 전쟁에서 싸운 흑인 병사들의 도열(1899년). 흑인 병사들은 자신들도 백인 못지않게 애국적임을 보여
준다는 자부심과 유색인종을 상대로 전쟁을 한다는 죄책감을 동시에 가졌다.

존했다. 그 직후 미국의 자금이 쿠바에 유입되었으며 미국인들이 철도, 광산, 사탕수수 농장 등을 장악했다.

미국은 쿠바 국민에게 그들의 헌법을 작성하고 정부를 설립할 수 있다고 했다. 또한 쿠바의 새로운 헌법에 미국에서 새로이 통과된 플랫수정안(Platt Amendment)이 반영되지 않는다면 미국 군대는 철수하지 않겠다고도 했다. 플랫수정안은 미국이 원할 때면 언제든 쿠바의 일에 간섭할 수 있는 권리를 보장하는 것이었다. 1901년 레너드 우드(Leonard Wood) 장군은 시어도어 루스벨트에게 이런 말을 했다. "플랫수정안이 있는 한 쿠바에는 독립이란 것이 거의, 아니 전혀 없습니다."

많은 미국인은 플랫수정안이 쿠바의 독립을 기만하는 것이라고 생각했다. 이에 대한 비판이 급진주의자들(사회주의자를 비롯하여 극단적이고 혁명적인 견해를 갖고 있는 사람들)뿐만 아니라 주요 일간지들과 시민단체들에서도 나타났다. 플랫수정안에 대한 비판을 주도한 단체로 반제국주의연맹(Anti-Imperialism League)이 있었다. 하버드 대학교의 철학교수 윌리엄 제임스(William James)는 반제국주의연맹의 창설자 가운데 한 사람이었다. 그는 미국이 제국화되어가는 것과 타국의 일에 간섭하는 것에 대해 반대했다. 그러나 쿠바인들 입장에서 보면 자신들의 정부를 설립하기 위해서는 플랫수정안을 받아들이는 수밖에 다른 도리가 없었다.

필리핀전쟁과 인종 문제

미국은 쿠바를 합병하거나 미국 영토에 편입시키지 않았다. 그러나 미국-스페인 전쟁은 스페인이 통치하고 있던 다른 지역들의 미국 합병을 가능하게 했다. 그 가운데 하나는 쿠바와 이웃하고 있는 섬나라 푸에르토리코였다. 그리고 미국은 이미 하와이 제도를 이양받은 상태였는데, 스페인과의 전쟁을 통해서 태평양에 있는 다른 섬들도 지배할 수 있게 되었다. 괌의 웨이크아일랜드(Wake Island)와 필리핀이라고 불리던 거대한 섬들도 마찬가지였다.

미국인들은 필리핀 지배의 여부에 관해 열띤 논쟁을 벌였다. 윌리엄 매킨리 대통령은 백악관을 방문한 각료들에게 어떻게 필리핀 합병을 결정하게 되었는가에 대해 설명했다. 그는 신에게 간청 기도를 하던 중에 "그 섬들을 모두 흡수한 후 필리핀 사람들을 교육하여 문명화하고 기독교화하지 않을 수 없다는 사실을 깨닫게 되었으며, 그런 연후에야 비로소 잠자리에 들어 단잠을 이룰 수 있었다"라고 했다.

그러나 신은 필리핀인들에게 미국의 지배를 받아들이라는 메시지를 전달하지는 않았다. 1899년 2월 그들은 스페인의 지배를 받을 때와 마찬가지로 미국에 대해서도 반란을 일으켰다.

미국의 정치가들과 사업가들은 제국의 취향에 대해 이야기하고 있었고, 그들은 미국의 새로운 영토에 대한 지배를 유지해야 한다는 점에서 의견 일치를 보았다. 그들은 돈에 대해서 이야기할 때 운명과 문명을 언급했다. 앨버트 베버리지 상원의원은 미국 상원에서 이런 말도 했다. "필리핀은 영원히 우리 것이다. 그리고 필리핀 뒤에는 중국이라는 광대한 시장이 있다. 우리는 그 두 곳에서 물러나지 않을 것이다."

미국이 필리핀의 반란을 진압하기까지 3년이란 시간이 소요되었다. 치열한 전쟁이었다. 미국 군대는 쿠바에서보다 훨씬 큰 피해를 입었다. 전쟁과 질병으로 필리핀 측의 사망률도 엄청났다.

윌리엄 매킨리는 필리핀 반군이 먼저 미군을 공격했기 때문에 전투가 벌어진 것이라고 말했다. 그러나 나중에 미국 병사들은 미군이 선제공격했다고 증언했다.

미국의 저명한 소설가 마크 트웨인(Mark Twain)은 필리핀전쟁에서 느낀 역겨움을 다음과 같이 표현했다.

우리는 수천 명의 섬사람들(필리핀인들)을 진압한 후 땅에 파묻었다. 그들의 논밭을 망가뜨렸으며, 마을에 불을 질렀고, 과부와 고아들을 집 밖으로 내쫓았다. …… 그리하여 주의 뜻에 의해 우리는 세계적인 강대국이 된 것이다(정부가 한 말일 뿐 내가 한 말이 아니다).

반제국주의연맹은 미국 대중들에게 필리핀전쟁의 참상과 제국주의 또는 제국 건설의 사악함을 알리기 위해 노력했다. 그들은 필리핀에 주둔 중인 병사들이 보낸 편지들을 출판했다. 그 편지들에는 병사들이 여성과 아이와 전쟁포로들을 살해한 내용이 적혀 있었다. 필리핀의 수도 마닐라에 주둔한 흑인 병사 윌리엄 풀브라이트(William Fulbright)가 보낸 편지에는 "이 섬들(필리핀)에서 벌어지고 있는 전쟁에서는 오직 약탈과 탄압의 무지막지한 음모만이 눈에 띌 뿐입니다"라는 내용이 있었다.

쿠바에서 그랬던 것처럼 필리핀에서도 인종이 문제였다. 미국의 일부 백인 병사들은 필리핀인들이 열등하다고 생각하는 인종차별주의자들이었다. 흑인 병사들의 마음은 복잡했다. 그들 가운데 일부는 흑인도 백인 못지않게 용감하고 애국심이 투철하다는 자부심이 있었다. 또 일부는 군대를 통해서 자기 삶의 질을 향상시키고 싶어했다. 그러나 나머지 흑인 병사들은 유색인종에게 끔찍한 짓을 저지르는 전쟁에서 싸우고 있다는 죄책감이 있었다. 술 취한 백인 병사들이 플로리다 주 탬파에서 흑인 소년을 과녁 삼아 사격 연습을 하면서 인종 폭동을 일으켰던 미국에서의 흑인들에 대한 폭력과 다를 바가 없다고 생각했던 것이다.

미국으로 돌아온 수많은 흑인이 필리핀전쟁에 반대하고 나섰다. 필리핀전쟁은 인종적인 갈등이며 백인들이 유색인종을 정복하기 위해 벌인 싸움이라고 생각했던 것이다. 그들은 조국에서도 부당함과 싸우고 있었다. 매사추세츠의 한 흑인단체는 윌리엄 매킨리 대통령에게 인종 간의 평등을 위해 한 일이 아무것도 없다는 비난의 편지를 보냈다.

19세기 내내 흑인들은 여성, 노동자, 빈민들과 함께 억압에 저항하는 목소리를 높여왔다. 많은 사람이 자신들을 무시하는 정치·경제 체제의 가장 가혹한 위력에 저항하는 방법들을 찾아냈다. 그 다음 세기에 그들은 변화를 위해 스스로 발걸음을 내딛게 되었다.

3부

전쟁을 위한 전쟁, 살아남기 위한 시위...

13 사회주의의 바람이 불다

20세기가 시작될 무렵 미국에서는 분노가 일었다. 당시 미국은 스페인과의 전쟁에서 승리를 거둔 직후였다. 그 시대를 대표하는 아나키스트이자 페미니스트였던 에마 골드만(Emma Goldman)은 훗날 쿠바와 필리핀에서 일어났던 전쟁이 얼마나 국민에게 애국심을 고취시켰었는지를 회상했다.

잔혹한 스페인에 대한 분노로 우리의 마음은 얼마나 끓어올랐던가! …… 그러나 전쟁의 연기가 가시고, 죽은 자들이 매장되고, 막대한 비용을 투입했던 전쟁이 물가와 땅값의 상승이란 결과로 우리에게 돌아왔을 때, 즉 가열된 애국심에서 깨어났을 때, 우리는 문득 미국－스페인 전쟁의 원인이 설탕가격이었다는 사실, …… 그리고 미국 민중들의 목숨과 피와 돈이 미국 자본가들의 이익을 보호하는 데 쓰였다는 사실을 깨닫게 되었다.

에마 골드만과 알렉산더 버크만(1918년). 에마 골드만은 연인이자 동지인 알렉산더 버크만과 함께 공장 노동과 헤이마켓 사건, 홈스테드 파업 등을 선동한 죄로 구속되어 오랜 수감생활을 통해 정치적 의식을 형성했다.

　미국의 몇몇 유명 작가들은 자본주의 체제에 강력히 비난하면서 사회주의를 주장했다. 잭 런던(Jack London)은 1906년 출판된 《강철 군화 The Iron Heel》라는 소설에서 인류에 대한 형제애를 지니고 있는 사회주의자의 환상을 그려냈다. 같은 해 업턴 싱클레어(Upton Sinclair)는 사회주의 국가를 꿈꾸는 사람을 주인공으로 한 《정글The Jungle》을 출판했다. 《정글》은 시카고 정육산업의 충격적인 실태를 고발하여 국가에 경종을 울렸다. 《정글》이 출판된 후 정부는 정육산업을 단속하는 법안을 제정했다.

　'부정부패를 적발하고 폭로하는 사람들(muckraker)'이 자본주의 체제에 이의를 제기하는 분위기에 가세했다. 이러한 작가들은 잘못된 경영이나 부당한 행위 등 주식회사, 정부, 사회에서 일반적으로 이루어지고 있는 온갖 부정부패와 추문들을 적발하여 신문, 잡지, 책 등을 통해 세상에 폭로했다. 예를 들어 이다 타벨(Ida Tarbell)은 스탠더드 오일 주식회사(Standard Oil Company : 1870년 존 D. 록펠러가 두 명의 동업자들과 함께 설립한 정유회사-옮긴이)의 사업 관행에 대한 글을 썼으며, 링컨 스테펀스(Lincoln Steffens)는 미국 도시들의 정치 부패를 묘사했다.

노동착취공장과 우울증 환자

기업은 대량생산과 더욱 많은 이익 창출을 위한 방법들을 모색했다. 한 가지 방법은 제조과정을 분업화시키는 것이었다. 예를 들면 가구의 전 제작과정을 담당했던 노동자가 제작과정 가운데 한 부분만 담당하면 되었다. 따라서 노동자는 구멍을 뚫는 드릴 작업이나 접착제를 바르는 등 한 과정의 동일 작업만 반복하면 되었다. 그 결과 공장에서는 숙련공들의 필요성이 감소되었고, 노동자들은 개성과 인성이 사라진 교환 가능한 존재가 되면서 기계처럼 전락하였다.

뉴욕 시의 수많은 이민자는 일명 노동착취공장(sweatshop)이라고 불리는 의류공장에서 일했다. 노동자들은 노동착취공장의 저임금과 열악한 작업환경을 감수하며 일했다. 그들의 임금은 작업시간이 아닌 작업량에 의해 책정되었다. 다른 사람들은 대부분 집에서 일한 양에 따라 보수를 받는 삯일을 했다.

뉴욕에 있는 500개의 노동착취공장 가운데 트라이앵글 셔츠 회사(Triangle Shirtwaist Company)의 여성 노동자들은 1909년 겨울에 파업을 했다. 다른 곳의 노동자 2만 명도 동참했다. 그 가운데 한 명인 폴

트라이앵글 셔츠 회사 화재 희생자의 유족들이 뉴욕 시체공시소에서 사망자의 신원을 확인하고 있다(1911년). 1904년에만 2만 7,000명의 노동자가 작업 여건 때문에 목숨을 잃었다.

린 뉴먼(Pauline Newman)은 훗날 그 당시의 모습을 다음과 같이 회상했다. "곳곳에서 노동자들이 수천 명씩 공장을 나왔다. 11월이라 매서운 겨울바람이 불었지만 우리에게는 따뜻한 털 코트도 없었다. 그러나 우리에게는 우리를 이끌어준 정신이 있었다. ……"

경찰, 깡패, 체포 등에 맞서면서 파업은 여러 달 동안 계속되었다. 노동자들은 요구사항 몇 가지를 관철할 수 있었지만, 공장의 노동조건은 별반 달라지지 않았다. 1911년 3월 트라이앵글 셔츠 회사 건물에서 화재가 발생했다. 건물 내 너무 높은 곳에서 불길이 치솟아 소방대원들의 사다리가 닿지 않았다. 고용주들이 불법적으로 작업실 문을 잠근 탓에 대부분 젊은 여성들인 노동자들은 갇혀 있었다. 그들 가운데 일부는 불길을 피해 창밖으로 몸을 던졌고 나머지는 타 죽었다. 화재를 진압한 후에 확인한 사망자 수는 146명이었다. 10만 명의 뉴욕 시민들이 그들을 위한 추모 행진을 벌였다.

노동조합운동이 성장하고 있었지만 최대의 조합인 미국노동총연맹(American Federation of Labor : AFL)은 모든 노동자들을 대변하지 않았다. 연맹의 임원은 주로 백인들이면서 남성들인 숙련공들로 구성되어 있었다. 흑인들은 AFL에서 배제되어 있었다. 1910년에 여성들은 전체 노동자수의 5분의 1을 차지하고 있었지만, 실제로 조합에 가입되어 있는 여성 노동자는 겨우 100분의 1에 불과했다. AFL의 임원들은 주식회사 소유주들과 비교하여 별반 다를 것이 없었다. 임원들은 '깡패' 같은 조합원들의 보호를 받으며 자신들을 비난하는 조합원들을 공격했다.

급진적인 변화를 바라는 노동자들에게는 새로운 종류의 노동조합이 필요했다. 1905년 시카고에서 열린 아나키스트, 사회주의자, 노동조합주의자들의 집회에서 그러한 조합이 탄생했다. 세계산업노동자동맹(Industrial Workers of the World : IWW)이란 명칭으로 성별, 인종, 능력에 얽매이지 않고 모든 산업 노동자들을 '하나의 거대한 노동조합'으로 아우르는 것을 목표로 삼았다.

이유는 알 수 없지만 IWW는 우울증 환자들(Wobblies)이란 별칭을 얻었다. 용감한 우울증 환자들은 힘에는 힘으로 대항하려는 의지가 강했다. 1909년 그들이 펜실베이니아에 있는 미국 제철회사(U.S. Steel Company)에 대항하여 파업을 단행했을 때, IWW는 파업을 통제하려는 주(州) 경찰을 파업 중인 노동자가 한 명 죽을 때마다 한 명씩 살해하겠다고 공언했다. 총격전이 벌어져 세 명의 경찰과 네 명의 노동자가 사망했지만, 노동자들은 승리를 쟁취할 때까지 파업을 중단하지 않았다.

IWW는 스페인, 이탈리아, 프랑스에서 유행하고 있던 아나르코 생디 칼리슴(anarcho-syndicalism : 무정부주의적 노동조합주의) 사상에 영향을 받았다. 무장 반란을 통해 정부의 통제권을 탈취하는 방법 이외에 경제체제를 마비시키는 방법으로 노동자들이 국가 안에서 힘을 얻을 수 있다는 사상이었다. 경제체제를 마비시키는 방법으로는 총파업이 있었는데, 그것은 전 직종의 모든 노동자들이 공통된 목적하에 하나로 단결하는 것이었다.

창설 이후 다사다난했던 10년의 세월 동안 IWW는 미국의 자본주의자 계급에 위협적인 존재가 되었다. IWW의 조합원 수는 5,000~1만 명 수준이었지만, 그들이 파업이나 항의를 조직하는 능력은 전국에 큰 반향을 불러일으켰다. IWW의 창설자들은 이곳저곳을 돌아다녔다. 그들은 비고용 상태나, 계절노동자(migrant worker : 계절에 따라 일자리를 옮기는 노동자들로 주로 1차 산업에 많다-옮긴이)처럼 돌아다녔다. 그들은 노래와 연설로 자신들의 메시지와 정신을 전파했다.

IWW 창설자들은 구타, 수감, 심지어 살인 등의 고초를 겪었다. 창설자 조 힐(Joe Hill)이 당했던 범죄 사례는 전 세계의 주목을 받았다. 그는 재미있고 신랄하고 영감적인 노래들을 만든 전설적인 작곡가였다. 예를 들어 〈전도사와 노예〉는 IWW의 주된 비난 대상 가운데 하나인 교회에 관한 곡이었다. 교회는 빈민이나 노동자계급의 현실적인 고통을 무시하는 존재로 종종 여겨졌다.

고상한 전도사들께서 매일 밤 오신다네.

뭐가 옳고 뭐가 그른지 가르쳐주신다네.

그러나 어떻게 먹고살지 물을라치면,

너무나 감미로운 목소리로 대답하시네.

—안녕, 잘 가, 먹을 수 있을 거야.

—하늘 위의 영광된 나라에서 말이야.

—일하고 기도해, 건초 더미 위에서 살면서.

—죽은 다음 천국에서 파이를 먹게 될 테니.

1915년 조 힐은 유타 주 솔트레이크시티에서 식료품가게 주인의 강도 및 살인 혐의로 고소당했다. 그가 살인을 했다는 직접적인 증거는 없었지만 배심원단이 그를 유죄라고 생각할 만한 작은 증거들이 있었다. 1만 명의 사람들이 판결에 항의하는 서신을 유타 주지사에게 보냈다. 그러나 조 힐은 총살형에 처했다. 죽기 전 조 힐은 IWW의 동료 지도자 빌 헤이우드(Bill Haywood)에게 편지를 썼다. "내 죽음을 슬퍼하느라 시간 낭비하지 말게. 단결하게."

사회주의가 먼저냐, 참정권이 먼저냐

노동투쟁이 활발하게 일어났다. 1890년대에는 해마다 1,000건씩 파업이 발생했으며, 1904년에는 4,000건에 이르렀다. 그러나 여전히 법과 군대는 부자들 편에 서 있었고, 수많은 미국인이 사회주의에 관심을 갖게 되었다.

미국에서 사회주의는 유대인이나 독일인 이민자의 소규모 집단들로 이루어진 도시에서 먼저 나타났다. 그러나 당시 사회주의는 확산되어 있었으며 철저히 미국화되어 있었다. 전국에서 약 100만 명에 이르는 사람들이 사회주의 계열의 신문을 읽고 있었다.

사회주의 정당이 1901년에 조직되었다. 파업하다가 수감된 이후 사회주의자가 되었던 유진 데브스(Eugene Debs)가 대표였다. 유진 데브스에게 노동조합은 파업이나 임금 인상보다 더 많은 것을 의미했다. 그가 생각하는 노동조합의 목표는 '노동 수단의 사적 소유라는 자본주의 체제를 전복시키고 …… 노동계급 전체, 즉 사실상의 모든 인류의 자유를 성취하는 것'이었다.

유진 데브스는 사회당 후보로 대선에 다섯 번 출마했다. 한때 사회당에는 10만 명에 달하는 당원들이 모였다. 사회당의 조직이 가장 강력했던 지역은 오클라호마였다. 그곳에서는 100명도 넘는 사회당원들이 관직에 선출되었다.

20세기 초 여권운동에서 활발히 활동하던 페미니스트들 가운데 일부는 사회주의자들이기도 했다. 그들은 몇 가지 흥미로운 문제들에 대해 토론했다. 경제체제가 바뀌면 여성들은 완전한 평등을 이룰 수 있는가? 사회의 혁명적인 변화를 위해 노력하는 것이 나은가, 아니면 현행 체제 내에서 권리를 보장받기 위해 투쟁하는 것이 나은가? 사회 변화를 위해 애쓰는 여성들보다는 참정권이나 투표권을 얻기 위해 애쓰는 여성들이 더 많았다. 페미니스트 수전 B. 앤서니(Susan B. Anthony)는 유진 데브스와 가졌던 우호적인 만남에서 "우리가 참정권을 얻도록 도와주세요. 그럼 우리도 사회주의에 힘을 실어드리죠"라고 말했다. 이에 유진 데브스는 "사회주의를 도와주세요. 그럼 여러분이 참정권을 얻도록 도와드리죠"라고 대답했다.

헬렌 켈러(Helen Keller) 같은 사회주의자들은 참정권으로는 충분하지 않다고 생각했다. 시각장애와 청각장애가 있던 헬렌 켈러는 정신력과 펜으로 변화를 위해 투쟁했다. 1911년 그녀는 다음과 같은 글을 썼다. "우리의 민주주의는 허울뿐이지 않은가. 우리가 투표를 한다? 그게 갖는 의미는 무엇인가? 거기서 거기인 것들을 놓고 선택할 뿐이다."

흑인 여성들은 인종과 성별이라는 두 가지 문제로 두 배의 차별을 받았다. 한 흑인 여성 간호사는 1912년 신문에 다음과 같은 글을 실었다.

남부에 사는 가난한 유색인종 여성 임금 노동자들은 치열하게 싸우고 있는 중입니다. …… 한편으로는 우리들의 보호자가 되었어야 할 흑인 남성들에게 괴롭힘을 당하고 있으며 또한 부엌에서, 빨래터에서, 재봉틀 앞에서, 유모차 뒤에서, 다리미판 앞에서, 우리는 짐 싣는 말, 짐 나르는 가축, 노예들과 전혀 다를 바가 없습니다!

20세기 초반은 흑인들에게는 최악에 해당되는 시기였다. 당시 브라운즈빌, 텍사스, 조지아 주의 애틀랜타 등지의 흑인들은 매주 보고되는 빈번한 린치와 인종 폭동에 시달리고 있었지만, 정부는 수수방관했다.

흑인들도 조직을 갖추기 시작했다. 1905년 사회주의자들에게 호의적이었던 존경받는 교사 겸 작가 W.E.B. 듀보이스는 캐나다 나이아가라 폭포 근처에서 흑인 지도자들과 만남을 가졌다. 이것이 '나이아가라 운동(Niagara Movement)'의 시작이었다. 5년 후 일리노이 주 스프링필드에서 발생했던 인종 폭동이 계기가 되어 전미 유색인종 지위향상협회(National Association for the Advancement of Colored People : NAACP)가 창설되었고, 백인들이 주도권을 쥐었다. 듀보이스가 유일한 흑인 임원이었다. NAACP는 인종차별을 종식하기 위한 방편으로 교육과 합법적인 행동에 주안점을 두었다. 그러나 듀보이스는 나이아가라 운동의 강력한 행동주의 정신을 대변했다.

이름만 혁신주의 운동

흑인, 페미니스트, 노동조합, 사회주의자들은 연방정부가 별로 의지할 만한 것이 못 된다는 사실을 잘 알고 있었다. 그런데도 역사책에는 20세기 초를 '혁신주의 시대'로 명명하여 구분 짓는다. 사실 그 시대에 많은 개혁이 이루어지기는 했지만 의도하지 않은 개혁이었다. 사회의 근본적인 변화를 이루려 했던 것이 아니라 시민들의 폭동을 방지하려 했을 뿐이다.

그 시대를 '혁신주의'라는 명칭으로 구분한 것은 새로운 법안들이 통과되었기 때문이다. 육류 점검, 철도 규제, 독점 규제, 식료품 및 의약품 안전에 관한 것들이 주요 내용이었다. 노동법에서도 임금과 노동시간에 관한 기준이 마련되었다. 작업장의 안전검사와 근무 중 부상당한 피고용자에 대한 임금 지불도 보장되었다. 주의회 의원들의 간접선거가 아닌 국민의 직접선거에 의해서 상원의원을 선출할 수 있도록 헌법도 바뀌었다.

이러한 변화는 일반 서민들에게 이로운 것이었다. 그러나 엄청나게 많은 수의 소작농, 공장 노동자, 슬럼 지역의 거주자, 광부, 농장 일꾼, 즉 수많은 남녀 노동자와 흑인과 백인들을 위한 기본적인 조건들은 변하지 않았다.

정부는 여전히 상층계급에 이로운 체제를 유지하기 위해 여념이 없었다. 예를 들어 시어도어 루스벨트는 '트러스트(trust : 독점을 목표로 한 대기업들의 담합 및 합병-옮긴이) 파괴자'라는 평판을 얻을 정도로 독점 행위에 반대한 정치가였다. 그러나 그는 억만장자 J.P. 모건의 고용인 두 명과 '트러스트 파괴'가 그리 심각하지 않으리라는 것을 약속하는 비밀스러운 거래를 했다. 시어도어 루스벨트의 측근들도 산업가나 금융가들이었지 노동조합주의자나 노동자는 아니었던 것이다.

혁신주의 운동의 지도자들 가운데에는 정직한 개혁가들도 있었지만 그렇지 못한 사람들도 있었다. 시어도어 루스벨트는 후자였다. 그는 혁신주의자를 가장한 보수주의자였다. 그들은 변화에 반대했으며 부와 권력의 균형 유지에만 신경 썼다. 이러한 두 종류의 혁신주의자들이 공통으로 가졌던 목표는 사회주의에 대항하는 것이었다. 그들은 민중들이 처한 상황을 개선함으로써 이른바 '사회주의의 위협'을 미연에 방지할 수 있다고 생각했다.

한편 사회당은 상승세를 타고 있었다. 1910년 빅터 버거(Victor Berger)는 미국 연방의회에 진출한 최초의 사회주의자가 되었다. 1911년에는 73명의 사회주의자 시장들과 1,200명의 지역 공무원들이 탄생했다. 신문들은 이에 대해 "사회주의의 밀물"이라고 표현했다.

혁신주의자들의 목표는 잘못된 부분을 수정하면서 자본주의를 유지하는 것이었다. 그 과정에서 그들은 점점 심각해지는 문제, 즉 노동자들이 정치·경제 지도층을 적대시하는 계급투쟁을 끝낼 수 있다고 생각했다. 그러나 1913년 9월 콜로라도에서 시작된 광부들의 파업은 계급투쟁 가운데서도 가장 격렬하고 폭력적인 투쟁이 되었다.

조합 임원 한 명이 살해된 후 1만 1,000명의 광부가 파업에 돌입했다. 광산 소유주였던 록펠러 가문은 파업 중인 광부들의 야영지를 습격하기 위해 청부업자들에게 기관총을 들려 보냈다. 파업 중인 광부들은 파업 방해자들의 투입과 탄광 개방을 저지하기 위해 싸웠다. 주지사는 파업을 분쇄하기 위해 주 방위군을 투입했고, 록펠러 가문이 주 방위군의 급료를 지불했다.

격렬한 싸움, 배신, 학살이 차례로 발생했다. 1914년 4월 한 갱도에서 여성과 아이들 사체 13구가 발견되었다. 주 방위군에게 살해된 것이었다. 그 소식은 곧 전국으로 퍼져나갔고 곳곳에서 파업과 항의 시위가 일어났다. 우드로 윌슨(Woodrow Wilson) 대통령은 파업을 진압하기 위해 연방 군대를 투입해야만 했다. 66명의 성인 남녀와 아이들이 목숨을 잃었지만 그 일로 고발당한 군인은 없었다.

콜로라도에서 일어났던 격렬한 계급투쟁의 흔적은 전국에 걸쳐 남게 되었다. 어떤 개혁 조치가 취해지고 어떤 새로운 법안이 통과되어도, 계급 간의 충돌에 관한 공포는 남아 있었다. 실업과 힘든 시간은 점점 악화되고 있었다.

애국심과 군인정신으로 계급투쟁을 무마시킬 수 있는 것일까? 미국은 곧 그 해답을 얻게 된다. 네 달 후 유럽에서 제1차 세계대전이 발발했기 때문이다.

14 세계대전, 그 피의 대가는?

1914년 여름이 끝나갈 무렵 유럽의 주요 국가들은 전쟁에 휘말렸다. 제1차 세계대전의 충돌은 이후 4년 동안 지속되었다. 1,000만 명의 사람들이 전쟁터에서 죽었으며 2,000만 명의 사람들이 기아와 질병에 시달리며 목숨을 잃었다. 그 누구도 제1차 세계대전이 인류에게 한 사람의 목숨만큼 가치 있는 것을 얻게 해주었다는 것을 증명하지 못하고 있다.

당시 사회주의자들은 제1차 세계대전을 '제국주의 전쟁'이라고 불렀다. 영토나 자원을 차지함으로써 강권을 얻고자 하는 국가들에 의해서 일어났던 제국 건설을 위한 전쟁이었다. 유럽의 선진 자본주의 국가들은 국경 지역에서 전투를 했다. 프랑스와 독일이 동시에 소유권을 주장했던 알자스로렌 지방이 대표적인 예이다. 그들은 아프리카의 식민지들에서도 전투를 벌였고, 공식적인 식민지는 아니었지만 소수 유럽 국가들의 '보호령'에 있었던 동유럽과 중동 지역에서도 '세력권' 다툼을 벌였다.

좋은 장사 기회를 놓칠 수 없다

　여러 나라가 전쟁에 참전했지만 독일이 주축이 된 측과 프랑스, 영국이 주도하는 연합국 측으로 양분되는 대결 구도가 형성되었다. 전쟁의 살육행위는 빠른 속도로 전개되어 대규모로 확장되었다. 전쟁 초기에 프랑스에서 벌어졌던 한 전투에서 양측은 50만 명의 사상자를 냈다. 개전 후 약 3개월 동안 기존의 영국 정규군은 거의 사망했다.

　전쟁은 프랑스 전선에서 교착 상태에 빠졌다. 3년간 거의 이동의 변화가 없었다. 양측은 몇 야드 또는 몇 마일씩 전진과 후퇴를 반복했고, 그러는 동안 시체만 쌓여갔다. 1916년 베르역의 전선을 돌파하려는 독일에 대항하여 영국과 프랑스가 반격을 시도했다. 이에 60만 명의 사상자가 발생했다.

　프랑스와 영국의 국민은 총 사상자 수를 파악하지 못하고 있었다. 전쟁 말기에 독일군의 공격으로 30만의 영국군 사상자가 발생했을 때에도 런던의 신문들은 독자들에게 "기운 내자. …… 최전방의 전우(戰友)들에게 격려의 편지를 보내자"라고 전했다.

　독일에서도 상황은 마찬가지였다. 전쟁의 참상은 국민에게 전해지지 않았다. 하루에 수천 명의 병사가 기관총과 포탄에 맞아 죽어가고 있을 때, 공식 전쟁보고서에는 "서부 전선 이상 없다(All quiet on the Western Front)"라고 기록되었다. 독일의 소설가 에리히 마리아 레마르크(Erich Maria Remarque)는 훗날 그 문장을 전쟁에 관해 쓴 위대한 소설의 제목으로 삼았다(독일어 제목은 'Im Westen Nichts Neues' –옮긴이).

미국이 이 죽음과 기만의 수렁에 빠지기로 한 것은 1917년의 일이었다.

그에 앞서 우드로 윌슨 대통령은 미국이 전쟁에 참전하지 않을 것이라고 선언했었다. 그러나 북대서양의 선박문제가 미국을 전쟁에 개입시켰다.

1915년 독일 잠수함이 북아메리카에서 영국으로 향하던 영국 정기선 (定期船) 루시타니아 호를 어뢰로 공격하여 격침했다. 약 1,200명의 사람들이 사망했고, 그 가운데에는 124명의 미국인이 포함되어 있었다. 미국은 민간인 승객과 전쟁과 무관한 화물을 싣고 있었던 루시타니아 호를 독일이 공격한 것은 끔찍한 행위라고 주장했다. 사실 루시타니아 호는 중무장한 상태였었다. 영국을 위해 수천 상자의 군수품을 운반하고 있었던 것이다. 허위 적재 기록이 진실을 은폐하고 있었고, 영국 정부와 미국 정부는 거짓말을 했다.

그 후 1917년 4월 독일은 적에게 보급품을 수송하는 선박들은 무조건 잠수함으로 격침하겠다고 경고했다. 미국도 예외가 아니었다. 미국은 독일의 적들에게 엄청난 양의 전쟁 물자를 공급해주었다.

유럽에서 발생한 전쟁은 미국 입장에서는 좋은 기회였다. 1914년 심각한 경제 위기가 닥쳐왔지만 미국이 연합국, 특히 영국에 수출할 군수물자를 생산하면서 상황은 호전되었다. 독일이 선박 수송에 대해 경고했을 때, 이미 미국은 20억 달러에 달하는 물자를 연합국에 수출하고 있었다. 미국의 번영은 영국이 치르고 있는 전쟁에 달려 있었다. 우드로 윌슨 대통령은 미국인들이 전쟁 지역에서 상업활동을 할 권리를 지켜낼 것이라고 선언했고, 의회는 독일에 선전포고를 했다.

우드로 윌슨은 미국의 참전이 "전쟁을 끝내기 위한 것"이며, "민주주의를 위해 세계를 안전하게 하려는 것"이라고 했다. 이런 터무니없는 말들은 미국 국민이 자원 입대하는 데 별로 도움이 되지 못했다. 100만 명의 군인이 필요했지만 처음 6주가 지나는 동안 자원한 사람은 고작 7만 3,000명이었다. 결국 의회는 징병제 시행을 승인했다. 또한 공공정보위원회(Committee on Public Information)가 발족했다. 이 위원회의 임무는 국민에게 합당한 전쟁이라는 확신을 심어주는 것이었다.

반전주의자들을 구속하라

정부는 전쟁을 반대하거나 비판하는 사람들의 사기를 저하시키기 위해 방첩법(Espionage Act)을 통과시켰다. 방첩법에는 입대를 거부하거나 타인의 입대를 제지할 경우 20년 이하의 징역에 처한다는 조항이 포함되어 있었다. 그 조항은 전쟁에 반대하는 말을 하거나 글을 쓴 사람들을 구속시키는 데 이용되었다.

900명에 달하는 사람들이 방첩법으로 감옥에 갔다. 필라델피아 출신의 사회주의자 찰스 셴크(Charles Schenck)는 방첩법이 통과된 지 2개월 후 징병과 전쟁에 반대하는 전단을 제작하여 배포한 혐의로 수감되었다. 그는 방첩법이 언론과 출판의 자유를 보장한 수정 헌법 제1조에 위배된다며 항소했다.

아홉 명의 연방 대법원 판사는 만장일치로 찰스 셴크의 유죄 판결을 내렸다. 올리버 웬들 홈스(Oliver Wendell Holmes) 판사는 언론 자유의 보호를 아무리 엄격하게 적용시켜도 "극장 안에 불이 났다고 거짓으로 외쳐서 혼란을 야기한 사람은 보호받을 수 없다"고 했다. 매우 교묘한 화술이었다. 많은 사람이 있는 극장 안에서 "불이야!"라고 외쳐 혼란을 일으키고서도 처벌을 면할 수 있으리라고 생각하는 사람은 거의 없을 것이다. 그러나 이것과 전쟁을 비판하는 것이 과연 비슷한 일일까?

사회주의자 유진 데브스도 법정에 서야 했다. 그는 징병을 반대한 죄로 수감된 사회주의자 세 명을 면회한 후, 길거리에서 반전(反戰) 연설을 했다.

그들은 우리가 엄청나게 자유로운 공화국에서 살고 있다고 말합니다. 우리나라의 제도가 민주적이라고 말합니다. 우리의 자유와 자치(自治)에 대해서 말합니다. 그것은 농담으로 흘려듣기에도 심한 말입니다. …… 역사적으로 볼 때 전쟁은 정복과 약탈을 목적으로 일어났습니다. …… 한마디로 바로 그것이 전쟁입니다. 전쟁을 선포하는 것은 항상 지배계급이었지만, 전쟁터에 나가 싸우는 것은 항상 피지배계급이었습니다. ……

유진 데브스는 방첩법 위반으로 체포되었다. 재판에서 그는 "저는 전쟁을 방해했다는 혐의로 고소당했습니다. 인정합니다. 저는 전쟁을 혐오합니다"라고 말했다. 그러자 판사는 "국가가 외부의 난폭한 세력으로부터 자신을 방어하기 위한 전쟁을 치르고 있을 때, 국가의 손에서 칼을 빼앗으려 하는 사람들"이라며 거칠게 비난했다. 유진 데브스는 10년형을 언도받았다(몇 년 후 전쟁이 끝나자 워런 하딩Warren Harding 대통령은 그를 석방시켰다).

언론은 정부가 전쟁을 비판하는 사람들에게 공포 분위기를 조성하는 데 일조했다. 어떤 간행물은 독자들에게 국가에 반대하거나 충성을 다하지 않는다고 여겨지는 발행물을 보면 신고하라고 부탁했다. 사람들은 반정부적인 길거리 연설을 막기 위해(본질적으로 반전 연설을 막기 위해) 미국자경순찰대(American Vigilante Patrol)에 가입했다. 미국 체신부는 반전 기사를 게재한 신문이나 잡지의 우송을 금지했다. 공공정보위원회

는 사람들이 서로 간에 스파이나 정보원 노릇을 하도록 조장했다. 시민들에게 "비관론을 펼치는 사람을 신고하라. 그런 사람을 법무부에 신고하라"고 강권했던 것이다.

법무부는 600개의 마을에서 미국수호협회(American Protective League)를 후원했다. 금융가들과 유력한 사업가들로 이루어진 그 단체는 다른 사람들의 편지를 강제로 빼앗았으며, 집과 사무실에 들이닥쳤고, 국가에 '충성하지 않는' 사례를 300만 건이나 적발했다고 주장했다. 1918년 미국 법무장관은 "역사상 이 나라의 치안이 이렇듯 철저하게 유지된 적이 없었다고 해도 무방하다"라고 공언했다.

왜 이렇게 엄청난 노력을 했던 것일까? 미국인들이 전쟁에 참전하여 싸우는 것을 거부했기 때문이다. 조지아 주 상원의원 토머스 하드윅(Thomas Hardwick)은 이에 대해 "징병법 제정에 대한 …… 수많은 사람들 편에서의 일반적이고 광범위한 반대"라고 묘사했다. 전쟁이 끝나기 전, 약 30만

◀ 노동자대회에서의 유진 V. 데브스. 약 900여 명이 방첩법 위반으로 투옥되었으나, 이처럼 상당한 숫자의 반대는 시야에서 감춰졌고 전쟁에 대해 묵인하는 국민적 분위기가 조성되었다.

이상의 사람들이 병역 거부자로 분류되었다. 그들은 병역을 거부했거나, 면제받기 위해 속임수를 썼거나, 자해(自害)를 한 사람들이었다.

사회당은 처음부터 참전에 반대했다. 의회에서 선전포고를 한 날, 사회당원들은 비상회의를 소집하고 선전포고는 "미합중국 국민을 거스르는 범죄"라고 주장했다. 업턴 싱클레어나 잭 런던 등 일부 유명한 사회당원들은 참전 이후에는 전쟁을 지지했다. 그러나 대부분의 사회당원은 계속해서 전쟁에 반대했다. 그들 가운데 일부는 자신의 견해를 피력하기 위해 비싼 대가를 치러야 했다.

오클라호마에서 IWW는 전국의 반전론자들을 위해 워싱턴 D.C.에서 시위행진을 한다는 계획을 세웠으나, 행진을 하기도 전에 구성원들이 체포되었다. 450명의 사람이 반역죄로 체포되어 주립교도소에 수감되었다. 보스턴에서 반전 시위에 나선 8,000명의 사회당원과 노동조합주의자들이 지휘관의 명령을 따르는 병사들에게 공격을 받았다.

미국이 선전포고를 하기 직전, IWW의 기관지에는 "미국의 자본가들이여, 우리는 당신들을 위해서가 아니라 당신들에 대항하여 싸울 것이다!"라는 글이 게재되었다. 전쟁은 급진적인 노동조합과 IWW를 와해시킬 기회를 정부에 마련해주었다. 1917년 9월, 법무부의 관리들이 전국적으로 48개의 IWW 집회장을 습격했고 편지와 문서들을 압수했다.

다음해 4월, IWW의 지도층 101명이 징병에 반대하고 군인들의 탈영을 독려한 죄로 재판을 받았다. 그들 가운데 한 명이 법정에서 다음과 같이 진술했다.

여러분은 저에게 왜 IWW는 미합중국에 대해 충성하지 않느냐고 묻습니다. 만약 여러분이 담요 한 장 없는 노숙자라면, 일거리를 찾아 서부로 갈 때 처자식을 버려두고 갔

군중에게 연설하는 엘리자베스 걸리 플린(1914년). 그녀는 IWW를 조직한 지도자로, 1920년에는 미국시민자유연합을 창설했다.

는데 그 후로 다시는 그들을 만나지 못했다면, 당신의 직업이 당신이 투표할 자격도 얻지 못할 정도로 한곳에 오래 있지 못하게 하는 것이라면, 법과 질서와 국가를 대표하는 모든 사람들이 당신을 때려눕힌다면 …… 그래도 여러분은 그런 사람이 애국자가 될 거란 기대를 한단 말입니까? 이 전쟁은 기업가의 전쟁입니다. ……

IWW의 수감자 전원이 유죄 판결을 받았다. 빌 헤이우드를 비롯한 핵심인물들은 20년형을 언도받았고, 나머지는 그보다는 형이 적었다. 빌 헤이우드는 당시 사회주의 혁명 중이던 러시아로 망명했다. 미국의 IWW는 와해되었다.

전후 아나키스트 소탕 작전

1918년 11월 전쟁이 종식되었다. 5만 명의 미국 병사들이 전사했다. 그러나 전쟁이 끝났을 때, 기득권층(국가를 경영하는 정치적·경제적 지도층)은 여전히 사회주의를 두려워했다. 민주당과 공화당의 갈등은 급진적인 변화의 위협에 비하면 별것 아니었다.

정부는 그런 위협에 맞서 싸울 새로운 수단을 갖게 되었다. 전쟁이 거의 끝나갈 무렵, 의회는 미국 정부에 반대하거나 재산 파괴에 찬성한 외국인을 추방할 수 있는 법안을 통과시켰다(여기서 외국인이란 미국 시민권을 갖지 못한 이민자를 의미한다). 1919년과 20년 정부는 4,000명이 넘는 외국인들을 검거했는데, 그 가운데는 아나키스트 에마 골드만도 포함되어 있었다. 결국 그들은 모국으로 추방당했다.

아나키스트 안드레아 살시도(Andrea Salsedo)는 뉴욕 시에 있는 연방수사국(Federal Bureau of Investigation : FBI) 사무실에 두 달 동안 감금된 채 가족, 친구, 변호사의 접견을 금지당했다. 그의 시체가 도로 위에서 발견되었을 때 FBI는 그가 창문에서 투신자살한 것이라고 말했다.

안드레아 살시도와 친구였던 보스턴의 두 명의 아나키스트는 안드레아 살시도가 당한 일을 전해들은 다음부터 권총을 휴대했다. 그들은 2주 전에 발생했던 살인강도 용의자로 체포되었다. 그들의 이름은 니콜라 사코(Nicola Sacco)와 바르톨로메오 반제티(Bartolomeo Vanzetti)였다.

니콜라 사코와 바르톨로메오 반제티는 유죄 판결을 받았다. 그들은 항소가 받아들여질 때까지 7년 동안 감옥에서 지냈다. 전 세계의 사람들이 이 사건에 큰 관심을 가졌다. 많은 이들이 니콜라 사코와 바르톨로메오 반제티가 아나키스트이고 외국인이라서 유죄 판결을 받은 것이라고 생각했다. 법정의 기록이나 여타의 상황 근거들도 그런 생각을 뒷받

니콜라 사코와 바르톨로메오 반제티. 사코는 아들에게 보내는 마지막 편지에 "박해받는 사람들과 희생당하는 사람들을 도와야 한다는 걸 항상 잊지 마라"라고 썼다.

침했다. 1927년 8월 그들은 사형에 처했다.

　기득권층은 반대 의견을 제시하는 사람들의 입을 막기 위해 애썼다. 그래서 개혁이 이루어졌다. 전쟁도 맹목적인 애국심을 고취시키고 비판 의식을 막기 위해 이용되었다. 법정과 감옥은 어떤 특정한 사상들, 특정한 종류의 저항은 용납될 수 없다는 것을 분명히 했다. 그러나 여전히, 심지어는 감옥에서조차, 계급이 존재하지 않는다는 미국 사회에서 사실은 계급투쟁이 계속되고 있다는 메시지가 흘러나오고 있었다.

15 / 세계를 뒤덮은 대공황의 그림자

1919 년 2월이었다. 유럽에서는 불과 몇 달 전에 전쟁이 끝났다. 세계는 장차 미국에서 50만, 세계적으로는 수백만이 넘는 사람들의 목숨을 앗아갈 지독한 유행병에 걸려 있었다. 미국에서는 IWW의 지도자들이 수감되어 있었다. 그러나 그들의 꿈은 워싱턴 주의 시애틀에서 이제 막 실현되고 있었다.

한 개의 노동조합에 의한, 또는 한 종류의 노동자들에 의한 파업도 성과를 얻을 수는 있었다. 그러나 IWW는 모든 노동자가 함께 총파업을 시행했을 때야말로 더 강력한 주장을 할 수 있으리라고 생각했다. 시애틀에서 조선소 근로자들이 임금 인상을 요구하며 파업한 후, 100개가 넘는 다른 노동조합들도 파업을 결정했다. 10만 명 노동자들의 동맹파업으로 도시의 기능이 마비되었다.

파업 참가자들은 도시의 가장 중요한 기능만 작동시켰다. 소방관들은 직장에 남아 있었으며, 우유 저장소를 근처에 구비해놓고 각 가정에 우유를 배달했다. 파업은 5일간 지속되었고 평화적이었다. 사실 그 5일 동안 도시의 범죄율은 평소보다도 낮았다. 그러나 파업 후에 권력자들은 사회당 본부를 습격했다. IWW의 회원 39명이 '사회 혼란의 주모자'로 투옥되었다.

왜 정부는 파업에 그런 식으로 대처했던 것일까? 해답은 시애틀 시장이 발표한 성명서에서 찾을 수 있을 것이다.

시애틀에서 발생한 총파업은 그 자체로서 혁명의 무기이다. 평화로움이 가장 위험한 것이다. 총파업은 성공을 위해 모든 것을 중지시킨다. 한 공동체에 속한 모든 삶의 흐름을 막는다. …… 다시 말해 정부의 기능을 마비시키는 것이다.

총파업은 권력자들에게 무력감을 체험하게 했다. 그것은 사회의 정치·경제 체제 전체를 위협하는 것처럼 보였다.

시애틀의 총파업은 1919년에 미국에서 일어났던 대규모 파업들 가운데 하나에 불과했다. 또 그런 노동운동들은 전 세계에서 일어났던 반란의 물결의 일부일 뿐이었다. 제정(帝政) 러시아에서 일어났던 공산주의 혁명부터 영국에서 일어났던 철도 노동자들의 파업에 이르기까지, 평범한 서민들이 앞장서서 목소리를 높였고 변화를 이룩하고 있었다. 한 저술가는 《네이션The Nation》에 다음과 같은 글을 실었다. "구(舊)체제의 지도력에 대한 신뢰를 잃은 …… 평범한 시민은 새로운 …… 자신감을 경험해왔다. ……"

1920년대의 진실

1920년대가 시작되었을 때 미국에서는 반란의 물결이 가라앉고 있었다. IWW는 파멸되었고 사회당은 분열했다. 파업은 무력으로 진압되었다. 경제도 국민의 단체 폭동을 방지하기에 충분할 정도로 원활하게 돌아가고 있었다.

1920년대는 '광란의 20년대(Roaring Twenties)' 또는 '재즈 시대(Jazz Age)'라고도 한다. 번영과 즐거움의 시대라는 뜻으로, 표현 속에 진실이 존재하고 있다. 실업률은 감소했고, 일반적인 노동자들의 임금 수준도 올라갔다. 국민은 자동차나 라디오, 냉장고 같은 물건들도 구입할 수 있게 되었다. 수백만 사람들의 생활 수준이 질적으로 향상되었다.

그러나 대부분의 부는 사회라는 피라미드의 꼭대기에 자리한 소수의 수중에 있었다. 한편 피라미드의 맨 아래에는 흑인들, 변경에서 가난하게 사는 백인 소작농들, 그리고 일자리를 구하지 못했거나 생필품 살 돈도 벌지 못하는 도시의 이민자 가족들로 구성되어 있었다. 뉴욕 시에서만도 200만 명의 사람들이 화재에 취약한 빈민 아파트에서 살고 있었다.

1900~1920년까지 1,400만 명의 이민자들이 미국으로 건너왔다. 1924년 의회는 이민자를 제한하기 위해 이민법을 통과시켰다. 이 새로운 법은 영국이나 독일 출신의 백인 이민자들만 선호했다. 남유럽인, 슬라브인, 유대인들은 엄격한 제한을 받았으며, 중국이나 아프리카 국가에서 이민 온 사람들은 한 해에 100명 정도였다.

인종적인 혐오나 폭력이 곳곳에서 발생했다. KKK단도 1920년대에 부활했고, 북부에까지 영역을 넓혔다. 1924년에는 단원 수가 450만에 이르렀다.

1920년 기나긴 투쟁 끝에 여성들은 마침내 총선에서 투표할 수 있는 투표권을 획득했다. 그러나 아직까지 투표는 상층계급과 중산층계급만이 할 수 있었고, 투표권을 얻은 새로운 여성 투표자들도 낡은 정당들에 표를 던지는 것은 기존의 남성 투표자들과 다를 바 없었다.

노동 불안 상태는 한동안 잠잠했지만 완전히 사라진 것은 아니었다. 사회당이 약화되면서 미국에서 공산당이 형성되었다. 공산주의자들은 1929년 초 테네시와 캐롤라이나에서 일어났던 방직공들의 대규모 파업을 비롯한 많은 노동투쟁에 관여했다.

패닉에 빠진 사람들

1920년대에 미국 경제는 안정적이며 호황이었다. 주식회사의 소유권을 분배하는 주가는 그 어느 때보다도 상승했다. 주가가 계속해서 오를 것이라고 예상한 많은 사람이 주식에 투자했고, 주식을 더 많이 사기 위해 은행에서 대출을 받기도 했다. 은행들도 고객들이 예금한 돈을 주식에 투자했다.

1929년 호황은 끝이 났다. 주가가 하락하자 공황 상태에 빠진 사람들은 주식을 매도하기 시작했다. 이런 행위는 주가 하락을 더욱 부추겼다. 은행은 대출금을 회수할 수 없었고, 주식 투자의 실패로 고객에게 출금을 해줄 수도 없었다. 주식시장과 금융체제는 빠르게 붕괴되었고, 그로 인한 심각한 경제위기에 봉착하게 되었다. 미국은 대공황에 돌입했다.

악화된 경제는 거의 마비 상태에 있었다. 5,000개가 넘는 은행들과 수천 개의 회사가 도산했다. 도산하지 않은 회사들은 노동자들의 임금 인하와 해고가 불가피했다. 1933년 무렵에는 1,500만 명에 달하는 사람들이 실직했을 것으로 추정된다. 국가 전체의 노동력 가운데 4분의 1이나

3분의 1이 일자리를 찾지 못했던 것이다.

수백만 톤의 식량이 있었지만 운반하거나 팔아도 이익이 남지 않았다. 사람들은 굶주림에 시달려야 했다. 창고마다 옷이나 다른 물건들이 가득 차 있었지만, 사람들은 물건을 구매할 형편이 못 되었다. 집들도 비어 있는 상태였다. 집을 사거나 집세를 낼 돈이 없었기 때문이다. 집세를 내지 못한 사람들은 쫓겨나 쓰레기 처리장 위에 지어진 판자촌 '후버빌(Hooverville)'에서 살았다. 후버빌은 대공황이 시작되기 직전 "오늘날 미국에서 살고 있는 우리는 빈곤에 대해서 역사상 어느 곳에서도 찾아볼 수 없던 궁극적인 승리를 거두고 있다"라고 말했던 허버트 후버(Herbert Hoover) 대통령의 이름에서 유래한 명칭이었다.

1920년대에 빈민들을 위한 소수의 정치가들 가운데 한 명이었던 피오렐로 라 과디아(Fiorello La Guardia)는 동부 할렘에 있는 가난한 이민자 동네 출신의 하원의원이었다. 공황이 시작된 후, 그는 빈민 아파트 거주자에게 편지 한 통을 받았다.

> 의원님은 제가 어려운 상황에 처해 있다는 걸 알고 계시지요. 저는 정부로부터 생활 보조비를 받아왔는데, 그게 중단되고 말았습니다. 저는 지금 7개월이 다 되도록 일자리도 구하지 못하고 있는데 말입니다. 의원님이 제게 도움을 주셨으면 합니다. …… 저에게는 네 명의 아이들이 있는데 먹을 것과 입힐 것이 부족합니다. …… 여덟 살 난 제 딸아이는 심하게 아픈데 회복될 기미도 보이지 않습니다. 집세는 두 달치나 밀려 있고 저는 쫓겨날까 봐 걱정입니다.

힘겨운 세월은 사람들을 절망의 구렁텅이로 몰아넣었다. 땅을 강탈당한 오클라호마 농부들의 애환을 그린 소설 《분노의 포도The Grapes

대공황 때 배식을 받기 위해 줄을 선 실업자들. 대공황으로 인해 산업생산은 50퍼센트 하락했고, 1933년에 이르러서는 미국 노동자의 4분의 1이 실직했다.

of Wrath》에서 작가 존 스타인벡(John Steinbeck)은 새로 나타난 집 없는 사람들이 '위험하다'고 말했다. 나라 안에서 반란의 기운이 꿈틀거리고 있었다.

디트로이트에서는 집세를 낼 돈이 없어 공영주택지에서 쫓겨난 사람들 500명이 폭동을 일으켰다. 시카고에서는 '초췌한 얼굴에 누더기를 걸친' 500명의 학생이 학교의 급식 제공을 요구하며 도심에서 시위행진을 벌였다. 뉴욕 시에서는 수백 명의 실업자가 레스토랑을 에워싸고 공짜로 먹을 것을 달라고 요구했다. 시애틀에서는 무장한 실업자 집단이 공공건물에 침입하여 이틀 동안 점거했다.

제1차 세계대전의 참전용사였던 퇴역 군인들은 직업도, 돈도 없는 신

대공황 때 노동자동맹의 시위에서 푯말을 들고 있는 아이들(1937년). 아무 도움을 주지 않는 기업과 정부 때문에 사람들은 스스로 도울 방법을 모색하기 시작했다.

세가 되었다. 그들 가운데 일부는 나중에 정부로부터 연금을 받을 수 있는 증명서가 있었다. 그러나 그들은 지금 당장 돈이 필요했다. 전국 각지에 흩어져 있던 역전의 용사들은 수도 워싱턴 D.C.를 향해 출발했다. 고물차를 타거나, 기차에 무임승차하거나, 히치하이킹을 해서 워싱턴 D.C.에 도착했다.

2만 명 이상이 집결했다. 그들은 연방의회 의사당이 마주 보이는 곳에 농성지를 마련하고, 낡은 상자나 신문들로 임시 거처를 만들었다. 허버트 후버 대통령은 군대에 그들을 해산시키라는 명령을 내렸다. 드와이트 D. 아이젠하워(Dwight D. Eisenhower), 조지 S. 패튼(George S. Patton)과 같은 지휘관들의 협력을 받은 더글러스 A. 맥아더(Douglas A. MacArthur) 장군은 탱크와 최루가스를 동원하는 것으로도 모자라 방화까지 하면서 농성지를 초토화했다. 그 결과 두 명의 참전용사가 사살되었고 소년 하나가 한쪽 눈을 실명했으며 경찰 두 명의 두개골이 박살났고 1,000명의 참전용사가 최루가스로 신음했다.

생존하기 위한 몸부림

1932년에 치러진 선거에서 허버트 후버는 민주당 후보 프랭클린 D. 루스벨트(Franklin D. Roosevelt)에게 패했다. 프랭클린 D. 루스벨트는 뉴딜정책(New Deal)을 단행했다. 뉴딜에 의한 변화는 그 전에 이루어졌던 변화들과는 차원이 달랐다. 그것은 자본주의를 재구성하려는 시도였다.

뉴딜정책에서 첫 번째 주요 법안은 전국부흥법(National Recovery Act : NRA)이었다. 정부, 경영자, 노동자가 가격, 임금, 경쟁 등에 합의하게 함으로써 경제를 통제하는 것이었다. NRA는 시작부터 대기업들의 조종을 받았지만 노동자 계층에게도 남겨준 것이 있었다. 그러나 2년 후 대법원은 대통령에게 너무 많은 권한을 주었다는 이유로 NRA가 위헌이라는 판결을 내렸다.

다른 개혁들은 계속되었다. 그 가운데 하나가 테네시 계곡 개발공사(Tennessee Valley Authority: TVA)였는데, 국유체제의 댐과 발전소를 건설하는 것이었다. TVA는 일자리 창출과 전기 요금을 인하시켰다. 이에 대해 비판적인 사람들은 '사회주의적'이라고 했는데, 한편으로는 옳은 말이기도 했다.

뉴딜정책에는 두 가지 목표가 있었다. 하나는 대공황을 극복하고 경제 안정을 꾀하는 것이었고, 다른 하나는 반란이 혁명으로까지 연결되지 않도록 하층계급 사람들을 충분히 원조하는 것이었다.

프랭클린 D. 루스벨트가 취임했을 때 우려했던 대로 반란은 실제 상황이 되었다. 사람들은 자신들에 대한 정부의 도움을 마냥 기다리고 있지 않았다. 그들은 적극적으로 대처했다.

디트로이트와 시카고에서는 경찰이 집세를 내지 못해 쫓겨난 사람들의 가구를 옮기자 모여 있던 군중이 가구를 도로 집 안으로 들여놓았다. 시애틀에서는 어부, 과일 생산자, 나무꾼들이 서로 필요한 물품을 물물교환을 했다. 노동조합들이 이런 자력구제(self-help)의 합의에 도움을 주었다.

자력구제는 펜실베이니아의 광산에서도 발아되었다. 실직한 광부들이 회사 소유의 광산에서 석탄을 채굴하여 회사보다 싸게 팔았다. 권력자들이 광부들의 석탄 '밀매'를 저지하려 했을 때, 지역 배심원들이나 교도관들은 그들에게 유죄 판결을 내려 수감하기를 꺼렸다. 그것은 사소한 행위였으나 혁명의 가능성을 보여주었다. 이를 계기로 노동자들은 필요한 것을 스스로 손에 넣을 수 있다는 진실을 깨달았다. 그 직후 노동자들의 거대한 물결이 밀려오면서 정부는 노동운동에 대해 심사숙고했다.

태평양 연안에서 화물선에 짐을 하역하는 작업을 하던 부두 노동자들의 파업이 시발점이었다. 해안선을 따라 2,000마일에 걸쳐 파업을 했다. 뒤이어 샌프란시스코와 미니애폴리스에서도 총파업이 일어났다. 결국 남부에서 32만 5,000명의 방직공이 최대 규모의 파업을 일으켰다.

한 번도 조직을 결성해본 적 없는 노동자들 사이에서도 새로운 노동조합들이 생겼다. 흑인 농부들은 대공황 때문에 고통스러운 나날을 보내고 있었다. 그들 가운데 일부는 노동조합을 만들 수 있다고 조언하는 이방인들에게 이끌렸다. 조지아 주의 농촌 출신으로 열 살 때부터 농사일을 해왔던 호세아 허드슨(Hosea Hudson)은 공산당에 가입하여 앨라배마 주 버밍햄의 흑인 실업자들이 조직을 결성하는 것을 도왔다. 훗날 그는 능동적으로 활동하던 그 시절을 다음과 같이 회고했다.

방지위원회는 매주 만나서 정규 모임을 가졌다. 우리는 복지문제에 대해서 토론했고, 어떤 일이 일어나고 있는지 이야기했다. 우리는 실업 구제를 위해 무엇이 추진되는지 알기 위해 〈데일리 워커Daily Worker〉와 〈서던 워커Southern Worker〉를 읽었다. …… 우리는 그 모임을 유지했으며 높은 위치에 있었다. 우리가 매번 사람들에게 뭔가 색다른 이야기를 해주었으므로, 사람들은 항상 우리에게 오고 싶어했다.

대부분의 파업에서 행동을 결정하는 것은 조합의 지도층이 아닌 평범한 하급 조합원들이었다. 오하이오 주 애크런의 고무공장 노동자들은 연좌 농성이라는 새로운 형태의 파업을 제안했다. 공장 밖으로 나와 시위행진을 벌이는 대신 공장에 남아 일을 하지 않았다.

최장시간의 연좌 농성은 미시간의 자동차공장 노동자들에 의해 이루어졌다. 1936년 12월 2,000명의 노동자가 장장 40일에 걸쳐 파업을 했다. 그들 가운데 한 사람은 "마치 전쟁과도 같았다. 내 곁에 있던 동료들은 막역한 벗이 되었다"라고 회상했다. 위원회는 오락, 수업, 우편, 위생 등의 업무를 편성했다. 길 건너의 식당 주인이 하루 세 끼 식사를 챙겨 주었다. 무장한 노동자들은 공장 밖을 둘러싸고 있다가 경찰의 공격을 방어했다. 마침내 파업 노동자들과 경영진이 6개월의 고용계약을 맺는 것으로 파업은 종결되었다.

이런 종류의 노동 불안을 중단시키기 위해 정부는 전국노동관계위원회(National Labor Relations Board : NLRB)를 창설했다. NLRB는 노동조합들의 법적 지위를 인정하고, 그들의 애로사항에 귀 기울이고, 그들이 제기한 문제들을 처리하기 위한 조직이었다. 그와 동시에 노동조합들은 더 영향력 있고 존중받는 단체가 되기 위해 노력했다. 미국노동총연맹(American Federation of Labor : AFL)이나 산업조직회의(Congress of Industrial Organizations : CIO) 같은 주요 노동자단체들은 파업의 최소화를 원했다. 그들은 반란으로 이어질 수 있는 노동자들의 에너지를 계약 회담이나 회의로 전환시켰다.

노동운동에 관해 연구한 역사학자들 가운데 일부는 일반 조합원들이 노동운동을 주도했던 초기 시절, 즉 노동조합의 법적 지위가 인정되고 체계적으로 조직되기 이전 시절에는 노동자들이 대부분 승리를 거두었다고 주장한다. 실제로 1945년 무렵 AFL과 CIO는 각각 600만 명에 달하는 조합원을 보유하고 있었지만, 그들의 힘은 예전만 못했다. 파업을 통해 얻을 수 있는 것도 점점 줄어들었다. NLRB도 노동자보다는 경영자 쪽으로 기울고 있었다. 대법원은 연좌 농성이 불법이라고 판결했다. 주정부들은 파업과 시위를 하기 힘들게 만드는 법안들을 제정했다.

1930년대 후반 사회 일각에서는 대공황이 점차 회복될 기미가 보이고 있었다. 1938년에는 노동시간을 주당 40시간 이하로 제한하고 유아 노동을 금지하는 새로운 법안들이 통과되었다. 사회보장법(Social Security act)은 퇴직연금과 실업보험을 보장했다(단 모든 노동자들이 해당되는 것은 아니었다. 예를 들어 농부들은 제외되었다). 최저 임금도 새로 책정되었고, 정부는 주택보급 계획을 세웠다. 이러한 조치들이 도움을 바라고 있던 모든 이들에게 도움이 된 것은 아니었지만, 힘겨웠던 시간이 지나가고 있음을 체감할 수 있었다.

흑인들은 뉴딜정책으로 받은 혜택이 거의 없었다. 그들은 대부분 소작농, 농장 일꾼, 하인, 계절노동자로 일하고 있었기에 최저 임금이나 실업보험을 적용받기에는 자격 미달이었다. 흑인들은 직업의 차별을 받고 있었다. 그들은 간신히 일자리를 구했으며, 구하더라도 쉽게 뺏겼다. 린치가 계속 가해졌고 인종 편견도 여전히 남아 있었다.

1930년대 중반 흑인 시인 랭스턴 휴스(Langston Hughes)는 "미국이여, 다시 미국다워져라(Let America Be America Again)"라는 시에서 좌절과 희망에 대해 노래했다.

나는 가난한 백인, 바보 취급을 받아 구석으로 밀려나 있고,

나는 흑인, 노예의 낙인이 찍혀 있지.

나는 인디언, 살던 땅에서 쫓겨났고,

나는 이민자, 내가 찾는 희망에 매달려 있지.

그리고 발견한 것이라곤 그저 똑같이 낡고 어리석은 계획뿐.

동족상잔과 약육강식뿐. ……

아, 미국이여. 다시 미국다워져라,

지금껏 존재하지 않던 그런 나라로.

뉴딜정책은 미국 역사상 유례를 찾아볼 수 없는 예술의 비약적인 발전이란 결과를 낳기도 했다. 연방정부는 창조적인 계획을 세우고 수천 명의 작가, 화가, 음악가, 사진가에게 자금을 지원했다. 그로 인해 노동자들은 처음으로 연극이나 음악회의 관객이 될 수 있었다. 그러나 1939년에 그러한 예술 프로그램들은 끝났다. 점차 안정세를 보이자 뉴딜정책이 끝났던 것이다.

자본주의는 변하지 않았다. 국가의 부는 여전히 부자들의 수중에 있었고 법, 법정, 경찰, 신문, 교회, 대학도 마찬가지였다. 프랭클린 D. 루스벨트는 수백만 명의 영웅이 되었지만, 대공황을 초래한 시스템은 여전히 존재하고 있었다.

한편 세계에서는 전쟁의 조짐이 보이고 있었다. 독일의 아돌프 히틀러(Adolf Hitler)는 유럽에서 세력을 키워나가는 중이었으며, 태평양 건너의 일본은 한창 중국을 침략하고 있었다. 전쟁이 미국의 코앞에 다가와 있었다.

16 조작된 냉전

제1차 세계대전이 끝난 지 20년 정도밖에 지나지 않은 시점에서 유럽에서는 또다시 엄청난 전쟁이 일어났다. 어떤 사람들은 그 전쟁을 가리켜 미국이 겪은 전쟁 가운데 국민에게 가장 큰 영향을 미친 전쟁이었다고 말한다. 1,800만 명의 미국인이 군에 입대했고 2,500만 명의 사람이 전쟁을 지원하기 위해 모금을 했다.

그것은 악(惡)을 물리치기 위한 전쟁이었다. 그 악은 아돌프 히틀러가 이끄는 독일의 나치당이었다. 독일이 국력을 회복하자 나치는 유대인들과 다른 소수파들을 공격했다. 아돌프 히틀러가 이끄는 독일은 전쟁기계로 거듭났고, 다른 나라들을 침략하기로 결정했다. 교과서에는 당시의 미국이 곤경에 처한 사람들과 나라들을 구하기 위해 기꺼이 참전하는 모습으로 그려져 있다. 그러나 과연 실제로 그러했을까? 제2차 세계대전을 바라보는 다른 시각이 있지 않을까? 과열된 애국심으로 가득 찼던 그 당시에는 던질 수 없었던 질문들이 있지 않을까?

제2차 세계대전에서의 미국

제2차 세계대전은 1939년 독일의 폴란드 침공으로 시작되었다. 독일은 이미 오스트리아와 체코슬로바키아를 합병했고, 나중에는 프랑스를 공격해서 점령하려 했다. 이탈리아도 그 전에 아프리카의 에티오피아를 침공했다. 독일과 이탈리아는 다른 작은 세력들을 합쳐 당시의 갈등 상황에서 편을 모으고 있었다. 그들을 가리켜 추축국(Axis)이라고 한다. 이에 맞서는 나라들이 모인 것이 연합국(Allied Powers)이었고, 영국이 그들을 이끌었다. 러시아는 연합국에서 또 하나의 중요한 나라였다. 당시 공산주의 정부가 수립된 러시아는 소비에트연방(Soviet Union)이라고 했다.

세계의 다른 곳에서도 전쟁 중이었다. 일본은 중국을 공격했으며 주석, 고무, 석유 등의 자원들이 풍부한 동남아시아로 이동하고 있었다.

이런 일들이 벌어지고 있는 동안 미국은 무엇을 하고 있었을까? 아돌프 히틀러의 유대인 탄압은 미국이 전쟁에 참전하는 원인이 되지 못했다. 프랭클린 D. 루스벨트 대통령이 영국에 원조를 하기는 했지만, 독일이 여러 나라를 침략했을 때에도 미국은 참전하지 않았다. 일본의 중국 침략도 마찬가지였다.

미국은 1941년 12월 7일 하와이의 진주만에 있던 해군기지에 일본의 공격을 받자 전쟁에 참전했다. 미국 중심의 태평양 제국(American Pacific empire)의 연결고리에 가해진 타격이 아시아뿐 아니라 유럽에서도 미국이 전쟁에 참전했던 원인이었다.

미국은 영국과 러시아를 도와 참전했다. 그 목표는 무엇이었을까? 휴머니즘 및 힘, 또는 이익을 위해 미국이 싸웠던 것일까? 다른 나라의 지배를 받던 나라들을 해방시키기 위해, 반대로 다른 나라를 지배하던 나라들이 미국의 우방국이라는 것을 확실히 하기 위해 싸웠던 것일까?

고상한 성명서들에 제시된 정부의 목표들이 사석에서 자유롭게 나누는 의견과 항상 일치하는 것은 아니었다. 1941년 8월 미국 대통령 프랭클린 D. 루스벨트와 영국 수상 윈스턴 처칠은 전후(戰後) 세계에 대한 목표를 밝혔다(대서양헌장Atlantic Charter-옮긴이). 그들은 "모든 사람들이 자신들이 살아갈 나라의 정부 형태를 선택할 권리"를 존중한다고 말했다. 그러나 그보다 2주 전에 미국 정부의 한 고위 관리는 프랑스 정부에 전쟁이 끝나면 프랑스가 제국으로서 보유하고 있던 해외 영토들을 돌려받을 것이라고 비밀 조약을 맺었다.

이탈리아는 에티오피아를 침략할 때 도시에 무차별적으로 폭탄을 투하했고, 독일은 네덜란드와 영국의 도시를 폭격한다는 계획을 세워두고 있었다. 군대를 표적으로 한 공격이 아니었다. 그들은 민간인들을 공격했던 것이다. 프랭클린 D. 루스벨트는 그에 대해 "인간으로서의 양심에 깊은 상처를 남기는 비인간적인 야만행위"라고 했다.

그러나 독일의 폭격은 영국과 미국이 독일의 도시들에 퍼부었던 폭탄 세례에 비하면 아무것도 아니었다. 1,000대 또는 그 이상의 폭격기들로 도시들을 공격했다. 그들은 특별히 군사시설만 찾아내려고 하지도 않았다. 연합국이 독일의 도시 드레스덴을 무차별적인 폭격으로 공격했을 때 그 정점을 찍었다. 폭격에 의한 불바다 속에서 10만 명의 시민들이 목숨을 잃었다.

진주만 폭격(1941년). 미국은 이를 빌미로 제2차 세계대전에 참전했다. 일본의 민간인 폭격에 대한 인도적 관심 때문이 아니라 태평양 제국의 연결고리가 공격받았기 때문이다.

전쟁 동안 신문들은 전투와 군사행동으로 머릿기사를 장식했다. 한편 그 이면에서는 전쟁이 끝나면 미국의 경제력이 세계 최강이 되리라는 것을 확고히 하기 위해 미국의 외교가들과 사업가들이 분투하고 있었다. 그 당시 미국의 국무차관보는 시인이었던 아치볼드 매클리시(Archibald MacLeish)였다. 그는 다음과 같은 글을 남겼다.

지금처럼 일이 진행된다면 우리가 이룩할 평화, 아니 이미 우리가 이루고 있는 것으로 보이는 평화는 석유의 평화, 황금의 평화, 무역선의 평화가 될 것이다. …… 간단히 말해 도덕적인 목적이나 인본주의적인 관심이 결여된 평화다. ……

많은 사람은 추축국과 싸우는 이유가 독일 점령하의 유럽에서 이루어지던 유대인들에 대한 끔찍한 만행을 끝내려는 것이라고 생각했다. 그러나 사실 그것은 프랭클린 D. 루스벨트의 주요 관심사가 아니었다. 유대인들이 강제수용소에 수용되어 있고, 독일이 훗날 홀로코스트(Holocaust)라 불리는 끔찍한 대학살(유대인 600만 명과 수백만 명의 소수 민족과 반체제 인사들)을 준비하고 있는 동안 프랭클린 D. 루스벨트는 그들의 생명을 구하기 위한 그 어떤 조치도 취하지 않았다. 그는 그 문제를 국무부에 떠넘겼고, 국무부 역시 아무것도 하지 않았다.

아돌프 히틀러는 자신이 아리안(Aryan)이나 노르딕(Nordic)이라고 불렀던 백인 게르만 민족이 다른 민족들보다 우수하다고 주장했다. 제2차 세계대전은 이러한 민족우월주의가 잘못된 것이라는 사실을 증명하기 위한 것이었을까? 틀림없이 미국의 흑인들은 그렇게 생각하지 않았을 것이다. 미국 군대는 인종별로 분리되어 있었다. 심지어 수천 명의 목숨을 구한 혈액은행조차도 백인의 혈액과 흑인의 혈액을 따로 보관했다. 혈액은행의 시스템을 만든 흑인 의사 찰스 드루(Charles Drew)는 혈액 분리에 반대하여 해고당했다.

미국의 흑인들은 일상을 통해서 인종 편견이나 인종 폭력에 대해 잘 알고 있었다. 1943년 군에 입대한 흑인의 생각에 관한 시가 한 흑인 신문에 실렸다.

사랑하는 주님, 오늘
저는 전쟁터로 갑니다.
싸우려고, 죽으려고.
무엇을 위해서 그래야 합니까?

사랑하는 주님, 저는 싸울 겁니다.

독일도, 일본도

전 두렵지 않습니다.

제가 두려워하는 건 이곳입니다.

미국 말입니다!

전쟁 기간 동안 일본계 미국인들은 위협을 받았다. 미국은 점점 냉혹해졌고, 인종차별주의자들의 탄압에 맞서 싸워야 했다. 진주만 공격 이후 정부 내의 반일 감정도 심해졌다. 어떤 하원의원은 "나는 현재 미국, 알래스카, 하와이에 살고 있는 모든 일본인들을 붙잡아서 강제수용소에 처넣는 데 동의합니다. 그들을 박멸합시다!"라고 말했다.

1942년 프랭클린 D. 루스벨트는 군대에 서부 해안(태평양 연안)에 살고 있던 남녀노소를 불문한 1만 1,000명의 일본계 미국인들을 체포할 수 있는 권한을 주었다. 그들 가운데 4분의 3은 미국에서 태어난 미국 시민들이었다. 일본에서 태어난 나머지 사람들은 미국의 법에 따라 시민권을 얻지 못했다.

일본인들은 살던 집에서 쫓겨나 내륙 깊숙한 곳에 위치한 강제수용소에 수용되었다. 그들은 감옥과도 같은 그곳에 갇혀 3년 넘게 지내야 했다.

유럽에서의 전쟁은 1945년 5월에 패배한 독일이 연합국에 항복하면서 종식되었다. 그해 8월 절망적인 상황에 처한 일본 역시 항복을 준비했다. 그런데 문제가 하나 있었다. 일본의 천황은 대부분의 국민에게 신과도 같은 존재였고, 일본은 항복 후에도 천황의 위치를 보장해주기를 바랐다. 미국이 그에 동의했다면 일본은 전쟁을 끝냈을 것이다. 그러나 미국은 거부했고 전투는 계속되었다(종전 후 미국은 결국 허락했다).

얄타회담을 위해 모인 처칠, 루스벨트, 스탈린. 그들은 각자 다른 전후 세계를 그리고 있었다.

　1945년 8월 미국이 히로시마와 나가사키에 원자폭탄을 투하하자 결국 일본도 항복했다. 원자폭탄은 두 도시에 있던 15만 명의 일본인들을 죽였고, 방사능 후유증으로 살아남은 사람들도 천천히 목숨을 잃었다. 이것은 가공할 신무기를 실전에 사용한 최초의 사례가 되었다.

　일본에 천황 제도만 보장해주면 원자폭탄을 사용하지 않고도 전쟁을 끝낼 수 있었는데, 어째서 미국은 그 간단한 일을 하지 않았을까? 원자폭탄 개발에 엄청난 금액과 시간을 투자하여 사용하지 않을 수 없었던 것일까? 아니면 애초의 계획대로 구소련이 일본과 전쟁을 시작하기 전에 모든 것을 끝내고 싶었던 것일까? 만약 일본이 구소련에 항복했다면 미국이 아닌 구소련이 전후의 일본을 통치했을 것이다.

원자폭탄 투하의 진짜 이유가 무엇이건 간에 전쟁은 종식되었다.

미국 내의 전쟁에 대한 반응

제2차 세계대전 기간은 미국에서 애국심이 고취된 시간이었다. 온 나라가 전쟁의 승리를 위해 헌신하는 것으로 보였다. 조직적인 반전운동도 없었다. 오직 사회주의 단체 사회노동당(Socialist Workers Party)만이 극단적으로 전쟁에 반대했다. 1943년 18명의 당원이 '무력이나 폭력을 통한 국가 전복'을 주장하는 단체의 가입을 금지한 법에 저촉되어 수감되었다.

여전히 많은 사람이 제2차 세계대전이 옳지 못하다고 생각했으며, 그런 사람들 35만 명이 징병을 기피했다. 4만 명이 넘는 사람들은 단호하게 병역을 거부했다.

가장 강력한 노동조합 단체인 AFL과 CIO는 전쟁을 치르는 동안 파업하지 않겠다고 맹세했다. 그러나 전쟁 기간 동안 그 어느 때보다도 파업이 빈번하게 일어났다. 1944년 한 해만 해도 100만 명이 넘는 노동자들이 광산, 제철소, 공장에서 파업을 감행했다. 그들은 무기를 비롯한 군수물자를 생산하는 회사들이 엄청난 이익을 거두고 있음에도 임금을 인상하지 않았다는 사실에 분노했다.

전쟁이 끝났을 무렵 많은 사람은 생활이 향상된 듯했다. 전쟁으로 거대 기업들은 이익을 얻었을 뿐만 아니라, 다른 사람들에게도 이익을 배분해주었다. 농부들은 더 높은 농작물 가격을, 일부 노동자들은 임금을 올려 받았다. 국민이 반란을 생각하지 않아도 될 만큼 충분히 부유해졌던 것이다. 그야말로 정부에 의해 학습된 낡은 교훈, 즉 전쟁이 국가 통치의 어려운 문제들을 해결해준다는 말이 딱 들어맞았다. 이에 만족한 제너럴 일렉트릭 회사(General Electric Corporation)의 회장은 기업과 군부가 "영구적인 전시 경제"를 만들어야 한다고 제안하기까지 했다.

그런 일이 실제로 일어났다. 국민은 전쟁으로 지쳤지만, 새로운 대통령 해리 S. 트루먼(Harry S. Truman)은 위기의 분위기를 조성하여 냉전(Cold War)을 구축했다. 냉전의 시기 동안 미국의 적은 공산주의 국가로, 제2차 세계대전 때의 동지였던 소련이었다.

반공의 잣대를 들이대다

소련과의 경쟁은 사실이었다. 소련은 전쟁 이후 놀라운 회복세를 보이며 경제를 재건하고 군사력을 강화했다. 그러나 트루먼 행정부는 소련을 경쟁자가 아닌 위협적인 존재로 제시했다. 소련과 공산주의 자체를 긴급한 위협의 상대로 간주했던 것이다.

미국 정부는 공산주의에 대한 공포를 조장했다. 유럽이나 아시아에서 공산주의와 관련된 혁명이 일어날 때마다 소련이 점점 세상을 장악해가는 것처럼 분위기를 조성했다. 1949년 공산주의 혁명가들이 중국 정부를 장악하자 중국은 세계에서 가장 인구가 많은 공산주의 국가가 되었고, 미국인들의 공포는 한층 심해졌다.

소련의 힘과 공산주의에 대한 공포가 심화되면서 미국의 군비는 매우 증가했다. 그리고 보수주의자들과 진보주의자들 사이에 새로운 정치적 협력이 형성되었다.

정책이란 측면에서 볼 때 보수주의자들은 사회, 정부, 경제의 기존 질서를 유지하고 싶어하는 사람들로 안전, 안정성, 기존의 제도들에 높은 가치를 둔다. 진보주의자들은 말 그대로 진보를 지지하고 때로는 변화를 통해서 진보를 이루려고 한다. 그 변화가 극단적일 경우 진보주의자는 급진주의자라고 불리기도 한다. 진보주의자들은 개인의 권리, 시민적 자유, 정부에 대한 직접적인 참여에 높은 가치를 둔다(진보주의의 입장은 좌파로, 보수주의의 입장은 우파로 불린다).

미국은 냉전 및 공산주의와의 싸움을 지지하면서 보수주의와 진보주의, 즉 공화당과 민주당이 연합하기를 바랐다. 한국이라는 아시아 국가에서 일어난 일들은 해리 S. 트루먼 대통령이 그런 지지를 얻는 데 도움이 되었다.

제2차 세계대전이 끝난 후 한국은 일본의 통치에서 벗어나 자유를 찾았지만 두 개의 국가로 분열되었다. 북한은 사회주의 독재 국가로, 남한은 보수적인 독재 국가가 되었으며, 각각 소련과 미국에게 예속되었다. 1950년 북한이 남한을 침공했다. 그때에는 제2차 세계대전 기간에 형성되어 미국이 주도하던 국제연합(United Nations：UN)이 존재하고 있었다. UN은 회원국들에 남한에 대한 원조를 요청했다. 해리 S. 트루먼은 미국 군대를 파견했으며, UN군은 미국 군대가 되었다.

미군이 전면적으로 북한을 밀어붙여 중국과의 국경에 이르렀을 때, 중국이 북한을 도우며 전쟁에 개입했다. 3년 동안 그 전쟁에서 200만 명의 한국인들이 목숨을 잃었으며, 남북한 모두 피폐해진 상태였다. 그러나 1953년 전쟁이 끝났을 때, 한반도의 분할 점령 군사분계선은 처음과 거의 달라지지 않았다.

한국전쟁으로 변화가 거의 없는 한국의 사회적 상황이 미국에는 효과적으로 작용했다. 그로 인해 미국의 진보 세력이 보수 세력과 힘을 합쳐 대통령, 전쟁, 군사 경제를 지지하게 되었던 것이다. 이것은 의견 일치의 범주에서 배제되어 있는 급진적인 비평가들의 근심거리가 되었다.

좌파는 대공황과 제2차 세계대전 시기에 하나의 세력을 형성했다. 공산당은 10만 명 이상의 당원을 보유한 적이 없었을 것이다. 그러나 공산당은 노동조합과 예술가들, 그리고 1930년대 자본주의의 실패를 경험했던 사람들 사이에서 영향력이 있었다. 자본주의를 더욱 공고히 하기 위해서, 미국이 공산주의에 승리를 거둘 수 있게 해줄 지지 세력을 형성하기 위해서 정부와 기업계의 기성 세력들은 좌파를 약화시켜야 했다. 그들은 공산주의에 대한 공격으로 그 일을 가능하게 했다. 공산주의자들, 이른바 빨갱이들에 대한 사냥이 본격적으로 이루어져 마치 미국인들의 일상생활처럼 자리 잡았다.

1947년 해리 S. 트루먼은 미국 내에서 '국가에 충성하지 않는 사람들'을 색출하기 시작했다. 그리고 5년 동안 650만 명의 공무원들이 조사를 받았다. 역사학자 더글러스 밀러(Douglas Miller)와 매리언 노윅(Marion Nowack)이 공동 저술한 《50년대The Fifties》에서 그 결과에 대해 다음과 같이 말했다.

약 500명의 사람이 '국가에 대한 충성이 의심스럽다'는 애매모호한 혐의로 파직되었지만, 단 한 건의 이적행위도 밝혀지지 않았다. 이 모든 일들이 비밀스러운 증거, 보수를 받는 비밀정보원들로 이루어졌고, 판사나 배심원도 없었다. …… 보수적이고 공포가 느껴지는 반동이 전국을 휩쓸고 지나갔다. 미국인들은 절대적인 안전과 기존 질서의 유지가 필요하다는 것을 확신하게 되었다.

세계에서 일어난 사건들은 이런 반공전쟁에 힘을 실어주었다. 체코슬로바키아나 중국 등지에서 공산당이 득세하고 있었다. 유럽 강대국의

에설 로젠버그와 줄리어스 로젠버그 부부. 그들은 전 세계적인 항의 캠페인에도 불구하고 사형되었다. 이 사건은 정부가 반역자로 간주한 사람들의 운명이 어떻게 되는지 보여주었다.

지배를 받던 식민지인들이 독립을 요구하면서 아시아와 아프리카에서 혁명운동이 폭발하듯 일어났다. 미국인들의 눈에는 이런 사건들이 전 세계에 걸친 공산주의자들의 음모로 비쳤다.

위스콘신 주 상원의원 조지프 매카시(Joseph McCarthy)는 자신만의 성전을 시작했다. 다름 아닌 미국 국무부와 군대 내에 있는 공산주의 반역자들을 색출하는 것이었다. 그는 아무것도 찾아내지 못했으며, 급기야 정부의 골칫거리가 되었다. 그러나 또 다른 정치 지도자들은 반체제 인사들을 처단하기 위한 자신들만의 생각이 있었다. 휴버트 험프리

(Hubert Humphrey)나 허버트 리먼(Herbert Lehman) 같은 진보주의 성향의 상원의원들은 공산주의와 국가 반역의 용의자들을 재판을 거치지 않고 강제수용소로 보낼 수 있도록 하자고 제안했다. 실제로 그 수용소는 세워졌고, 사용 직전까지 갔다.

또한 정부는 의심스럽게 여겨지는 수백 개 단체의 리스트를 작성했다. 그런 단체들에 가입하거나 호의적이기만 해도 조사를 받을 수 있었다. 미국 공산당의 임원들은 감옥에 갔다.

1950년 정부는 공산당과 관련된 것으로 알려진 줄리어스 로젠버그(Julius Rosenberg)와 에설 로젠버그(Ethel Rosenberg)를 소련에 원자폭탄의 비밀을 알려준 혐의로 고발했다. 로젠버그 부부에게 불리한 증거가 미미했는데도 사형에 처했다. 나중에 이루어진 조사로 그 사건이 완전히 잘못되었다는 사실이 밝혀졌다. 그러나 그 당시에는 영화나 만화에서부터 역사 수업과 신문에 이르기까지 모든 것이 미국인들에게 공산주의와의 싸움을 부추겼다.

1960년이 되었을 무렵에는 권력층들이 좌파를 성공적으로 약화시킨 것처럼 보였다. 뉴딜정책과 제2차 세계대전 시기에 급성장했던 공산주의적 급진파는 붕괴되었다. 냉전은 국가의 영구적인 전시 경제를 유지시켰다. 광대한 빈곤 지역이 남아 있었지만, 조용히 지내기에 충분할 정도의 돈을 많은 사람이 벌고 있었다. 모든 것이 잘 통제되는 듯싶었다. 그런데 1960년대가 되자 미국인들의 삶의 모든 영역에서 반란이 일어났다.

17 흑인 민권운동의 변화

1950년대와 1960년대에 일어났던 흑인 폭동은 백인의 미국을 깜짝 놀라게 했지만 사실 놀랄 일이 아니었다. 억압된 사람들의 기억은 쉽게 잊혀질 수 있는 상처가 아니었다. 억압되어 있던 기억의 상처를 간직하고 있는 사람들에게 폭동은 항상 표면 아래 잠재되어 있었다.

미국의 흑인들은 노예의 기억이 있었다. 그 밖에도 일상화된 린치, 모욕, 차별이 있었다. 20세기가 지나면서 그들은 저항의 새로운 방식을 찾아냈다.

저항의 징후

1920년대의 흑인 시인 클로드 매케이(Claude Mckay)는 다음과 같은 시를 썼다.

어차피 죽을 운명이라면, 돼지처럼 되지 말자
붙잡혀서 수치스러운 곳에 가두어진다. ……
우리는 인간답게 잔인하고 비열한 집단과 맞서리라,
벽에 부딪혀 죽을지라도 저항할 것이다!

클로드 매케이의 시는 젊은 흑인 남자들의 위험한 새로운 사상의 일례로 《연방의회 의사록Congressional Record》에 기록되었다. 국가의 지도층은 흑인들이 저항에 대해 논의하는 것을 매우 위험하게 생각했다.

일부 흑인들은 공산당에 가입함으로써 현행 체제에 저항했다. 공산당원들은 남부에서 활발히 활동했다. 그들은 앨라배마에서 강간 혐의로 누명을 쓰고 고소된 '스코츠보로 소년들(Scottsboro Boys)'의 변호를 도왔다. 공산당을 지지한 유명한 흑인들로는 학자 W.E.B. 듀보이스와 배우 겸 가수 폴 로브슨(Paul Robeson)이 있었다.

1930년대에 공산당원들은 빈민들을 돕기 위한 위원회를 조직했다. 조직책이었던 앤젤로 헌던(Angelo Herndon)은 반란을 선동했다는 혐의로 체포되었다. 그는 자신이 받았던 재판을 다음과 같이 회고했다.

그들은 매우 자세하게 질문했습니다. 고용주들과 정부가 실직한 노동자들에게 보험금을 지불해야 한다고 생각하는가? 흑인들이 백인들과 평등해야 한다고 생각하는가? 노동계급이 공장, 광산, 정부를 운영할 수 있다고 생각하는가? 고용주들이 전혀 필요하지 않다고 생각하는가? 저는 그들에게 그렇게 생각한다고, 아니 그 이상을 생각하고 있다고 말했습니다.

앤젤로 헌던은 대법원이 자신을 구속한 법이 위헌이라는 판결을 내릴 때까지 5년 동안 감옥에서 지냈다. 집권층의 입장에서 앤젤로 헌던 같은 인물의 등장은 흑인들 사이에서 새로운 분위기가 형성되고 있다는 일종의 징후였다. 기꺼이 저항하겠다는 호전적인 분위기였던 것이다.

변화의 속도는 느렸다

해리 S. 트루먼 대통령은 두 가지 이유에서 인종에 대한 조치의 필요성을 인지하고 있었다. 하나는 좌절감에 빠져 있는 미국의 흑인들을 달래기 위해서였고, 다른 하나는 세계에 보여줄 미국의 이미지가 필요해서였다.

전 세계의 유색인종이 미국을 인종차별주의적인 사회라고 비난했다. 미국과 소련의 냉전이 진행되면서, 양국은 세계에서 각자의 영향력을 키우고 싶어했다. 그러나 민권에 관한 부끄러운 경력은 세계의 정치 판도에서 미국의 발목을 잡을 수 있었다.

해리 S. 트루먼은 1946년 민권위원회(Committee on Civil Rights)를 구성했다. 위원회는 인종 폭력, 직업 및 투표에서의 인종차별에 반대하는 법안을 제시했지만 의회는 아무런 반응도 보이지 않았다. 그러나 해리 S. 트루먼은 군대에 인종차별 및 인종에 따른 분리를 중단하라는 명령을 내렸다. 10년이라는 시간이 걸렸지만 군대 내에서는 인종차별이 사라졌고, 흑인들과 백인들은 함께 병영생활을 하게 되었다.

백인 좌석에 앉은 로자 파크스. 그녀의 노력 덕분에 몽고메리 시내버스의 흑백 분리 좌석제가 폐지되었다.

　남부의 용감한 흑인들이 대법원에 일련의 법적 소송을 낼 때까지 미국의 공립학교에는 인종에 따른 분리가 존재했다. 1954년 '브라운 대 토피카교육위원회(Brown v. Board of Education of Topeka)' 사건의 판결에서 대법원은 전국의 공립학교에 학생들을 인종에 따라 분리하여 처우하는 것을 중지하라는 명령을 내렸다. 대법원의 결정은 전 세계에 '미국은 인종차별을 법으로 금지했다'는 메시지를 전달하는 것이었다. 그러나 변화는 느리게 이루어졌다. 10년이 지난 후에도 남부 학군(學群)의 4분의 3 이상이 여전히 인종적으로 분리되어 있는 상태였다.

　흑인들은 변화의 속도가 느리다고 생각했다. 1960년대 초반 남부 곳곳에서 흑인들의 반란이 일어났다. 60년대 후반에는 100여 개의 북부 도시에서 거센 봉기가 일어났다. 분노에 찬 폭도들의 목적은 무엇이었을까?

NAACP에서 오랫동안 활동한 43세의 흑인 여성 로자 파크스(Rosa Parks)는 시내버스의 백인 좌석에 앉았다는 이유로 연행되었다. 당시 NAACP는 몽고메리 시 버스 좌석이 인종에 따라 구분하는 것에 반대했다.

몽고메리 시의 흑인들은 대형 집회를 열었으며 시내버스를 보이콧하고 승차를 거부했다. 걸어다니거나 카풀(car pool)을 이용하여 시는 버스회사에서 발생하는 수입을 얻을 수 없게 되었다. 결국 보이콧을 주도한 100여 명이 체포되었다.

백인 인종차별주의자들은 폭력적으로 돌변하여 흑인 교회 네 곳을 폭파했으며, 보이콧을 지지한 마틴 루터 킹(Martin Luther King Jr.) 목사의 집 현관문을 산탄총으로 날려버렸다. 그러나 몽고메리의 흑인들은 요구를 관철하기 위해 포기하지 않고 보이콧했으며, 1956년 11월 마침내 대법원은 시내버스의 인종에 따른 분리가 불법이라는 판결을 내렸다.

비폭력을 전도한 마틴 루터 킹

보이콧할 때 이루어졌던 한 집회에서 마틴 루터 킹 목사는 뛰어난 언변으로 수백만의 사람들을 매료시켜 인종적인 정의를 위해 노력할 수 있다는 것을 보여주었다. 그는 다음과 같이 말했다.

굴욕과 욕설에 대해 알고 있는 우리는 억압의 구렁텅이에 빠져 있습니다. 우리는 오직 항의라는 무기만을 사용하기로 결심했습니다. …… 우리는 반드시 사랑이라는 무기를 사용해야 합니다. 우리는 반드시 우리를 미워하는 사람들에 대한 연민과 이해심을 가져야만 합니다.

앉아 있기 시위를 벌이는 시위자들. 밥 모지스라는 흑인 교사는 이들 사진이 실린 신문을 보고 "학생들의 얼굴에는 단호하고 분노에 찬, 무언가를 결단한 듯한 표정이 담겨 있었다"고 말했다.

마틴 루터 킹 목사는 흑인들에게 비폭력을 실천하라고 주장했다. 다른 사람들에게 위해를 가하지 않으면서 정의를 추구하라는 그의 메시지에 흑인뿐만 아니라 백인들 사이에서도 추종 세력이 형성되었다. 그러나 일부 흑인들은 마틴 루터 킹 목사의 메시지가 너무 단순하다고 생각했다. 자신들을 탄압하는 사람들 가운데 일부가 더욱 지독한 싸움을 걸어오리라고 생각했다.

몽고메리에서 버스를 보이콧했던 사건이 있은 지 몇 년이 지난 후에도 남부의 흑인들은 여전히 비폭력을 지지했다. 1960년 노스캐롤라이나의 대학 신입생 흑인 네 명이 백인들만 식사를 하던 간이식당에 들어가기로 결정하면서 하나의 비폭력운동이 시작되었다. 약국에서는 그들을 거부했지만 그들은 물러서지 않았다. 다른 흑인들도 동참하여 그들은 날마다 식당에 앉아 있었다.

그들의 '앉아 있기(sit-in)' 시위는 다른 남부 도시에도 확산되었다. 이에 참여하는 사람들은 폭력에 시달렸으나, 100여 개의 도시에서 5만 명이 넘는 사람들(대부분 흑인들이었지만 백인들도 있었다)이 시위에 참여했다. 1960년 말 여러 곳의 간이식당이 흑인들에게도 문을 열어주었다.

자유를 위한 승객들과 미시시피의 여름

오랫동안 장거리 여행에서 인종을 구분하여 분리하는 것을 법으로 금지하고 있었다. 그러나 남부에서는 그 법을 전혀 시행하지 못했다. 남부에서는 여전히 주 내(州內) 버스에서 백인들과 흑인들의 자리를 따로 구분하고 있었다. 1961년 봄, '자유를 위한 승객(Freedom Rider)'이라고 부르는 흑인과 백인들이 함께한 집단이 변화를 요구하며 항의했다.

'자유를 위한 승객들'은 워싱턴 D.C.에서 버스를 타고 뉴올리언스 경계까지 가려고 했지만 뉴올리언스에 도착하지 못했다. 사우스캐롤라이나에서 구타를 당했으며, 앨라배마에서는 버스가 불에 탔다. 인종차별주의자들은 주먹이나 쇠몽둥이로 그들을 폭행했다. 남부의 경찰들은 수수방관했고 연방정부도 마찬가지였다. FBI 요원들조차도 관망만 하고 있었다.

'앉아 있기' 시위에 참여했던 젊은이들은 학생비폭력조정위원회(Student Nonviolent Coordinating Committee : SNCC)를 조직하고 또 하나의 '자유를 위한 승객들'을 구성했다. 그들 역시 백인 폭도들의 공격을 받았고 나중에는 체포되기까지 했다. 그때 전 세계에 '자유를 위한 승객들'의 소식이 알려졌다.

남부 전역에서 어린 흑인 아이들도 시위에 동참했다. 노예제의 잔재가 남아 있던 조지아 주 올버니의 작은 마을에서 흑인들이 시위를 벌이고 집회를 했다. 시위자들을 연행한 후, 경찰서장은 그들의 이름을 물었다. 그들 가운데는 아홉 살 정도 된 소년 시위자도 있었다. 경찰서장이 "넌 이름이 뭐냐?" 하고 묻자 소년은 그를 똑바로 쳐다보며 대답했다. "자유, 자유입니다." 새로운 세대는 자신들의 권리를 요구하는 방법을 배워가고 있었던 것이다.

SNCC나 다른 민권단체들은 미시시피에 모여 인종에 따른 차별의 부당함에 항의하고 투표할 흑인들의 명단을 작성하려 했다. 그들은 다른 지역 젊은이들에게 '미시시피의 여름(Mississippi Summer)'을 위해 남부로 와서 도와달라고 부탁했다. 점점 증가하는 폭력과 위험을 마주하면서 그들은 1964년 6월 린든 B. 존슨(Lyndon B. Johnson) 대통령과 로버트 케네디(Robert Kennedy) 법무장관에게 연방정부의 보호를 요청했다. 그러나 그들은 아무런 대답도 듣지 못했다.

그 직후 세 명의 민권운동가들이 미시시피 주 필라델피아(펜실베이니아 주의 유명한 대도시 필라델피아와는 다른 곳-옮긴이)에서 체포되었다. 한 명은 흑인이고 두 명은 백인이었다. 밤늦게 풀려난 그들은 쇠사슬과 총을 소지한 폭도들의 습격을 받고 사망했다. 나중에 보안관과 부보안관을 비롯한 몇 명의 사람들이 살인죄로 감옥에 갔다.

블랙 파워의 등장과 정부의 두려움

연방정부는 폭력으로부터 흑인들을 보호해줄 것을 줄기차게 거절해왔다. 그러나 민권과 관련된 소동들이 계속되고, 그에 대한 세계의 이목

워싱턴 대행진 참가자들에게 손을 흔들어주고 있는 마틴 루터 킹(1963년). 그의 연설은 군중의 마음을 사로잡았지만, 수많은 흑인이 느끼고 있던 분노는 담겨 있지 않았다.

이 집중되면서 의회는 민권에 관한 몇 개의 법안들을 통과시켰다. 그 가운데는 1964년에 제정된 민권법(Civil Rights Act)도 포함되어 있었다. 이 법들은 많은 것을 보장하고 있었지만 대체로 무시되거나 제대로 시행되지 않았다. 1965년에 제정된 더 강력한 투표권법(Voting Rights Act)이 남부의 선거에서 변화를 일으켰다. 1952년에는 투표권이 있는 흑인들 가운데 약 20퍼센트만이 투표한 것으로 집계되었으나 1968년에는 그들 가운데 60퍼센트가 투표한 것으로 집계되었다. 백인들의 투표율과 같은 수치였다.

연방정부는 근본적인 변화 없이 민감한 상황을 돌파하기 위해 애썼다. 또한 흑인들의 분노를 투표소나 공식적으로 인가받은 조용한 집회

등 전통적인 방법으로 해결하고 싶어했다.

1963년 마틴 루터 킹 목사가 워싱턴 D.C.에서 주도했던 대규모 시위행진이 바로 그런 조용한 집회였다고 할 수 있다. 마틴 루터 킹 목사의 장엄한 연설 "나에게는 꿈이 있습니다"는 군중의 마음을 사로잡았지만, 그 연설에는 많은 흑인이 느끼고 있던 분노가 담겨 있지 않았다. SNCC의 젊은 지도자 존 루이스(John Lewis)는 과거 인종 평등을 위해 싸우다가 여러 차례 체포되고 폭행을 당한 경험이 있었다. 그는 그 집회가 더 과격하기를 바랐지만, 집회의 지도자들은 연방정부에 대한 비판을 허락하지 않았다.

두 달 후 맬컴 엑스(Malcolm X)라는 흑인 투사는 워싱턴에서 있었던 그 시위행진에 대해 다음과 같은 견해를 밝혔다.

흑인들은 거리에 나와 있었다. 그들은 워싱턴 D.C.에서 어떻게 행진해야 할지 의견을 나누고 있었다. ……

그들은 거리에 나온 민중들이었다. 백인들은 놀라 자빠질 지경이었고, 워싱턴 D.C.의 권력기구도 그 충격으로 마비되었다. ……

이것이 그들(시위행진의 지도자들―옮긴이)이 워싱턴 행진에서 한 일이었다. 그들은 참가했다가 중요한 역할을 맡더니 아예 장악해버렸다. …… 결국 행진은 나들이처럼, 아니 서커스처럼 되어버렸다. 서커스라고 할 수밖에 없었다. 어릿광대를 비롯하여 모든 것이 다 갖춰져 있었으니, …… 그것은 탈취였다. …… 그들은 흑인들에게 언제 도시에 진입하고, 어디서 머무르고, 어떤 신호를 사용하고, 어떤 노래를 부르고, 어떤 연설은 해도 되고 어떤 연설은 하면 안 된다는 걸 일일이 지시했다. 그리고는 해가 지기 전에 도시에서 철수하라고 했다.

백인들은 여전히 흑인 교회를 폭파하고 아이들을 죽이고 있었다. '민권'에 관한 새로운 법들도 흑인들의 삶의 기본적인 조건들은 바꾸지 못하고 있었다.

비폭력은 남부의 민권운동에서 중요한 역할을 했고, 어느 정도 미국의 여론을 남부의 인종차별주의에 반대하는 쪽으로 돌려놓았다. 그러나 1965년 무렵에는 미국 흑인의 절반 정도가 북부에서 살고 있었다. 그리고 북부의 주요 도시에서 가난한 흑인들이 모여 사는 빈민가에는 심각한 문제들이 많았다.

1965년 여름, 로스앤젤레스의 빈민가 와츠에서 폭동이 일어나 상점들을 약탈하거나 소이탄으로 공격했다. 34명이 사망했으며 대부분 흑인이었다. 다음 해인 1966년에는 더 많은 폭동이 일어났다. 1967년에는 미국 역사상 최대 규모의 도시 폭동이 전국의 흑인 빈민가에서 일어났다. 83명이 총에 사살되었고, 그들은 대부분 뉴저지 주의 뉴어크와 미시간 주의 디트로이트 사람들이었다.

마틴 루터 킹 목사에 대한 존경은 여전했지만 새로운 영웅들이 그를 대신했다. "블랙 파워(Black Power)"가 그들의 슬로건이었다. 그들은 당시 백인들이 허락해주었던 '진보'를 어지럽혔다. 그들은 흑인들에게 가장 좋은 것이 무엇인지 백인들이 알고 있다는 생각 자체를 거부했던 것이다.

블랙 파워의 대표적인 연설가는 맬컴 엑스였다. 그는 1965년 연설을 하던 도중 암살당했다. 그가 사망한 후 수백만 명이 그의 자서전을 읽었다. 그는 살아 있을 때보다 죽어서 더 큰 영향력을 갖게 되었다. 또 다른 연설가였던 휴이 뉴턴(Huey Newton)은 블랙 팬더(Black Panther: 흑표범단) 소속이었다. 이 단체는 총기를 보유하고 있었으며, 흑인들은 자신을 방어해야 한다고 주장했다.

마틴 루터 킹 목사는 민권에 관련된 법들로는 해결할 수 없는 문제들, 예를 들어 빈곤 같은 문제들에 관여했다. 또한 미국이 동남아시아 국가 베트남과 치르고 있던 전쟁을 비판했다. 마틴 루터 킹 목사는 "우리는 생활이나 건설적인 발전을 위해서는 충분한 돈을 쓰고 있지 않으면서, 죽음과 파괴를 위해서는 막대한 비용을 쏟아 붓고 있다"라고 말했다.

FBI가 마틴 루터 킹 목사의 통화 내용을 녹음하고 그를 협박했다. 미국 상원의 1976년 기록 가운데는 FBI가 "마틴 루터 킹 박사를 파멸시키려 했었다"는 내용이 있다. 그러나 파멸은 마틴 루터 킹 목사가 테네시주 멤피스에 있는 호텔 방의 발코니에서 정체불명의 암살자에게 저격당하면서 찾아왔다(1968년).

마틴 루터 킹 목사의 암살을 계기로 도시에서 다시 폭력이 발생했다. 흑인들은 폭력과 부당함이 계속되고 있다고 생각했다. 흑인들에 대한 공격은 미국의 역사에서 끝없이 반복되고 있다. 그것은 미국 사회에 깊이 뿌리박혀 있는 인종차별주의에서 비롯되는 것이었다. 그러나 아직도 남은 것이 더 있었다. 이제 FBI와 경찰은 블랙 팬더를 비롯한 흑인 무장 단체를 노리고 있었다.

정부는 투표권에 집중되어 있던 흑인들의 관심이 빈부 격차의 문제처럼 더 위험한 것들로 이전되는 것이 두려웠던 것일까? 가난한 백인들과 흑인들이 규합한다면, 대규모의 계급투쟁이 현실화될 수 있었다.

그러나 흑인들 몇 명을 권력체제 안에 편입시킨다면 그들은 분명 계급투쟁에서 손을 뗄 것이었다. 그리하여 비무장 흑인단체들이 백악관을 방문하게 되었다. 백인 소유의 은행들은 흑인 기업들을 지원해주었고, 신문과 텔레비전에는 흑인들이 많이 등장했다. 작은 변화들이었지만 호

평을 받았다. 또한 이런 변화들은 일부 젊은 흑인 지도자들을 주류 세력으로 끌어들이게도 해주었다.

1977년경 남부 도시에서 2,000명이 넘는 흑인들이 관직에 선출되었다. 커다란 발전이었지만 선거로 뽑히는 총 관직 수의 3퍼센트에 불과했다. 당시 흑인들은 미국 인구의 20퍼센트를 차지하고 있었다.

점점 더 많은 흑인들이 종합대학, 법과대학원, 의과대학에 진학했다. 북부 도시는 흑인학교와 백인학교들을 통합시키기 위해 학생들을 이리저리 옮겨 다니게 하느라 정신이 없었다. 그러나 이러한 조치들은 빈민가의 하층계급 흑인들을 괴롭히고 있던 실업, 빈곤, 범죄, 마약중독, 폭력과 같은 문제들의 해결에 별반 도움이 되지 않았다. 그렇지만 정부의 흑인 원조 계획은 백인들보다 흑인들의 편을 드는 듯 보였다. 가난한 백인들과 가난한 흑인들이 직업, 주택, 그리고 정부에서 모든 빈민들에게 제공한 열악한 학교 등을 놓고 경쟁할 때, 새로운 인종적 긴장이 시작되고 있었다.

1970년대 중반에는 이렇다 할 흑인 운동이 일어나지 않았다. 그러나 흑인들의 새로운 긍지와 자각이 형성되었고 꾸준히 지속되었다. 장차 그것은 어떠한 모습을 갖추게 될 것인가?

18 부끄러운 기억, 베트남전쟁

"**사랑**하는 아버지, 어머니. 오늘 우리 부대는 임무수행을 했고, 저는 저 자신을 비롯하여 전우들과 조국이 별로 자랑스럽게 생각되지 않았습니다." 베트남 파병 미군 병사가 집으로 보낸 편지의 내용이다. 대체 어떤 전쟁이었기에 병사가 저런 말을 했을까? 수많은 미국인이 조국에 대해 분노하고 부끄러워하게 한 전쟁이었다.

인류 역사상 가장 부유한 강대국이 10년 가까운 시간을 소비하면서 약소국과 싸워 이겨보겠다고 애쓰다가 결국에는 실패했다. 미국이 동남 아시아 국가 베트남과 벌였던 전쟁은 현대적인 군사기술과 조직적인 인간들과의 대결이었다. 거기서 인간들이 이긴 것이다.

베트남전쟁은 미국에서 일찍이 찾아볼 수 없던 최대 규모의 반전운동을 일으켰다. 수천 명의 사람이 길거리 행진을 했으며, 학생들은 조직적인 항의를 했다. 예술가, 저술가, 그리고 군인들도 전쟁에 반대하는 목소리를 높였다. 대대적으로 일어난 반전운동은 오랫동안 계속되었으며 베트남전쟁을 종식하는 데 영향을 미쳤다.

전쟁을 치를 명분을 찾아내다

제2차 세계대전이 발발하기 전에 프랑스의 통치를 받았던 베트남은 제2차 세계대전이 시작되면서 일본군에 점령당했다. 일본과 싸우기 위한 혁명운동이 베트남 국민 사이에서 일어났으며, 지도자는 공산주의자 호치민(Ho Chi Minh)이었다. 전쟁이 끝나자 혁명군은 베트남 북부에 있는 도시 하노이에 모여 축하행사를 벌였다. 거리를 가득 메운 100만 명의 인파가 외세의 지배에서 벗어난 조국의 자유를 기뻐했다.

그러나 서구 열강은 이미 그 자유를 박탈하고 있었다. 오래전부터 영국과 미국은 프랑스가 다시 베트남을 통치해야 한다고 생각했다. 이에 북부의 혁명군이 저항했고, 1946년 프랑스는 폭격을 가했다. 그것이 프랑스가 베트민(Vietminh)이라는 베트남 공산주의 단체와 8년에 걸쳐 벌인 전쟁의 시작이었다. 그 전쟁이 끝나기 전까지 미국은 10억 달러에 이르는 지원금과 대량의 무기를 프랑스에 원조했다.

미국이 프랑스를 원조한 이유는 무엇일까? 공식적인 이유는 아시아에서의 공산주의의 발호를 막겠다는 것이었다. 중국과 북한에는 이미 공산주의 정부가 수립되어 있었다. 냉전이 극에 달해 있던 시기로 공산주의가 미국에게 가장 위협적인 존재로 보였다. 그러나 또 다른 이유는 없었을까?

1952년도 미국 정부의 비밀문서에는 고무, 주석, 석유 등 동남아시아 자원의 중요성에 대해 보고되어 있었다. 베트남에 미국을 적대시하는 정부가 들어선다면 미국의 영향력과 이익에 해가 될 것이 분명했다. 미국 국무부의 1954년 문서에는 "만에 하나 프랑스가 정말 (베트남에서) 철수하기로 결정할 경우, 미국은 이 지역의 접수 여부에 대해 최대한 진지하게 고려해야 할 것이다"라는 내용이 기록되어 있었다.

결국 그해에 프랑스는 북부 베트남에서 철군했다. 평화협정에 따라 베트민은 북부에 머무르는 데 동의했다. 베트남 북부와 남부는 2년 후 통일을 이루기로 되어 있었고, 국민은 선거를 통해 자립 정부를 세우도록 되어 있었다. 그리고 국민은 호치민과 베트민을 선택할 것으로 여겨졌다.

미국은 북베트남과 남베트남의 통일을 막기 위해 신속히 움직였다. 남베트남을 미국의 영향력 아래 두기 위해 고딘디엠(Ngo Dinh Diem) 중심의 정부를 세웠다. 그는 미국에 우호적인 인물이었고 베트민과 적대적인 관계였다.

고딘디엠은 예정되어 있던 선거를 치르지 않았다. 1958년 무렵 남베트남에서 고딘디엠 정부에 대한 게릴라들의 공격이 시작되었다. 베트콩(Viet Cong)은 북베트남 공산당 정부의 도움을 받고 있었다.

남베트남의 공산주의 운동이 격렬해졌다. 그것은 베트남 국민에게 고딘디엠과의 전쟁 이상의 의미가 있었다. 평범한 시골 사람들도 자신들의 삶을 개척할 수 있게 됨을 의미했다. 고딘디엠에 대한 노골적인 반대가 커졌고, 불교의 승려들은 남베트남 정부에 대한 저항을 분신자살로 보여주었다.

국제적인 평화협정(제네바협정 - 옮긴이)에 따르면 미국은 685명의 군사 고문단을 남베트남에 보낼 수 있었다. 그러나 미국은 수천 명을 더

사이공 시의 촐론 지역에서 대피하는 시민들(1968년). 미국 전투기의 베트남 폭격은 역사상 전례가 없는 것으로, 수많은 민간인의 죽음을 불렀다.

보냈으며 그들 가운데 일부는 남베트남을 지원했다. 미국은 비밀스럽고 불법적인 전쟁에 돌입했던 것이다.

미국 행정부는 남베트남을 통제하는 데 고딘디엠이 쓸모없는 존재라는 판단을 내렸다. 중앙정보국(Central Intelligence Agency : CIA)은 일부 베트남 장군들에게 쿠데타를 일으키도록 조장했다. 장군들은 해변에 있는 고딘디엠의 궁전을 공격하여 그와 동생을 처형했다.

3주 후 미국 대통령 존 F. 케네디(John F. Kennedy)가 텍사스에서 암살당했다. 부통령이었던 린든 B. 존슨이 대통령직을 계승하면서 베트남 문제도 떠안게 되었다.

1964년 8월 린든 B. 존슨은 미국 국민에게 북베트남이 미국 해군의 함선을 어뢰로 공격했다는 사실을 알렸다(통킹만 사건 - 옮긴이). 그러나 거짓이었다. CIA 소속인 해군 함선은 베트남 영해(領海)를 염탐 중이었고 어뢰는 발사되지도 않았다. 그 '공격'은 미국이 북베트남과 전쟁을 치를 명분을 만들어주었다. 미국 헌법에 따르면 오직 의회만이 선전포고를 할 수 있었으나, 당시 의회는 공식적인 선전포고 없이도 동남아시아에서 군사행동을 취할 수 있는 권한을 대통령에게 주었다.

미국은 북베트남을 전투기로 폭격했다. 베트콩이 숨어 있다는 판단하에 남베트남의 촌락들도 무차별적으로 폭격했다. 그들은 네이팜탄을 투하하기도 했다. 네이팜탄은 가솔린을 젤리 형태로 만든 무기로 신체를 끔찍하게 훼손시켰다. 1965년 9월 〈뉴욕 타임스New York Times〉는 그 참상을 다음과 같이 묘사했다.

또 다른 삼각주 지역의 한 여성은 네이팜탄에 양팔을 잃었으며, 눈꺼풀에 너무 심한 화상을 입어 눈도 감지 못했다. 잘 시간이 되면 가족들이 그녀의 머리까지 담요로

덮어주었다. 그녀는 자신을 불구로 만든 그 공습 때문에 두 명의 아이도 잃었다. 자국의 공군이 남베트남에서 무슨 짓을 하고 있는지 제대로 알고 있는 미국인은 거의 없다. …… 남베트남에서는 날마다 무고한 민간인들이 죽어간다.

미국 육군도 남베트남으로 파병되었다. 1968년 초 베트남에는 미군들이 50만을 넘었다. 미군이 베트콩을 색출하기 위해 촌락들을 기습했을 때, 적과 민간인을 제대로 구별하기 힘들었다. 1968년 밀라이라는 마을에 진입한 미군 중대는 마을 사람들을 집합시킨 후 도랑에 몰아넣고 사격했다. 그 가운데는 노인들과 아기를 업은 여인들도 있었다. 육군은 밀라이에서 저지른 일을 은폐하려고 했지만 밝혀져 몇 명의 장교들이 재판을 받게 되었다. 그 재판을 보도한 한 신문기사에는 밀라이의 학살이 다음과 같이 묘사되어 있다.

캘리 중위, 그리고 흐느끼고 있던 소총수 폴 D. 미들로(사격을 하기 전에 아이들에게 사탕을 주었다)가 사람들을 도랑 안으로 밀어 넣었다. …… 사람들은 다른 사람 위로 떨어지며 빠졌다. 아이 엄마들은 아이를 보호하려고 애썼다. …… 대부분 여성, 아이, 노인들인 450~500명의 사람이 집단무덤(큰 구덩이를 파고 많은 시체를 한꺼번에 묻은 것-옮긴이)에 묻혔다.

캘리 중위는 종신형을 선고받았지만 3년 만에 석방되었다. 어떤 육군 장교는 밀라이에서 일어났던 것과 비슷한 비극들이 많이 은폐되어 있다는 사실을 인정했다.
전쟁이 진행되면서 미국은 베트남의 이웃 국가인 라오스도 폭격했다. 베트콩들을 작전기지에서 격리시키고 보급선을 파괴하기 위해서였다.

라오스의 폭격은 미국 국민에게 알려지지 않았다. 그러나 미국이 캄보디아를 폭격했을 때에는 그 소식이 국민에게 전해졌고, 거센 항의의 목소리가 빗발쳤다.

"이 광기는 반드시 멈춰야 합니다"

미군의 화력은 가공할 만한 것이었지만 베트남의 저항을 끝내지는 못하고 있었다. 미국에서는 국민이 전쟁을 반대했다. 어떤 사람들은 미군의 잔인함에 경악했다. 또 어떤 사람들은 단지 그 전쟁에 대해 1968년 초의 시점에서 미군이 4만 명이나 사망하고 25만 명 이상이 부상을 당한 실패라고 생각했다.

린든 B. 존슨 대통령은 베트남전쟁의 잔인성을 심화시켰으면서도 여전히 승리를 거두지 못하고 있었다. 그가 가는 곳에는 항상 반전 시위대가 있었다. 반전 시위대가 그에게 소리쳤다. "LBJ(린든 B. 존슨의 약자─옮긴이), LBJ, 오늘은 얼마나 많은 아이를 죽였나?"

처음부터 미국인들은 베트남에서 취한 미국의 행동에 반대해왔다. 처음부터 반대했던 사람들 가운데 일부는 민권운동 출신자들이었다. 정부가 아무리 베트남전쟁이 자유를 위한 싸움이라고 부르짖어도 정부에 대한 흑인들의 기억이 그들을 믿지 못하게 했을 것이다. 1965년 동창생이 베트남에서 전사했다는 소식을 들은 미시시피의 젊은 흑인들이 다음과 같은 내용의 유인물을 돌렸다. "미시시피의 모든 흑인들이 자유를 얻을 때까지, 미시시피의 흑인들은 백인들의 자유를 위해 베트남에서 싸워서는 안 된다."

민권운동에서 큰 역할을 맡고 있던 SNCC는 미국이 베트남에서 국제법을 어기고 있다고 주장하며 전쟁을 끝낼 것을 요구했다. SNCC 회원 여섯 명은 앨라배마의 징병센터(육군의 징병을 위해 만든 관공서)에 들이닥쳤다가 체포되어 징역형을 선고받았다.

SNCC 운동가 줄리언 본드(Julian Bond)는 조지아 주 의원으로 당선되었다. 그가 전쟁과 징병에 반대하는 열변을 토하자 다른 의원들은 그의 의원 자격을 박탈했다. 대법원은 수정 헌법 제1조를 들어 그에게 의사 표현의 자유가 있다는 것을 확인시켜주며 그의 지위를 회복시켜주었다.

1967년 마틴 루터 킹 목사는 뉴욕의 리버사이드 교회에서 베트남전쟁에 대해 다음과 같이 말했다.

어떻게든 이 광기는 반드시 중지되어야 합니다. 지금 당장 중단해야 합니다. 나는 하나님의 자녀로서 베트남의 고통받는 가여운 사람들의 형제가 되어 이야기하는 것입니다. 나는 살던 땅이 황폐해지고 있는 사람들을 위해 이야기합니다. …… 나는 조국에서 희망이 박살나고 베트남에서 죽거나 타락하면서 두 배의 대가를 치르고 있는 가없은 미국인들을 위해 이야기합니다. …… 나는 미국인의 한 사람으로서 내 조국의 지도자들에게 이야기합니다. 이 전쟁을 일으킨 커다란 책임은 우리에게 있습니다. 이 전쟁을 끝내는 것도 우리에게 달려 있습니다.

가톨릭 사제들과 수녀들도 반전운동에 동참했다. 제2차 세계대전의 참전용사였던 필립 베리건(Philip Berrigan) 신부는 병역을 부과하던 징병위원회 사무소의 병역 기록들을 없애버렸다. 성직자였던 그의 동생 대니얼 베리건(Daniel Berrigan)도 비슷한 행동을 하다가 감옥에 갇혀 있었다.

수천 명의 미국 젊은이들이 캐나다나 유럽으로 도망갔다. 그들 가운데 일부는 징병을 피해서 도망간 것이었고, 나머지는 탈영병이었다. 군인들 사이에서도 반전 정서가 강했는데, 현역병들이나 퇴역 군인들 모두 마찬가지였다. 그들 가운데는 처벌받을 각오를 하고 목소리를 높이는 사람들도 있었다. 한 해군 간호사는 제복을 입은 채 평화 시위에 동참하여 행진하다가 군사법정에 세워졌다. 두 명의 흑인 해병들은 다른 병사들에게 전쟁에 반대하는 말을 했다가 수감되었다.

반전 의식을 가진 퇴역 군인 론 코빅(Ron Kovic)이 《7월 4일생Born on the Fourth of July》이라는 자서전을 출간했다(이 책은 1989년 올리버 스톤 감독이 영화로 제작하여 톰 크루즈가 주연을 맡아 골든글러브, 아카데미, 베를린 영화제에서 많은 상을 수상했다-옮긴이). 그는 열일곱 살에 미국 해병대에 징집되어 베트남에서 복무하다가 포탄에 맞아 척추가 부서져 하반신이 마비되었다. 귀국 후 그는 휠체어에 탄 채 반전 시위에 참가했다. 그는 시위를 벌이다가 연행되어 받았던 대우를 이야기했다.

"이름이 뭔가?"

장교가 책상 너머에서 물어왔다.

"론 코빅. 직업은 전쟁에 반대하는 베트남 참전용사요."

나의 대답에 그는 나를 내려다보며 빈정대듯 말했다.

"뭐가 어째?"

"나는 전쟁에 반대하는 베트남 참전용사란 말이오."

나는 외치듯이 대답했다. 그는,

"너 같은 놈은 그냥 거기서 뒈졌어야 했는데."라며 부관에게 말했다.

"이런 자식을 보면 지붕 위로 끌고 가서 내던지고 싶어진단 말이야."

베트남전쟁 반전 시위의 모습. 1970년 후반에 이루어진 갤럽 여론조사에서 응답자의 65퍼센트가 미국의 베트남 철수에 찬성했다.

　반전운동은 점점 격렬해져갔다. 1965년 북베트남에 대한 폭격이 시작되었을 때, 보스턴에 모여서 시위를 벌였던 시위자 수는 100명이었다. 그러나 1968년 10월 전국에 걸친 반전 시위가 있었던 날에는 보스턴에서만 10만 명, 전국적으로는 200만 명이었다.

　유명인사나 일반인들 모두 전쟁에 반대하는 목소리가 격앙되어 있었다. 유명한 극작가 아서 밀러(Arthur Miller)는 백악관에 초대받았으나 거절했고, 백악관의 초청에 응한 가수 어사 키트(Eartha Kitt)는 영부인 면전에서 전쟁에 반대한다고 공개 발표하여 모든 이들을 놀라게 했다. 백악관에서 상을 받게 된 한 십대 소년도 백악관에서 전쟁을 비판했다.

　정부와 밀접한 관계에 있는 사람들마저도 진절머리를 냈다. 미국 해병대 출신의 대니얼 엘스버그(Daniel Ellsberg)는 국방부를 위해 1급 기밀에 해당하는 베트남전쟁 역사의 저술을 도왔다. 그와 그의 친구는 그 내용을 세상에 알리기로 결심했다. 그들은 자료의 일부를 인쇄한 '펜타곤 문서(Pentagon Papers)'를 〈뉴욕 타임스〉에 보냈다.

그때는 공화당의 리처드 닉슨(Richard Nixon)이 민주당 린든 B. 존슨의 뒤를 이어 대통령이 되어 있었다. 리처드 닉슨은 〈뉴욕 타임스〉가 펜타곤 문서들을 발행하지 못하도록 대법원에 요청했으나 실패했다. 그러자 닉슨 행정부는 대니얼 엘스버그를 고소했다. 그러나 닉슨 행정부의 부정하고 불법적인 행위, 즉 워터게이트 사건의 추문이 밝혀지면서 흐지부지되었다.

1973년 가을이 되자 북베트남 군대가 남베트남의 대부분을 장악했다. 이제 승리는 미국 행정부의 눈앞에서 완전히 멀어져갔다. 북베트남에 대한 최후의 폭격을 감행한 후 미국은 평화조약에 서명하고 군대를 철수시켰다. 남베트남 정부는 여전히 미국의 원조를 받고 있었지만, 미국 군대 없이 북베트남의 침입을 막아낸다는 것은 불가능했다. 1975년 베트남은 호치민의 공산주의 정권으로 통일되었다.

베트남전쟁은 제2차 세계대전 이후 세계제국이 된 미국이 경험한 최초의 패배였다. 그 패배는 혁명을 위해 싸우는 베트남 농민군과 고국에서 일어난 놀라운 반전운동에 의한 결과였다. 그러나 고국에서의 반란은 베트남전쟁이라는 문제를 넘어 더욱 광범위한 것으로 바뀌게 된다.

19 / 여성과 인디언, 그들이 변했다

"**사람**들이 변하고 있을 때(The Times They Are A-Changin'),"
밥 딜런(Bob Dylan)이 1960년대에 부른 노래 가사다. 밥 딜
런은 반전 노래들을 불렀다. "전쟁의 주인들"이란 노래에서 그는 전쟁을 일
으켜서 돈벌이를 하는 사람들의 죽음을 상상했다. 그러나 밥 딜런은 자유
나 자아 표현에 관한 노래들도 불렀다. 그의 음악은 1960년대와 70년대 초
의 분위기를 잘 포착하여 표현했다.

당시는 혁명의 시대였다. 민권운동과 베트남전쟁 반대운동이 변화를
위한 더 큰 운동의 한 부분을 이루고 있었다. 사람들은 기성 세력(기업,
정부, 학교, 의료 산업 등)에 대한 신뢰를 잃었다. 그들은 자신들이 어떤
말을 듣고 있는지에 대해 질문을 던졌다. 그들은 스스로에 대해 생각하
기 위해 자유로워져야 한다고 믿었으며 생활, 교육, 노동, 예술에서 새

로운 방법을 시험했다.

예상하지 못했던 새로운 물결이 미국 사회를 관통하여 놀라운 방향으로 전개되고 있었다. 가장 놀라운 일 두 가지는 여성과 인디언에 관련된 것이었다.

여성들이여, 자아를 발견하라

1960년경에는 16세 이상의 여성들 가운데 3분의 1이 넘는 사람들이 보수를 받으며 일하고 있었다. 그러나 아이가 있는 여성들 가운데 고작 2퍼센트만이 아이들을 탁아소에 맡겼으며, 여성들은 남성보다 훨씬 적은 보수를 받았다. 사회는 여성들을 단순히 아내로, 어머니로, 가정주부로서만 취급했다. 대부분의 남성은 여성들이 감정적이며 비현실적이므로 어려운 일은 할 수 없다는 견해를 갖고 있었다.

심지어는 여성들이 중요한 역할을 맡아 위험을 무릅썼던 시민운동에서조차도, 일부 여성들은 남성들이 자신들을 동등하게 여기지 않는다는 것을 느끼고 있었다. 저항운동 조직을 돕기 위해 남부로 가기 전에 할렘 지역의 민권을 위해 노력해왔던 엘라 바커(Ella Barker)는 이렇게 말했다.

여성들의 엄청난 지지를 받아온 대표단체의 한 여성, 나이 든 여성으로서 단체의 지도층에는 제가 들어갈 자리가 없었다는 것을 저는 처음부터 알고 있었습니다.

그러나 여성들은 저항했다. 1964년 미시시피에 있는 프리덤 하우스(Freedom House)에는 민권운동가들이 살고 있었다. 그곳에서도 남성들은 여성들을 자신들이 운동을 조직하면서 돌아다니는 동안 요리하고 잠자리를 살펴주는 존재쯤으로 생각하고 있었다. 그곳의 여성들은 남성들을 대상으로 파업했다.

변화의 시대였다. 1966년에는 전미여성기구(National Organization for Women: NOW)가 발족했다. 다음해에는 여성단체들이 린든 B. 존슨 대통령을 찾아가 연방정부와 관련된 모든 직종에서 여성차별을 금지해달라고 요청했다.

그 당시 여성들은 민권 및 반전운동에서 자신들만의 모임을 갖고 여성 문제에 대한 행동을 취하고 있었다. 1968년 초 여성들로 이루어진 워싱턴 D.C.의 한 반전 모임은 알링턴 국립묘지로 행진하면서 "전통적인 여성상의 매장(The Burial of Traditional Womanhood)"을 선언했다. 같은 해, 래디컬 위민(Radical Women)이라는 단체가 미스 아메리카 선발대회에 항의하며 브래지어, 인조 속눈썹, 가발 등을 '자유를 위한 쓰레기통(Freedom Trash Can)'에 집어던짐으로써 신문의 머릿기사를 장식했다.

완전한 남녀평등을 보장하도록 헌법이 바뀌기를 희망하면서 많은 여성이 남녀평등권 수정안(Equal Rights Amendment: ERA)의 통과를 위해 노력했다. 그러나 성공을 거둔다 하더라도 그 법안 하나로는 여성의 사회적 지위에 대한 세상 사람들의 인식을 바꾸지는 못할 듯했다. 흑인 여성으로 하원의원이 된 셜리 치점(Shirley Chisholm)은 다음과 같이 말했다.

그 법안은 우리를 위해 해줄 것이 없다. 반드시 우리 스스로 해내야만 한다. 이 나라의 여성들은 반드시 혁명가가 되어야 한다. 우리는 반드시 낡고 전통적인 역할들과 판박이 같은 모습들을 거부해야 한다. …… 우리는 반드시 여성스러움에 관한 낡고 부정적인 생각들을 적극적인 생각과 적극적인 행동으로 변화시켜야만 한다. ……

전 여성 하원의원 벨라 앱저그(오른쪽에서 두 번째)가 헌법 수정조항 제19조 통과 60주년 기념일을 축하하는 행진에 참여하고 있다(1980년).

1960년대의 여성운동은 여성해방이라고 불렸고, 페미니즘이라고도 했다. 그 심원한 효과는 '자아 발견'이라고 말할 수 있을 것이다. 여성들은 자신들의 마음을 움직이게 하는 문제들에 대한 책을 읽거나 이야기를 했다. 그 결과 여성들은 기존의 역할에 대해 다시 생각하게 되었으며, 여성들이 열등하다는 생각을 거부하게 되었고, 다른 여성들과의 형제애에 대한 확신과 자각을 하게 되었다.

여성운동에서 최초이면서 최대의 영향력을 갖는 저서는 베티 프리던(Betty Friedan)이라는 중산층 가정주부가 쓴 《여성의 신비The

Feminine Mystique》였다. '신비'라는 것은 사회가 여성에 대해 갖고 있는 이미지, 즉 자신의 꿈을 포기하고 아내로, 어머니로서 살아가는 데 완벽하게 만족하는 여성상을 의미한다. 그런 이미지에 맞추어 살기 위해 여성들은 공허함과 상실감을 느껴야 했다. 베티 프리던은 "여성이 남성들처럼 자아를 찾고 자신이 한 명의 인간이라는 것을 인식할 수 있는 유일한 방법은 자기만의 일을 갖는 것이다"라고 말했다.

가난한 여성들에게는 시급한 문제들이 있었다. 그녀들은 굶주림과 고통, 불평등에서 벗어나고 싶어했다. 조니 틸먼(Johnnie Tilmon)은 복지에 관련된 일을 하는 다른 부인들과 함께 전국복지권협회(National Welfare Rights Organization)의 조직을 위해 힘썼다. 그 협회는 여성들이 가사나 양육에 대한 노동의 대가를 받을 수 있기를 원했다. '스스로 일어설 때까지 여성들의 해방은 있을 수 없다'는 것이었다. 조니 틸먼은 다음과 같이 설명했다.

복지는 교통사고와 같은 것이다. 누구에게나 일어날 수 있는 일이지만 특히 여성들에게 많이 일어난다. 왜 복지가 여성들의 문제인가 하는 이유이다. 이 나라의 수많은 중산층 여성에게 여성 해방은 중요한 관심사이다. 여성에게 복지는 생존이 걸린 문제이다.

사회에서 여성을 통제하는 역할은 정부가 맡지 않았다. 대신 가정 내에서 이루어졌다. 남성이 여성을 통제했고, 여성은 자녀를 통제했다. 문제가 생겼을 때에는 서로 폭력도 행사했다. 그런데 모든 것이 바뀐다면 어떻게 될까?

여성들이 자신을 해방시키고 남성들과 여성들이 서로 이해한다면, 그들은 외부에서 자신들을 억압하고 있다는 사실을 깨달을 수 있지 않을까? 가족과 친지들은 거대한 사회체제에 대한 강인함과 저항의식을 보유한 존재가 될 것이며, 여성과 남성, 아이들도 마찬가지로 사회를 변화시키기 위해 협력하게 될 것이다.

면면히 이어진 인디언들의 숨결

인디언들은 아메리카 대륙의 유일한 거주자들이었다. 그러나 백인 침입자들에 의해서 밀려났다. 인디언들이 당한 최후의 학살은 1890년 사우스다코타 주의 운디드니 크리크에서 발생했다. 그 학살에서 200~300명의 인디언이 목숨을 잃었다.

인디언 부족들은 공격, 구타, 기아에 시달렸다. 연방정부는 그들을 여러 군데의 인디언 보호구역으로 나누어 추방했다. 1887년 정부는 법으로 보호구역을 철폐하고, 인디언들을 개인 소유지를 가진 미국식 농부로 만들려 했다. 그러나 백인 부동산 투기자들이 그 땅을 거의 다 차지했고, 보호구역은 여전히 존재했다. 젊은 인디언들이 떠나는 경우가 많았는데도 말이다.

한동안 인디언들이 멸종되거나 더 큰 사회 속으로 흡수될 것으로 여겨졌다. 20세기에 접어들면서 오직 30만 명의 인디언만이 생존했으나 죽도록 방치했다. 그러나 그 수는 다시 증가했다. 1960년 무렵에는 약 80만 명의 인디언이 존재했다. 그들 가운데 절반은 보호구역에 남아 있었고, 나머지 절반은 전국에 있는 도시나 시골마을에 흩어져 살고 있었다.

1960년대 들어 민권 및 반전운동이 모습을 갖추면서 인디언들 또한 자신들이 처한 상황을 개선하기 위해 고민했다. 그들도 조직을 갖추기 시작했다.

인디언들은 한 가지 골치 아픈 문제를 가지고 미국 정부에 접근을 시도했다. 그 문제는 조약들이었다. 그동안 정부는 400개가 넘는 조약을 인디언들과 체결했지만, 그 조약들은 하나씩 모두 깨졌다. 조지 워싱턴이 대통령이었던 시절로 되돌아가면, 정부는 뉴욕에 있던 이로쿼이족과 조약을 체결하면서 특정 지역을 세네카족(Senecas : 이로쿼이족 가운데서 가장 큰 부족-옮긴이)에게 주었다. 그러나 1960년대 초 존 F. 케네디 대통령 시절, 정부는 그 조약을 무시하고 그 지역에 댐을 건설하여 세네카족 보호구역은 대부분 물에 잠겼다.

전국 각지의 인디언들이 저항했다. 워싱턴 주에서는 낡은 조약에 의해 인디언들이 땅을 빼앗겼지만, 그들에게는 어업권이 남아 있었다. 백인들의 인구가 증가하면서 그들도 고기잡이를 할 곳이 필요했다. 주 법원이 인디언들이 강가에 오지 못하도록 제재한 후에도 그들은 고기잡이를 계속했다. 그들은 세상에 자신들의 저항을 알리고자 기꺼이 감옥에 갔다.

어업문제에 휘말린 일부 인디언들은 베트남 참전용사였다. 그들 가운데 시드 밀스(Sid Mills)라는 사람이 있었다. 1968년 시드 밀스는 니스퀄리 강에서 체포되었다. 그는 이렇게 말했다. "나는 야키마족(Yakimas) 사람이자 체로키 인디언이다. 그리고 군인이다. 나는 2년 4개월 동안 미국 군대의 병사로 베트남에서 싸웠다. 치명적인 부상을 입을 때까지. …… 나는 더 이상 병역을 이행할 수 없게 되었고, 미국 군대에서 복무할 수 없게 되었다."

1969년에 일어난 드라마틱한 사건은 인디언들의 불만에 대한 세간의 관심을 더욱 집중시켰다. 앨커트래즈는 샌프란시스코에 있는 섬에 위치한 옛 연방교도소였다. 그곳은 혐오스러운 장소로 '암초(The Rock)'라는 별칭이 붙어 있었다. 어느 날 밤 78명의 인디언이 앨커트래즈에 상륙해서 점령했다.

인디언 집단의 리더 리처드 오크스(Richard Oakes)는 샌프란시스코 주립대학에서 인디언 연구를 지도하는 모호크족(Mohawks) 사람이었다. 그리고 그레이스 소프(Grace Thorpe)는 소크족(Sacs)이자 폭스족(Foxs) 사람이었고, 유명한 미식축구선수이자 올림픽 육상선수였던 짐 소프(Jim Thorpe)의 딸이었다. 그들의 계획은 그 섬을 아메리카 원주민 생태연구의 본부로 삼는 것이었다.

다른 인디언들이 그들과 합류했다. 그해 11월 말 그 섬에는 50개 부족 출신의 600명 이상의 사람들이 모여 있었다. 많은 인디언이 떠날 수밖에 없었지만 나머지 사람들은 계속해서 남아 있었다. 그들은 1년이 지난 후에도 남아 있었고, 그때 이런 메시지를 보냈다.

우리는 자유, 정의, 평등의 진실된 이름으로 여전히 앨커트래즈에 남아 있다. 왜냐하면 당신들, 즉 우리의 형제자매들이 우리의 대의(大義)를 지지해주기 때문이다.
폭력은 더 큰 폭력을 부를 뿐이라는 것을 알고 있는 까닭에 평화로운 방법으로 앨커트래즈를 점령하고 있으며, 미국 정부 또한 그렇게 행동해주기를 바란다. …… 우리는 모든 인디언 부족들이 모인 것이다. 우리는 이 암초를 지켜낼 것이다!

6개월 후 연방군이 섬에 침투하여 인디언들을 강제로 내쫓았다.

또 다른 인디언들이 시위를 벌였다. 뉴멕시코 나바호 지역의 노천 채굴(광물이 지표 가까이에 있어 갱도를 파지 않고 바로 채굴하는 방법으로, 쉽고 안전하게 채굴할 수 있는 장점이 있다-옮긴이)에 반대하기 위해 캘리포니아의 산림국으로부터 받은 토지를 개간하기 위해서였다. 동시에 인디언들은 자신들의 문화가 파괴되는 것에 대해서도 대응했다. 오클라호마 인디언 에번 해니(Evan Haney)는 자신이 다니던 학교의 아이들 절반이 인디언이었음에도 "학교에서 인디언 문화에 대해 가르쳐주는 것이 없었다. …… 도서관에서조차 인디언의 역사에 관한 책을 찾아볼 수 없었다. ……"라고 회상했다. 에번 해니는 무언가 잘못되었다는 것을 깨달았다. 그는 인디언 문화에 대해 공부하기 시작했다.

인디언 역사에 관한 책들이 생겨나면서 교사들은 그 주제를 다루는 방법에 대해 다시 생각하게 되었다. 그들은 고정관념을 버리고 학생들을 위한 새로운 정보를 찾았다. 학생들도 적극적이었다. 레이먼드 미란다(Raymond Miranda)라는 초등학생은 자기가 읽은 어떤 책의 발행인에게 이런 편지를 보냈다.

친애하는 편집자님께

저는 당신이 출판한 《크리스토퍼 콜럼버스의 항해 The Cruise of Christopher Columbus》라는 책이 마음에 들지 않습니다. 그 이유는 인디언들에 관한 잘못 알려진 사실들이 적혀 있기 때문입니다. …… 그리고 69쪽에서 콜럼버스가 인디언들을 스페인으로 초대했다고 되어 있는데, 실제로는 그들을 납치했던 것입니다!

1973년 3월 북아메리카 대륙의 인디언들은 사우스다코타 주 파인리지의 인디언 보호구역에서 강력한 성명서를 냈다. 아메리칸 인디언운동(American Indian Movement : AIM) 소속의 수백 명 회원은 1890년의 학살이 일어났던 운디드니 마을을 점령했다. 그 점령 사건은 인디언들의 권리와 땅에 대한 요구를 상징하는 것이었다.

몇 시간이 채 지나지 않아 연방수사관, 보안관, 경찰들이 그 마을을 포

앨커트래즈 섬에서 열린 '해방의 날' 행사에서 피어 포겟츠가 다른 수족(Siouxs) 인디언들을 이끄는 모습(1970년). 앨커트래즈 점령은 인디언들이 이제 권리를 위해 싸울 것임을 전 세계에 선포하는 것이었다.

위했고, 자동화기를 난사하기 시작했다. 마을에서 항의하던 사람들이 포위 공격을 받은 것이다. 미시간 주에 사는 인디언들이 비행기로 식량을 공급해주자 집권 세력은 그 비행기에 고용되어 있던 의사와 비행사를 체포했다. 식량을 가져가기 위해 나온 인디언들을 연방군이 헬리콥터로 사격을 가했다. 교회 안에 있던 남자가 빗나간 탄환에 맞아 사망했다.

총격전과 사상자가 더 있은 후 인디언들과 집권 세력들은 그 포위전을 끝내기로 했다. 120명의 인디언이 체포되었다. 그러나 그들은 운디드니에 공동체를 만들고 세계 곳곳에서 오는 지지의 메시지들을 받으면서 71일 동안 강경하게 대응했다.

1960년대와 1970년대 초반은 미국 사회에 많은 변화를 불러온 시기였다. 그 변화들 가운데는 큰 것도 있었고, 작지만 중요한 것도 있었다. 사람들은 스스로 자유로워졌다. 게이와 레즈비언들은 숨길 필요가 없어졌고, 차별에 맞서기 위한 조직을 만들었다. 남성들과 여성들은 서로 비슷한 옷을 입었다. 청바지 등 편안한 옷은 남녀를 불문하고 젊은이들이 즐겨 입는 옷이 되었다. 학생, 학부모, 교사들은 모든 세대에게 애국심과 복종심을 강조하고 여성 및 유색인종에 대한 차별을 가르치던 전통적인 교육에 대해 의문을 제기했다. 신체 장애인들도 하나의 세력을 이루었다. 그들은 차별 대우에서 자신들을 보호해줄 법률의 제정을 요구하는 캠페인을 벌였다.

그 시절 이른바 '문화 혁명'의 일환으로 사람들은 환경에 일어나고 있는 일들에 대해 더 많은 관심을 갖게 되었다. 1962년 레이철 카슨(Rachel Carson)이 출판한 《조용한 봄Silent Spring》을 통해서 사람들은 현대 기술에서 쓰이는 화학약품이 공기, 물, 땅을 오염시킨다는 사실을 깨닫고 충격을 받았다. 그 책은 베스트셀러가 되었고 환경운동의 시발점이 되었다. 1978년 뉴욕의 러브커낼 근처에서 살다가 자녀들이 병에 걸리고 또 다른 사람들이 겪는 고통을 목도한 로이스 기브스(Lois Gibbs)는 최대 이익의 창출을 위해 사람들을 위험에 빠뜨렸던 대기업들에 대한 투쟁의 리더가 되었다.

수십만 명의 사람들이 시에라 클럽, 와일더니스 소사이어티(Wilderness Society), 어스퍼스트(EarthFirst) 같은 단체에 가입했다. 1970년 '지구의 날(Earth Day : 환경보호의 날)', 10만 명의 인파가 뉴욕 시의 5번가(Fifth Avenue : 뉴욕의 유명한 번화가–옮긴이)로 행진했다. 그리고 전국 1,500여 개의 대학 및 1만 개 학교의 학생들이 환경보호를 요구했다. 그 직후 의회는 일련의 법안들을 제정했다. 수질오염방지법(Clean Water Act), 대기오염방지법(Clean Air Act), 멸종동물보호법(Endangered Species Act) 등이 그러한 것들이었다. 또한 그들은 환경보호국(Environmental Protection Agency : EPA)을 창설했다. 이러한 법안들의 강화는 연방정부에 시급한 문제가 되지 못했고, 로널드 레이건(Ronald Reagan) 행정부에 있어서도 마찬가지였으므로 환경보호국에 대한 자금 지원은 중단되었다. 그런데도 환경운동은 계속되고 있다.

이 짧은 시간 동안 일어났던 수많은 변화는 미국에서 다시 나타나지 않을 것이다. 그러나 미국의 집권 세력들은 200년의 역사 동안 사람들을 어떻게 다루어야 하는지를 배워왔다. 1970년대 중반이 되자 그 효력이 나타났다.

20 / 정부 불신 시대

"**정부**는 이익만 추구하는 소수의 거대한 이익집단들에 의해 운
영되고 있는가?"

1972년 한 연구소가 미국인들에게 던진 질문이다. 절반 이상이 "그렇
다"고 대답했다. 불과 8년 전만 하더라도 그렇다고 대답한 사람들은 약
4분의 1에 불과했다. 무슨 일이 있었던 것일까?

1970년대 초 미국은 변화를 겪는 중이었다. 국가의 체제는 통제할 수
없는 것이 되어 있었다. 정부는 국민에게 신뢰를 잃었다. 국민들 가운데
대부분은 대기업들에 대해서도 적대적이었다.

베트남전쟁은 많은 의혹과 분노를 낳았다. 그 전쟁은 4만 5,000명의
미국인을 죽음에 몰아넣었고, 정부가 국민에게 거짓말과 끔찍한 짓을
저질렀다는 것을 알게 되었다. 미국인들은 정치체제에 대해서도 신뢰하

지 않았는데, 워터게이트 사건 때문이었다. 워터게이트 사건은 사상 처음으로 대통령이 사임하게 된 정치적인 불명예였다. 또한 많은 사람은 세계의 다른 나라들에 미국이 어떤 식으로 행동하고 있는가에 대해 심각하게 우려하고 있었다.

워터게이트 사건 후에도 마찬가지일 뿐

워터게이트 사건의 이야기는 백악관에서 시작된다. 당시 대통령은 공화당의 리처드 M. 닉슨(Richard M. Nixon)이었다. 선거가 시작된 11월, 그의 지지자들은 그의 재선을 위해 대통령 재선위원회(Committee to Re-Elect the President : CREEP)를 결성했다.

1972년 6월 워싱턴 D.C.에 있는 워터게이트 빌딩의 민주당 전국위원회 본부에 침입한 다섯 명의 남자가 체포되었다. 경찰은 침입자들이 사진촬영과 도청을 하기 위한 장비들을 갖추고 있다는 것을 발견했다. 그들 가운데 한 명은 제임스 매코드(James McCord Jr.)라는 사람으로 CREEP의 간부였다. 또 한 명은 주소가 백악관으로 되어 있는 E. 하워드 헌트(E. Howard Hunt)의 이름이 적힌 주소록이 있었다. 하워드 헌트는 리처드 M. 닉슨의 변호사였다.

침입자들은 단순히 리처드 M. 닉슨의 선거위원회와 행정부에서만 중요 직책을 맡고 있는 것이 아니었다. 그들은 CIA에도 줄이 닿아 있었다. 막을 사이도 없이 침입자들의 체포와 고위관계에 관한 소식들이 세상에 알려졌다.

모든 사람이 다음과 같은 의문을 가졌다. 대통령은 침입자들과 관련이 있는가? 그 일에 대해서 사전에 알고 있었는가? 그들이 체포되고 5일

워터게이트 청문회. 텔레비전으로 방영된 청문회는 기업과의 연관이라는 문제가 거론되기 직전에 갑자기 중단되었다. 밀라이 학살, 캄보디아 폭격, FBI와 CIA의 활동 등은 최대한 스쳐 지나가듯 보도되었다.

후, 리처드 M. 닉슨은 기자들에게 "이 특정 사건에 대하여 백악관은 아무 연관도 없다"라고 말했다.

그러나 다음해에 진실이 밝혀졌다. 혐의를 피하기 위해 닉슨 행정부에 속해 있는 사람들이 잇달아 입을 열었다. 그들은 법정에서 워터게이트 사건에 대한 상원의 진상조사위원회에서, 그리고 기자들에게 정보를 흘렸다. 그들은 법무장관이자 미국 정부의 수석변호사 존 미첼(John Mitchell)의 비리를 폭로했다. 또한 리처드 M. 닉슨의 수석보좌관 로버트 홀더먼(Robert Haldeman)과 존 에일리크먼(John Ehrlichman)이 유죄 판결을 받았다. 리처드 M. 닉슨도 깊이 관련되어 있었다.

닉슨 행정부가 저지른 범죄는 비단 워터게이트 사건만이 아니었다.

긴 사건목록이 백일하에 드러났다. 그 가운데 몇 가지를 열거해보자.

- 법무장관 존 미첼은 민주당과의 대결에 쓰기 위해서 수십만 달러의 비자금을 운영하고 있었다. 민주당을 곤경에 처하게 할 방법에는 문서 위조, 선거운동 서류 훔치기, 언론에 거짓 정보 흘리기 등이 있었다.
- 걸프 오일 회사(Gulf Oil Corporation)를 비롯한 미국의 대기업들은 닉슨의 선거운동에 불법자금을 지원했다.
- 1971년 9월, 〈뉴욕 타임스〉가 베트남전쟁에서 미국이 했던 일에 관한 펜타곤 문서를 보도한 후, 행정부는 펜타곤 문서를 〈뉴욕 타임스〉에 넘긴 대니얼 엘스버그를 표적으로 삼았다. 헌트와 또 한 명의 닉슨 지지자는 엘스버그의 정신과 의사 사무실에 잠입했다. 엘스버그를 공격할 수 있는 정보를 찾기 위해서였다.
- 닉슨 행정부의 국무장관 헨리 키신저(Henry Kissinger)는 저널리스트들과 정부 관리들의 통화를 도청한 기록을 압수함으로써 법을 위반했다. 이 스파이 활동의 증거들은 백악관의 금고 안에 보관되어 있었다.
- 닉슨은 불법적으로 50만 달러 이상의 세금을 감면받았다.

목록은 계속해서 이어졌다. 그리고 행정부가 저지른 부정들이 밝혀지는 동안 부통령 스피로 애그뉴(Spiro Agnew)가 문제를 일으켰다. 스피로 애그뉴는 정치적 편의를 봐주는 대가로 뇌물을 받아 고발당했다. 그는 1973년 10월 부통령직을 사임했다. 리처드 M. 닉슨은 공화당 하원의원 제럴드 포드(Gerald Ford)를 부통령으로 지명했다.

그러나 얼마 지나지 않아 리처드 M. 닉슨도 권좌에서 물러나게 된다. 하원에서 직권 남용의 혐의로 그를 공식적으로 고발하기 위해 탄핵을 결정할 투표를 준비하고 있었다. 탄핵이 이루어진다면 리처드 M. 닉슨은 상원에서 재판을 받게 되어 있었다. 그리고 상원이 리처드 M. 닉슨에게 유죄 판결을 내리면 공직에서 물러나야 했다. 리처드 M. 닉슨은 하원이 자신을 탄핵할 것도, 상원에서 유죄 판결을 내릴 것도 예상하고 있었다.

리처드 M. 닉슨은 하원에서 자신을 탄핵하는 것을 기다리지 않고 사임했다. 1974년 8월 8일의 일이었다. "우리나라의 기나긴 악몽은 끝이 났습니다." 닉슨의 대통령직을 대신한 제럴드 포드의 말이었다.

워터게이트 사건과 리처드 M. 닉슨의 대통령직 사임은 정부에 어떤 영향을 주었을까? 어떤 기업가는 이에 대해 스포츠 경기에 빗대어 말했다. "우리는 또 똑같은 선수들이 나타나서 또 똑같은 플레이를 하는 것을 보게 될 것이다." 정치고문 시어도어 소렌센(Theodore Sorensen)도 비슷한 말을 했다. "상한 사과들은 전부 내다버려야 할 것이다. 그러나 사과상자는 그냥 두자."

그 상자, 즉 당시 미국의 체제는 버리지 않았다. 대기업들과 막강한 주식회사들은 제럴드 포드 대통령의 행정부에도 엄청난 영향력을 행사했다. 대통령이 닉슨이건 포드건, 공화당원이건 민주당원이건 간에 미국의 체제는 항상 놀라울 정도로 똑같은 방식으로 유지되었다. 백악관에 대한 기업들의 영향력은 미국 정치체제의 한 단면이었고, 워터게이트 사건 후에도 달라지지 않았다. 리처드 M. 닉슨의 선거운동에 불법적인 후원금을 냈던 기업들은 경미한 처벌만 받았다. 그들이 후원금으로 냈던 수백만 달러에 비하면 가벼운 벌금은 아무것도 아닌 액수였다.

많은 부정부패가 탄로나다

워터게이트 사건을 조사하는 과정에서 많은 비밀이 밝혀졌다. 그 가운데 하나는 베트남 옆에 위치한 캄보디아에 관한 것이었다. 1969년과 1970년, 미국은 캄보디아에 수천 개의 폭탄을 투하했다. 캄보디아 폭격은 베트남전쟁의 일환으로 이루어진 것이었는데, 그 사실을 미국의 국민뿐 아니라 의회에조차 숨겼다는 것이 문제였다. 그 사실이 드러나자 국민은 정부의 대외정책에 대해 의심하게 되었다.

대외정책이란 한 나라의 정부가 다른 나라들에 어떻게 대하는가에 관한 것이다. 상당 기간 동안 미국의 대외정책은 베트남전쟁을 수행하는 데 초점이 맞춰져 있었다. 그러나 그 전쟁은 국민에게 지지를 잃었고, 그로 인해 전쟁이 끝나자 정계와 재계의 일부 고위 인사들은 국민이 해외에서의 다른 군사행동에도 지지를 보내지 않을까 두려워했다.

헨리 키신저가 염려한 것도 바로 그 점이었다. 포드 행정부에서도 헨리 키신저는 계속해서 국무장관이었다. 1975년 4월 그는 미시간 대학교에서 연설을 하기로 되어 있었다. 베트남전쟁에서 헨리 키신저가 했던 역할을 대부분의 학생이 알고 있었으므로 그의 방문이 달가울 리 없었다. 결국 학생들의 강한 반대로 연설이 취소되었다. 당시 정부는 암울한 시기에 놓여 있었다. 정부는 어떻게 해야 이미지를 쇄신할 수 있을 것인가?

헨리 키신저는 "미국은 세계적인 강대국으로 남기 위해 결단력을 증명할 수 있는 군사행동을 세계 어느 곳에서든 반드시 수행해야 합니다"라고 말했다. 다음달 미국은 강대국에 관해 이야기한 성명서의 내용을 현실화할 수 있는 기회를 포착했다.

미국 화물선 마야궤스 호가 코탕 섬(Koh Tang Island) 근해를 항해하고 있었다. 그 섬은 당시 혁명정부가 막 들어선 캄보디아의 영토였다.

캄보디아인들은 그 배의 선원들을 본토로 데려갔다. 훗날 선원들은 그들이 예의바르게 대했다고 진술했다.

제럴드 포드 대통령은 캄보디아에 배와 선원들을 풀어달라는 메시지를 보냈다. 36시간 후 미국의 폭격기들이 캄보디아 배에 폭탄을 퍼부었다. 그 배에는 미국 선원들이 타고 있었는데도 말이다. 깜짝 놀란 캄보디아는 즉시 미국인들을 석방했지만, 제럴드 포드 대통령은 일찌감치

미국 공군 지원부대가 공산주의자 거점을 폭격하는 장면을 스쿤 시 동부 7번 도로를 소탕 중이던 캄보디아 기동부대가 지켜보고 있다.

코탕 섬에 대한 공격 명령을 내려놓고 있었다. 그 섬이 비무장 상태라는 사실을 알면서도 내린 결정이었다.

코탕 섬에 대한 공격으로 41명의 미국인이 사망했다. 왜 폭격을 했을까? 그리고 이미 마야궤스 호와 선원들을 석방했는데도, 왜 제럴드 포드는 굳이 캄보디아 본토까지 폭격하라는 명령을 내렸던 것일까?

그 이유는 자그마한 베트남에 패했지만 아직도 미국이 건재하다는 것을 세계에 알리고 싶었기 때문이다. 수많은 잡지와 텔레비전 기자들은 마야궤스 작전이 '성공적'이었고 '효과적'이었다고 보도했다. 미국이 세계만방에 그 위세를 떨쳐 보여야 한다는 생각의 배후에는 집권 세력들이 있었다. 그 점에서는 진보주의자, 보수주의자, 민주당, 공화당 모두 마찬가지였다.

마야궤스 사건에서도 의회는 베트남전쟁이 시작되었을 때와 똑같이 행동했다. 마치 순한 양들을 보는 듯했다. 1973년 베트남에 염증을 느낀 의회는 전쟁권한법(War Powers Act)을 통과시켰다. 이 법의 내용은 대통령이 군사행동을 하기 전에 반드시 의회와 의논해야 한다는 것이었다. 그러나 제럴드 포드는 마야궤스 사건에서 그 법을 무시했다. 그의 보좌관들은 18명의 의원만 불러서 군사행동에 대해 이야기해주었다. 그들 가운데 반대의사를 밝힌 의원은 소수에 불과했다.

워터게이트 사건으로 CIA와 FBI 모두 이미지가 훼손되었다. 이 단체들은 준수하기로 맹세했던 법들을 어겼으며, 리처드 M. 닉슨이 불법행위를 하도록 도왔다. 워터게이트 사건이 끝난 후 의회에서 CIA와 FBI에 대한 조사위원회를 조직했을 때, 추한 비밀들이 더 많이 발각되었다.

CIA는 쿠바의 피델 카스트로(Fidel Castro)를 비롯한 외국 지도자들의 암살계획을 세우고 있었다. CIA는 쿠바에 가축의 질병을 퍼뜨려서 쿠바 국민이 키우던 돼지 50만 마리를 폐사시켰다. 또한 CIA는 칠레 정부를 전복시키기도 했다. 칠레 정부를 이끌던 사람은 마르크스주의자인 살바도르 아옌데(Salvador Allende)로, 그는 칠레 국민의 자유선거에 의해 선출된 지도자였다. 그러나 미국은 그의 정책들이 마음에 들지 않았다.

FBI의 경우 수년 동안 좌파의 급진단체들을 와해시키기 위해 애썼다. FBI는 위조편지를 보내고, 편지 내용을 불법적으로 검열했으며, 6년 동안 90명의 침입자에게 임무를 맡겼다. 게다가 블랙 팬더의 흑인 활동가였던 프레드 햄프턴(Fred Hampton)의 살해에도 FBI가 개입했던 것으로 추정된다.

이러한 정보를 담고 있는 보고서는 국민에게는 너무 두껍고 난해했다. 텔레비전의 기자들은 이에 관해 언급을 많이 하지 않았으며, 신문들도 많은 지면을 할애하지 않았다. 심지어 상원은 CIA가 국민에게 알려지기를 원치 않는 정보가 포함되어 있는지 확인할 수 있도록 CIA에 관한 보고서를 검토해주기까지 했다! CIA가 마치 정직한 단체로 스스로 문제점들을 수정하는 듯 보이게 하는 조사가 이루어지는 동안, 매스미디어와 정부는 앞에서 언급한 문제점들에 대한 공개적이고 대중적인 논의가 이루어지도록 장려할 수 있는 아무런 조치도 취하지 않았다.

리처드 M. 닉슨은 대통령직에서 물러났다. …… 의회는 CIA와 FBI가 저지른 악행을 조사했다. …… 이런 일들은 정부에 대한 국민의 신뢰를 회복하기 위한 조치들이었다. 이런 조치들은 과연 효과가 있었을까?

1975년에 실시했던 여론조사를 보면 1966년 이후 군대, 기업, 정부에 대한 신뢰도가 떨어졌음을 알 수 있다. 겨우 13퍼센트만이 대통령과 의회를 신뢰한다고 했다.

당시 국민의 불만족은 경제와 관련이 있었을 것이다. 실업이 증가하고 있었기 때문이다. 국민은 일자리를 잃었고 실업수당도 다 써버렸다. 점점 많은 사람이 미래에 대해 비관적으로 생각하게 되었다.

1976년 대통령 선거를 치르면서 기득권층은 체제에 대한 국민의 신뢰도에 대해 걱정했다. 때는 마침 독립선언 200주년이었다. 성대한 축하 행사가 계획되었다. 행사의 조직책들은 이 행사로 미국의 애국심이 회복될 것이고, 1960년대 이래 심각해진 저항의 분위기도 가라앉을 것이라고 생각했다.

　그러나 그 행사에서는 그리 열광적인 모습이 나타나지 않았다. 보스턴에서는 보스턴 차 사건 200주년 기념 축하행사가 계획되었다. 그러나 엄청난 수의 군중이 비공식적인 '반(反)축하행사'로 발걸음을 돌렸다. 반축하행사에 참가한 사람들은 보스턴 만(灣)에 '걸프 오일(Gulf Oil)' '엑슨(Exxon : 미국의 유명 석유회사-옮긴이)'이라고 적힌 상자들을 집어던졌다. 그 상자들은 미국의 기업 세력을 상징하는 셈이었다. 저항의 분위기는 사라지지 않았다.

4부

우리의 목소리가 들리지 않는가

...

21 / 자본주의와 국가주의는 영원하리라

1979년 미국에는 아파도 병원에 가거나 약을 살 수 없는 아이들이 100만 명이나 되었다. 그 아이들이 건강검진을 받았다는 증거 자료가 없었다. 17세 이하 1,800만 명의 아이들은 치과에 가본 적도 없었다.

메리언 라이트 에덜먼(Marian Wright Edelman)은 이러한 사실들에 주목했다. 아동보호기금(Children's Defense Fund)의 총재였던 그녀는 미국의 어린이들, 특히 빈민층의 어린이들의 생활 향상에 힘썼다. 그녀는 의회에서 아동 건강 프로그램 예산을 8,800만 달러 감축함으로써 아동 보호를 위한 안전망에 구멍이 뚫렸다는 사실을 대중에게 알리고자 했다.

미국은 몇 가지 심각한 문제들에 발목이 잡혀 있었다. 베트남전쟁과 워터게이트 사건은 국민이 정부를 불신하게 했었다. 또 많은 국민이 경제력에 대해 근심하고 있었다. 차후 가족을 부양할 수 있을까? 아니면 가난에 허덕이게 될까? 사람들이 대기오염과 수질오염에 대한 경각심을 갖게 되면서 환경 또한 고민거리 가운데 하나가 되었다.

사회 및 경제 구조에서의 과감한 변화만이 그러한 문제들을 해결할 수 있었다. 그러나 공화·민주 양당의 정치가들 가운데 누구도 변화를 제시하지 못했다. 대신 그들은 역사학자 리처드 호프스태더(Richard Hofstader)가 말한 "미국의 정치적 전통(american politic tradition)" 유지에만 힘썼다.

그가 말한 전통은 자본주의와 국가주의라는 두 가지 중요한 요소로 구성되어 있는 것이었다. 자본주의라는 경제체제는 극빈층이 존재하는 상태에서 엄청난 부의 성장을 장려하는 것이다. 세계에서 미국의 이익이 가장 우선시되어야 한다는 생각인 국가주의는 전쟁을 장려하는 것이다. 20세기가 끝나갈 무렵 민주당과 공화당이 번갈아가며 정권을 잡았지만, 양당 모두 새로운 정책이나 비전을 제시하지 못하기는 마찬가지였다.

좌파가 누렸던 짧은 시절

민주당의 지미 카터(Jimmy Carter)는 1977~1980년까지 대통령으로 재직했다. 그는 미국을 좌파 성향, 진보주의 성향 쪽으로 미미하게 바꾸어놓았다. 흑인이나 빈민들을 위한 손짓, 다른 나라 사람들의 인권에 대한 발언이 있었는데도 지미 카터 역시 대통령으로서 미국의 전통적인 정책이라는 한계에서는 벗어나지 못했다.

지미 카터는 흑인 민권운동가 앤드루 영(Andrew Young)을 UN 대사로 임명했다. 앤드루 영은 아프리카의 흑인 국가들과 미국이 우호적인 관계를 맺도록 힘썼다. 또한 카터 행정부는 남아프리카공화국의 백인 정부에 흑인들의 정치적·경제적 평등권을 박탈하는 정책인 아파르트헤이트(Apartheid)를 중단하라는 압력을 가하기도 했다.

아파르트헤이트에 반대하는 흑인들의 폭동은 남아프리카공화국을 혼란 속으로 빠뜨렸다. 이 폭동이 내전으로 확대될 경우 미국의 이익도 위협받을 수 있었다. 남아프리카공화국의 레이더 시스템은 여러 국가의 비행기와 인공위성이 항로를 잡는 데 도움을 주었다. 또한 남아프리카공화국에는 공업용, 보석용으로 쓰이는 다이아몬드가 매장되어 있었다. 미국이 아파르트헤이트에 반대하는 입장을 취했던 것은 도덕적인 선택이기도 했지만, 안정되고 평화로운 남아프리카공화국에서 얻을 수 있는 현실적인 이익들 때문이기도 했다.

베트남전쟁이 벌어지는 동안 지미 카터는 반전운동의 동지로 자처했다. 그러나 지미 카터는 리처드 닉슨 대통령의 폭격계획에 반대하지 않았으며, 전쟁이 끝난 후에는 베트남 재건에 대한 원조도 반대했다. 대통령이 된 후에는 이란, 니카라과, 필리핀, 인도네시아의 독재 정부에 대한 미국의 원조정책을 유지했다. 독재 정부는 반대파를 탄압하는 데 고문이나 학살 같은 폭력적이고 비민주적인 방법들을 동원하고 있었다. 그래도 여전히 그들은 미국에 군사적인 도움을 포함한 많은 도움을 받고 있었다.

미국의 체제에 대해 국민의 신뢰를 회복시킨 것이 지미 카터가 거둔 성과였다면, 경제문제를 해결하지 못한 것은 그의 가장 큰 실패였다. 막대한 군사 비용을 부담하고 있는 상태에서 정부는 다른 방법으로 돈을 거둬들이고 있었다. 예를 들어 농무부는 가난한 학생들의 무료 우유 급식을 중단하면 해마다 2,500만 달러를 절약할 수 있다고 했다.

　음식값을 비롯한 생필품 가격은 국민의 소득보다 빠르게 치솟았다. 아예 돈을 벌지 못하는 사람들도 많이 있었다. 젊은이들, 특히 흑인 젊은이들 가운데 20~30퍼센트가 실직 상태였다.

부의 양극화가 심해지다

　1980년에 치러진 대선에서 지미 카터는 공화당의 로널드 레이건에게 패했다. 카터 시절의 가냘픈 진보주의마저도 사라지게 된 것이다. 로널드 레이건은 두 번 대통령에 당선되었고, 그 뒤를 또 다른 공화당원 조지 부시(George Bush)가 이었다.

　레이건 행정부와 부시 행정부는 비슷한 정책들을 썼다. 빈민들에 대한 혜택을 줄이고 부자들의 세금을 감면해주었으며, 군사 예산을 높게 책정했다. 또한 그 두 행정부는 우파와 기득권 세력에 유리하게 법을 해석하는 보수 성향의 판사들로 연방의 법정을 채웠다. 예를 들어 레이건-부시 시절의 대법원은 사형 제도를 부활시켰고, 공교육을 받는 빈민들에게도 비용을 부담하도록 강요할 수 있다고도 했다.

　로널드 레이건 대통령의 첫 번째 임기 4년 동안 미국 군대에는 1조 달러가 넘는 예산이 투입되었다. 로널드 레이건은 빈민들에 대한 혜택을 감축함으로써 그 비용을 충당하려 했다. 이런 감축정책으로 사람들이 겪는 고통은 심각했다. 100만 명 이상의 아이들이 무료 학교 급식을 받지 못하게 되었다. 그 아이들 가운데 일부는 학교 급식을 통해서 영양 섭취를 절반 정도 이루고 있었다. 미혼모에게 보조금을 지급하는 복지 프로그램 부양자녀가족지원제도(Aid to Families with Dependent

Children∶AFDC)도 도마 위에 올랐다. 곧바로 전국 아동의 4분의 1에 해당하는 1,200만 명의 아이들이 빈곤 속에서 살 처지에 놓였다.

한 어머니는 지역신문에 다음과 같은 글을 실었다.

나는 아이 두 명을 학교에 보내고 있고, AFDC의 도움을 받고 있다. ……

우리는 고용을 하지 못하는 고용청(employment office), 통치할 줄 모르는 정부, 일할 준비가 되어 있는 사람들에게 일자리를 만들어주지 못하는 경제체제를 갖고 있다는 것이 분명해지고 있다. ……

지난주 나는 자동차 보험료를 내기 위해 침대를 팔았다. 대중교통이 제대로 갖춰지지 않은 상태에서 일자리를 구하러 다녀야 하기 때문이다. 나는 누가 갖다준 고무판 위에서 잠을 잔다.

이것이 바로 내 부모님이 이 나라를 찾아오게 한 아메리칸 드림(American Dream)이다. 열심히 일하고, 좋은 교육을 받고, 규칙을 지키면 부자가 될 수 있다는 것 말이다. 나는 부자가 되기를 바라지 않는다. 나는 그저 내 아이들을 키우고 적당히 품위를 유지하며 살 수 있기만 바랄 뿐이다.

대기업들과 연결되어 있는 민주당과 공화당 모두 복지 프로그램을 비판했다. 그렇다면 일반 대중들은 빈민들을 돕는 것에 대해 어떻게 생각했을까?

1992년 초 '복지'에 대한 생각을 묻는 설문조사 결과 44퍼센트가 너무 많은 예산이 쓰이고 있다고 답했다. 그러나 '빈민들에 대한 지원' 설문조사에서는 불과 13퍼센트만이 너무 많은 예산이 쓰이고 있다고 답했고, 64퍼센트는 충분하지 않다고 답했다. 미국 사람들은 아직도 이런 문제에 관대하지만 '복지'가 정치적인 개념으로 정착되면서 질문을 어떤 식으로 하는가에 따라 대답도 달라졌던 것이다.

로널드 레이건의 대통령 임기 동안 미국의 빈부격차는 극에 달했다. 1980년 당시 대기업 고위 간부들은 공장 근로자보다 수입이 40배나 높았다. 1989년에는 그 차이가 무려 93배나 되었다.

사회의 하층민들은 어느 때보다도 불우했다. 흑인들, 히스패닉, 여성들, 그리고 젊은이들은 무엇보다 경제적으로 몸살을 앓았다. 1980년대가 끝날 무렵, 미국 흑인 가정의 3분의 1이 공식적으로 발표된 빈곤 한계선(빈곤의 여부를 구분하는 최저 수입-옮긴이)보다 못한 생활을 하고 있었다. 흑인들의 실업률은 백인들보다 심각했고, 평균 수명은 낮았다. 민권운동은 일부 흑인들의 신분 상승이라는 성과를 거두었지만, 대부분의 흑인은 최하위층 생활을 했다.

전쟁이라는 이름의 마약

제2차 세계대전이 끝난 이래 국제적인 사건들 가운데서 가장 극적인 일은 조지 부시의 재임 초에 발생했다. 1989년 소련과 소련의 지배를 받은 동유럽 국가에서 독재에 대한 저항이 일어났다.

하룻밤 사이에 공산주의 정권들이 붕괴되고 새로운 비(非)공산주의 계열의 정권이 들어섰다. 수많은 군중의 환호와 함께 민주주의 서독과 공산주의 동독을 구분짓던 장벽이 붕괴되었다. 특히 주목할 만한 점은 이러한 일들이 국민의 요구에 의한 것이어서 내란 없이 이루어졌다는 것이다.

소련의 붕괴는 미국의 정치가들도 예상하지 못했던 급작스러운 일이었다. '소련의 위협'으로부터 미국을 지켜낸다는 명분 아래 전 세계에서의 군사력 증강을 위한 예산으로 거두어들인 세금이 몇 조 달러에 달하는 상태였다. 그런데 그 위협이 사라진 것이었다. 그야말로 미국이 새로운 대외정책을 수립할 수 있는 기회였다. 군사 예산에 투입되었던 수천억 달러의 비용도 건설적이고 건전한 일에 쓸 수 있게 되었다.

그러나 그런 일은 일어나지 않았다. 미국의 지도층이 오랫동안 막대한 비용을 소비한 군사시설을 유지하기 위한 방법을 고민하면서 일종의 패닉 현상이 일어났던 것이다. 거대한 군사력의 필요성을 입증하기 위해 부시 행정부는 4년 동안 두 차례의 전쟁을 일으켰다.

첫 번째는 마누엘 노리에가(Manuel Noriega) 장군이 독재정치를 하고 있던 중앙아메리카 국가 파나마에서 일어났다. 오랫동안 미국은 마누엘 노리에가의 부패하고 잔혹한 통치를 묵인해주고 있었다. CIA에 여러모로 쓸모 있는 인물이었기 때문이다. 그러나 그가 마약상이라는 사실이 만천하에 공개되면서 이용가치가 없어졌던 것이다. 1989년 12월 미국은 마약 범죄자 마누엘 노리에가를 법정에 세운다는 명분으로 파나마를 침공했다. 미군에 체포된 마누엘 노리에가는 미국에서 재판을 받고 수감되었다. 그러나 미국의 폭격으로 파나마 주변 국가들의 수백, 아니 수천 명의 사람이 목숨을 잃었으며 1만 4,000명의 사람은 갈 곳 없는 신세가 되었다.

그러나 조지 부시가 두 번째로 일으킨 전쟁에 비하면 파나마 침공은 아무것도 아니었다. 1990년 8월 중동에 위치한 이라크는 산유국 쿠웨이트를 침공했다. 10월 30일 부시 행정부는 이라크와의 전쟁을 비밀리에 결정했다.

미국 국민은 쿠웨이트의 자유를 되찾아주고 이라크가 핵무기를 개발하지 못하게 하기 위해서 싸우는 것이라고 알고 있었다. 그러나 그 전쟁

1991년 걸프전쟁 참전 병사들 앞에서 연설하고 있는 전 국방장관 딕 체니(현 부통령). 놈 촘스키는 "안보에 대한 호소는 대부분 사기극에 불과하다"고 말한 바 있다.

의 두 가지 근본적인 원인은 따로 있었다. 하나는 중동의 석유에 관한 미국의 통제력을 강화시키기 위한 것이었고, 다른 하나는 해외에서 치르는 전쟁에서도 승리할 수 있다는 것을 증명함으로써 조지 부시의 재선 가능성을 높이려는 것이었다.

수개월에 걸쳐 정부와 주요 언론들은 이라크의 독재자 사담 후세인 (Saddam Hussein)의 위험성을 국민들에게 세뇌시켰다. 그런데도 전쟁을 지지하는 미국인들의 수는 절반도 되지 않았다. 그러나 정부가 이라크 바로 옆의 페르시아 만에 50만 병력을 파견하는 것을 막지는 못했다.

1991년 1월 의회는 조지 부시에게 전쟁을 선포할 수 있는 권한을 주었다. 조지 부시는 '사막의 폭풍(Desert Storm)'이란 작전명 아래 이라크군에 대한 공습을 시작했다. 전투에 관한 소식들은 군대와 정부에 의해 엄격한 검열을 받았다. 그 전쟁의 큰 개요는 레이저가 장착된 '분별력 있는 폭탄들'에 있었다. 이 폭탄들은 군사시설만을 정확하게 표적으로 삼기 때문에 민간인들의 인명 피해는 없을 것이라고 알려졌다.

국민들은 그 폭탄들의 '분별력'의 진상에 대해 속고 있었다. 여성과 아이들이 포함된 수천 명의 이라크 시민들이 폭격으로 목숨을 잃었으며, 특히 미국 공군이 기존의 폭탄들을 다시 사용하면서 피해는 더욱 커졌다. 이라크의 수도 바그다드 남부에 위치한 호텔에 가해진 폭격을 목격한 한 이집트인은 "그들(미국 폭격기들)은 사람들이 꽉 차 있는 호텔을 공격했고, 다시 돌아와서 재차 공격했다"라고 진술했다.

전쟁은 6주간 계속되었다. 그 후 이라크 폭격이 기아와 질병, 그리고 수천 명 어린이의 죽음이라는 결과를 초래했다는 것이 분명해졌다. 미국 정부가 전쟁 기간 동안 사담 후세인을 위험인물이라고 했는데도 전쟁이 끝났을 때, 그는 여전히 권력을 잡고 있었다. 미국은 그의 세력 약화만 바랐을 뿐 제거할 생각까지는 없는 듯했다. 사담 후세인은 이용가치가 있는 인물이었다. 이웃 국가인 이란이 중동 지역에서 세력이 강해지지 못하도록 방해하고 있었기 때문이다. 그런 면에서 분명 이용가치가 있었다.

조지 부시 대통령과 주요 언론은 사막의 폭풍에서 거둔 미국의 승리를 찬양했다. 그들은 베트남전쟁에서 겪었던 비참한 실패라는 유령이 마침내 안식에 들어 사라졌다고 주장했다. 미국은 전 세계에 자신들이 어떤 일을 할 수 있는지 보여주었다.

그러나 흑인 시인 준 조든(June Jordan)의 생각은 달랐다. 그녀는 전쟁의 승리의 기쁨을 치명적인 마약효과와 비교했다. "나는 당신들에게 그것(전쟁의 승리)은 코카인과 같은 극적인 효과를 가져다주지만, 그 효과는 결코 오래 지속되지 않는다고 충고하고 싶다."

22 / 보고되지 않은 저항들

젊은 운동가 키스 맥헨리(Keith McHenry)는 1990년대 초반 여러 차례 체포되었다. 그리고 그와 비슷한 수백 명의 사람이 있었다. 그들은 무슨 죄를 저질렀던 것일까? 음식 배급을 허용하는 증명서 없이 빈민들에게 공짜로 음식을 나눠주었던 것이다.

그들은 "폭탄 대신 음식을(Food Not Bombs)"이라는 운동에 참여한 사람들이었다. 용기와 도전에서 비롯된 그들의 행동은 대기업과 정부의 세력이 압도적인 시기에 저항정신을 이어갈 수 있게 해주었다.

1960년대에는 인종차별과 전쟁에 반대하는 저항의 물결이 전국적으로 막강한 세력을 형성하고 있었다. 70년대, 80년대, 90년대 초의 저항은 달랐다. 운동가들은 무관심한 정치 지도자들을 상대로 힘든 투쟁을 해야 했다. 그리고 사람들이 투표와 항의에 대한 희망을 잃은 상황에서 동지를 얻기 위해 애써야 했다.

정치가들은 대부분 이런 저항을 무시했다. 주요 언론들은 이에 대해 자주 언급하지 않았다. 그러나 전국적으로 수천 개에 달하는 지역단체들은 활발히 활동했다. 이런 단체들에 속한 운동가들은 환경, 여권(女權), 집 없는 사람들, 지나친 군비의 종식 등을 위해 노력했다.

더 이상 핵은 그만!

핵무기에 반대하는 반핵운동은 지미 카터가 대통령이었던 1970년대 후반에 시작되었다. 소규모의 반핵운동이었지만 단호했다. 베트남전쟁에 반대했던 기독교 측의 운동가들이 반핵운동을 시작했다. 비폭력이었으나 극적인 행위를 백악관과 펜타곤(Pentagon: 미국 국방부 건물) 앞에서 함으로써 체포되었다. 그들은 금지구역에 침입해서 상징적인 전쟁 기계에 자신들의 피를 뿌렸던 것이다.

1980년대에는 로널드 레이건 대통령의 막대한 군사 예산에 대한 항의 차원에서 더욱 많은 사람이 반핵운동에 참여했다. 주도적인 역할을 한 것은 여성들이었다. 로널드 레이건이 당선된 지 얼마 지나지 않았던 때 2,000명의 여성이 워싱턴 D.C.에 집결했다. 그녀들은 국방부로 행진하여 그곳을 포위했으며, 출구를 막아서고 있던 140명이 연행되었다.

어떤 의사들은 핵무기가 인체에 끼칠 해로움을 사람들에게 알렸다. 그들은 '사회적 책임을 위한 의사들의 모임(Physicians for Social Responsibility)'을 결성했다. 그 단체의 지도자인 헬렌 칼디콧(Helen Caldicott) 박사는 반핵운동의 가장 영향력 있는 대변인 가운데 한 명이 되었다.

원자폭탄 제조에 종사해왔던 과학자들도 반핵운동에 힘을 실었다. 한 과학자는 암으로 사망하기 직전 국민들에게 '지금껏 유례없었던 대규모의 평화운동'을 일으켜달라고 호소했다.

지금껏 유례없던 대규모 집회는 1982년 6월 12일 뉴욕 시의 센트럴파크에서 열렸다. 거의 100만 명에 가까운 사람들이 모여서 무기 경쟁의 종식을 주장했다. 당시 미국과 소련은 경쟁적으로 살상무기들을 비축하고 있었다. 어쨌든 그 시위는 미국 역사상 최대 규모의 정치적인 시위였다.

사회문제에 대한 비판도 계속되다

그러한 저항을 불러일으킨 것은 비단 무기 경쟁만이 아니었다. 사람들은 로널드 레이건의 사회복지 감축에 분노에 차서 대응했다. 1981년 보스턴 동부에 살던 사람들은 길거리로 나와 교사, 경찰, 소방관에 대한 정부의 지원금이 중단된 것에 대해 항의했다. 45일에 걸쳐 그들은 러시아워 시간대에 주요 도로들을 봉쇄했다. 〈보스턴 글로브Boston Globe〉는 그들이 "대부분 중산층과 노동계급에 속하는 중년의 사람들로, 전에는 아무 일에도 저항해본 적이 없는 사람들이었다"라고 보도했다. 보스턴의 경찰서장은 이렇게 말했다. "이 사람들은 1960년대와 1970년대의 저항에서 얻은 교훈들을 실천하기 시작하려는 듯하다."

많은 사람이 사회복지의 실패한 시스템과 국가의 군사정책을 연결지어 생각했다. 어린아이들에게 투자되었어야 할 자금이 무기에 소비되고 있었던 것이다. 아동보호기금의 매리언 라이트 에덜먼은 1983년의 졸업생들에게 다음과 같이 연설했다.

워싱턴 아동보호기금의 총재인 메리언 라이트 에덜먼(1985년). 그녀는 미국 어린이 일곱 명 가운데 한 명(총 1,000만 명)은 정기적인 기초 의료보호를 전혀 받지 못했다는 사실을 지적했다.

여러분은 이제 졸업해서 도덕과 경제가 파탄난 가장자리에서 휘청거리고 있는 국가와 세계에 진출하게 됩니다. 1980년 이래 우리의 대통령과 의회는 …… 가난한 사람들을 희생시키며 부자들에게 좋은 소식들을 전해주고 있습니다. …… 아이들이야말로 가장 큰 희생자들입니다.

남부에서는 1960년대의 민권운동 같은 거대한 운동은 일어나지 않았다. 여전히 수백 개의 지역단체에 흑인과 백인을 포함한 빈민들이 가입되어 있었다. 노스캐롤라이나에서는 산업 독극물 때문에 아버지를 잃은 린다 스타우트(Linda Stout)라는 여성이 피드몬트 평화 프로젝트(Piedmont Peace Project)를 시작했고 방직공, 가정부, 농부들 수백 명이 회원으로 참여했다. 회원들은 대부분 저임금을 받는 유색인종 여성들로, 그녀들은 이 프로젝트를 통해서 비로소 목소리를 낼 수 있었다.

라틴계 사람들(멕시코계 미국인들이나 라틴아메리카 출신 사람들) 또한 부당함에 맞서는 목소리를 냈다. 1960년대로 돌아가 보면 세자르 차베스(César Chávez)가 이끄는 멕시코계 농장 노동자들이 불공평하고 억압적인 노동조건에 저항하는 행동을 취했던 바 있다. 그들은 파업을 일으켰으며, 노동자들의 처우가 개선되기 전까지 전국적으로 캘리포니아산 포도 불매운동을 벌였다.

빈곤과 차별에 대한 라틴계 사람들의 투쟁은 1970년대와 1980년대에도 계속되었다. 대부분이 라틴계인 구리광산의 광부들은 광산의 소유 회사가 그들의 임금, 혜택, 안전보호 등을 감축하자 파업을 일으켰다. 광부들은 주 방위군, 최루탄, 헬리콥터의 공격을 받았지만 파업은 3년 간 지속되었다. 결국 정부와 대기업 세력이 결탁하여 그들을 해산시키고 파업을 종식시켰다.

그러나 승리를 거둔 사례도 있었다. '잡역부(janitor)'라는 별칭으로 불린 라틴계 농장 노동자들과 공장 노동자들은 파업을 통해서 임금 인상과 노동조건 개선이라는 성과를 얻어냈다. 뉴멕시코의 라틴계 사람들은 수십 년간 살아온 터전을 지키기 위해 택지 개발업자들을 상대로 이겼다. 그 당시 라틴계 사람들은 미국 인구의 12퍼센트를 차지하고 있었는데, 흑인들과 같은 수치였다. 라틴계 인구는 계속해서 증가 추세에 있었고 미국의 음악, 예술, 언어, 문화 등에서 중요한 위치를 점하기 시작했다.

끔찍한 비극에서 얻은 교훈

베트남전쟁은 1975년에 끝났지만 1980년대와 90년대에도 수시로 사람들의 이목을 끌었다. 그런 일은 누군가가 전쟁에 대한 생각의 변화를 이야기할 때 일어날 수 있었다.

그렇게 생각이 완전히 바뀐 사람으로 찰스 허터(Charles Hutto)를 들 수 있다. 베트남에서 미국 군대가 수백 명의 여성과 아이들을 총살했던 밀라이 학살에 가담했던 그는 기자에게 다음과 같이 회고했다.

난 열아홉 살이었죠. 나는 언제나 어른들이 내게 해주는 말들을 들어왔어요. …… 그러나 만약 지금 정부가 내 자식들에게 가라, 가서 국가를 위해 봉사해라, 단 너희가 직접 판단하려 하지 말라고 한다면, 나는 내 자식들에게 이렇게 말할 겁니다. 국가에 대해서는 생각도 하지 마라, 너희들 자신의 양심에 따르면 된다, 하고요. …… 나는 베트남에 가기 전에 내게도 누가 이런 말을 해줬으면 좋았을 걸 하고 줄곧 생각해왔지요. 그때는 알 수 없었어요. 이제야 나는 전쟁이란 게 존재해선 안 된다는 생각을 해요. …… 사람 마음을 갈기리 찢어놓으니까요.

수많은 미국인이 베트남전쟁은 끔찍한 비극이었으며 해서는 안 될 전쟁이었다고 생각했다. 그 고된 교훈을 얻은 후 국민은 단지 지도층이 원한다는 이유만으로 새로운 전쟁을 무조건 지지하지 않게 되었다. 그것이 1991년 조지 부시 대통령이 이라크에 대해 압도적인 규모의 공군력으로 공격을 시작했던 이유였다. 그는 전국적인 반전운동이 일어나기 전에 전쟁을 끝내고 싶어했던 것이다.

그러나 점점 전쟁이 임박해지자 저항과 항의가 일어나기 시작했다. 600명의 학생이 반전을 외치며 몬태나 주 미줄라를 행진했다. 보스턴에서는 '평화를 위한 참전용사들(Veterans for Peace)'이란 단체가 "재향군인의 날(Veterans Day: 11월 11일—옮긴이)" 퍼레이드에서 집결했다. 그

핵미사일을 제조하는 펜실베이니아의 제너럴 일렉트릭 공장 앞에서 핵 반대 시위를 하고 있는 '보습의 8인'. 그들은
성경 내용대로 칼을 쳐서 보습을 만드는 본보기를 보여주려 했다.

들이 "베트남 같은 일이 다시 일어나서는 안 된다(No More Vietnams)"
라고 적힌 피켓을 들고 지나갈 때 구경꾼들은 환호를 보냈다.

조지 부시가 전쟁을 벌이려고 할 때, 베트남전쟁 참전용사이자 《7월 4일
생》의 저자 론 코빅은 200개의 텔레비전 채널에서 유명한 연설을 했다. 론
코빅은 국민들에게 "자리에서 일어나 반전을 외치라"고 호소했다. 이어서
그는 "얼마나 더 많은 미국인들이 저처럼 휠체어에 앉아서 돌아와야 (전쟁
은 안 된다는 사실을) 깨닫겠습니까?"라고 말했다.

전쟁이 시작되던 날 밤 5,000명의 시위자가 샌프란시스코에 모여서 연방
정부 건물을 에워싸는 인간띠를 만들었다. 경찰들은 곤봉으로 시위자들의
손을 내리쳐서 그 띠를 끊었다. 한편 보스턴에서는 일곱 살 먹은 여자아이

가 자기 생각을 말했다. 그 아이는 편지에 다음과 같은 내용을 썼다.

존경하는 부시 대통령님, 저는 당신이 하는 일들이 마음에 안 듭니다. 당신이 전쟁을
하지 않겠다고 마음먹는다면 우리는 평화를 위한 철야기도를 하지 않아도 될 거예
요. 당신도 전쟁터에 있다면 다치지 않기를 바라겠지요. 제가 하고 싶은 말은 이거예
요. 절대로 전쟁이 일어나지 않았으면 좋겠습니다.

전쟁이 시작되고 애국적인 말들이 언론매체들을 장식하자 대부분의
미국인은 자신들이 전쟁을 지지하고 있다고 말했다. 그러나 아직도 용
감하게 반전을 외치는 사람들은 남아 있었다.

1960년대에 조지아 주 의회에서는 줄리언 본드 의원이 베트남전쟁을
비판하며 과감하게 자리를 박차고 나갔던 일이 있었다. 이번에도 바로
그곳에서는 신시아 매키넌(Cynthia McKinnon)이라는 여성의원이 이라
크 폭격을 비판하는 연설을 했다. 수많은 동료의원들이 그녀의 연설을
듣지 않겠다며 자리를 떠났다. 그러나 그녀는 한발도 물러서지 않았다.

퍼트리샤 빅스(Patricia Biggs)는 이스트 센트럴 오클라호마 주립대
학교(East Central Oklahoma State University) 학생이었다. 그녀와 또
한 명의 젊은 여성은 "전쟁 말고 평화를 가르쳐주세요"라고 적힌 피켓을
들고 조용히 학교 정문 위로 올라갔다. 그녀는 다음과 같이 말했다.

나는 우리가 그 나라(이라크)를 공격해야 한다고 생각하지 않아요. 나는 정의와 자유
때문이 아니라 경제 때문에 그런 일이 벌어졌다고 생각해요. 거대한 석유회사들이
그곳에서 일어나는 일들에 크게 관여하고 있어요. …… 우리는 돈 때문에 사람들의
목숨을 위험에 빠뜨리고 있어요.

전쟁이 시작된 지 9일이 지난 후 15만이 넘는 사람들이 반전 연설을 들으면서 워싱턴 D.C.의 한복판을 가로질러 행진했다. 캘리포니아 주 오클랜드에서 온 한 여성은 곱게 접은 성조기를 들고 있었다. 그녀의 남편이 베트남에서 전사했을 때 받은 성조기였다. 그녀는 집결한 사람들에게 이렇게 말했다. "나는 접힌 깃발에는 아무런 영광도 없다는 사실을 힘들게 배웠습니다."

이라크전쟁(우리나라에서는 일반적으로 걸프전이라고 한다-옮긴이)은 단 6주 동안만 계속되었다. 이 전쟁이 끝났을 때 애국적인 열기는 최고조에 달했다. 한 설문조사에 의하면 겨우 17퍼센트의 응답자들만이 투입한 비용에 비해 가치 없는 전쟁이었다고 답변했다. 그러나 4개월이 지나자 30퍼센트가 무가치한 전쟁이었다고 생각하게 되었다. 이라크전쟁은 조지 부시가 국민들의 지지를 유지하는 데에도 도움이 되지 못했다. 그는 그 전쟁의 분위기가 이미 식어버린 1992년의 대선에 출마했고 결국 패배했다.

콜럼버스에 대한 재평가

1992년은 크리스토퍼 콜럼버스가 아메리카 대륙에 도착한 지 500주년이 되는 해였다. 콜럼버스와 동료 정복자들은 히스파니올라의 아메리카 원주민들을 전멸시키다시피 했다. 훗날 미국 정부는 북아메리카를 가로질러 행진하면서 인디언 부족들을 파멸에 이르게 했다. 500주년 기념제가 다가오면서 끝까지 생존한 인디언들은 하고 싶었던 말을 하기로 했다.

1990년 아메리카 대륙 각지의 인디언들이 콜럼버스의 정복에 경의를 표하기 위해 계획되고 있던 축제에 반대하기 위해 남아메리카의 에콰도

르에 집결했다. 2년 후 기념제가 열리는 동안 다른 미국인들도 그들과 함께하여 콜럼버스를 비판했다.

미국에서 콜럼버스 기념일(Columbus Day : 10월 12일 - 옮긴이)을 축하하기 시작한 이래, 콜럼버스가 선물을 갖고 우정으로 다가온 원주민들을 납치하고 노예로 삼고 살해한 인물이라며 전국적으로 비난받은 것은 처음 있는 일이었다. 전국에 걸쳐서 콜럼버스를 비판하는 사건들이 일어났던 것이다.

콜럼버스에 대한 논쟁은 대학과 학교들에서 폭발하듯 터져 나왔다. 전통적인 주류 사상가들은 미국의 역사를 야만에 대한 유럽 문명의 진보라고 생각하고 있었다. 그들은 콜럼버스에게 살해된 인디언들, 자유가 허락되지 않았던 흑인들, 평등을 위해 싸워야만 했던 여성들에 관해 이야기하는 역사에 대한 새로운 관점들에 크게 당황했다. 그러나 그들은 새로운 사상의 물결을 막을 수 없었다.

사회적으로 의식이 있는 교사들은 다른 교사들을 위한 책과 워크숍을 마련했다. 그들은 전통적인 교과서에서 벗어나 학생들에게 콜럼버스의 진실을 말해주려는 교사들을 격려했다. 레베카라는 여학생은 전통적인 가르침에 관해 다음과 같이 말했다.

물론 그 책의 저자들은 정말로 아메리카를 발견한 사람이 누구인가 하는 문제를 얼버무리는 게 그리 나쁜 일이 아니라고 생각했겠지요. 그러나 제가 평생 속아왔다는 생각, 그리고 이런 일이 또 있을지도 모르겠다는 생각이 저를 화나게 하네요.

화가 난 미국인은 레베카만이 아니었다. 1990년대가 되면서 미국의 정치체제는 최상층 사람들에게 장악되었다. 대기업들이 대중 언론을 소유했다. 나라는 최상층과 극빈층으로 분리되었고, 스스로 곤란하고 불안하다고 여기는 중산층들에 의해 분열되었다. 저항과 항의의 문화는 아직 남아 있었다. 소수의 사람들은 더욱 평등하고 더욱 인간적인 사회에 대한 환상을 포기하지 않고 있었다. 미국의 미래에 대한 희망이 아직도 남아 있다면 그들과 함께할 것이었다.

23   20세기의 끝에서

해마다 누군가가 세계의 문젯거리들에 대해 평화적인 해결책을 제시함으로써 노벨 평화상을 수상하고 있다. 1996년에는 아시아 국가 동티모르의 전쟁을 공정하게 종식하기 위해 노력하고 있던 두 사람이 그 상을 받았다. 당시 동티모르는 인도네시아로부터 독립하기 위한 투쟁을 벌이고 있었다.

그 두 사람 가운데 한 사람인 주제 라모스 오르타(Jose Ramos-Horta : 주제 라모스 오르타는 미국에서 《하워드 진 살아있는 미국역사》가 출간되던 2007년 5월 동티모르 대통령으로 당선되었다-옮긴이)는 수상하기 전에 뉴욕 브루클린의 한 교회에서 연설을 했다. 그는 약 20년 전 미국을 방문했던 때의 기억을 떠올렸다.

20세기의 끝에서 · **283**

1977년 여름, 뉴욕에 있었을 때 저는 당시 스물한 살이던 제 누이 마리아가 비행기 폭격으로 사망했다는 소식을 접했습니다. 브롱코(Bronco)라는 이름의 그 비행기는 미국에게 제공받은 것이었습니다. 몇 달 지나지 않아 열일곱 살 난 남동생 가이도 미국이 제공해준 벨 헬리콥터(Bell Helicopter)에 의해 마을이 공격받았을 때, 수많은 사람 틈에서 죽어갔습니다. 그해에 또 다른 남동생 누누마저 체포되어 미국산 M-16 소총으로 총살당했습니다.

당시 미국은 동티모르에서 전쟁을 치르지 않았는데도 왜 미국산 무기들은 세상 저편에 멀리 떨어져 있는 나라에서 사람들을 죽이는 데 사용되고 있었던 것일까? 당시 미국이 인도네시아에 군사 원조를 하고 있었기 때문이다. 20세기 말에 이르면서 미국은 다른 나라들에 대한 세계 최고의 무기 공급자가 되어 있었다. 미국의 무기 공급은 그 나라들이 자체 무기를 개발할 때까지 계속되었다.

사회 프로그램에 책정될 비용이 군사비로 지출되었다. 20세기 중반에 대통령을 역임했던 드와이트 아이젠하워(Dwight Eisenhower)는 그 사실을 알고 있었다. 일생 가운데 최고의 시기에 그는 "생산된 모든 총, 출항한 모든 전함, 발사된 모든 로켓들은 배고픈 데 먹지 못하는 사람들과 추운데 입지 못한 사람들에게서 빼앗은 것이나 마찬가지이다"라고 말했다.

빌 클린턴(Bill Clinton)이 대통령으로 재임했던 1990년대의 8년 동안에도 미국은 여전히 일부 국민이 굶주리고 헐벗고 있었다. 그리고 4분의 1의 아이들이 빈곤에 허덕였으며 모든 주요 도시의 길거리에는 노숙자들이 넘쳐났다. 국가 지도자들은 의료, 교육, 아동, 실업, 주택, 환경 등의 문제들에 대한 해결책을 찾으려 하지 않았다.

중립 또는 어중간

1992년 미국인들이 빌 클린턴을 처음 대통령으로 선출했을 때, 그는 똑똑하고 젊은 민주당원이었다. 그는 국가의 변화를 약속하며 희망과 함께 임기를 시작했다. 빌 클린턴은 1996년 재선되었을 때에는 "우리에게는 새로 맞이할 세기를 위한 새로운 정부가 필요하다"고 말했다.

그러나 재임 8년 동안 빌 클린턴은 변화의 약속을 실행에 옮기는 데 실패했다. 대신 전임 대통령들이 미국에 선사했던 고질적인 문제들을 심화시켜놓았다.

다른 대통령들과 마찬가지로 빌 클린턴 역시 사회를 변화시키기보다는 자신의 지지표를 얻는 데 더 많은 관심을 기울였다. 선거에서 이기기 위해 그는 민주당을 더 중립적으로 만들기로 했다. 쉽게 말하면 덜 진보적이고 더 보수적으로 만들었다. 결과적으로 민주당은 공화당과 별반 다를 바가 없어졌다. 그 과정에서 그는 전통적으로 민주당을 지지해온 흑인, 여성, 노동자들을 위해서는 그들의 지지를 잃지 않을 정도로만 일했다. 반면 복지사업을 감축하고 군대를 강화하는 정책을 택함으로써 보수적인 백인 유권자들의 표를 얻었다.

당선되기 전에도 빌 클린턴은 자신이 '법과 질서'와 관련된 문제들에 강경하다는 것을 증명하기 위해 노력했다. 아칸소 주지사 시절 그는 사형선고를 받은 정신지체자의 집행을 위해 귀향했다.

대통령이 된 직후 빌 클린턴은 텍사스 주 웨이코 건물 안에서 중무장하고 있던 종교적 극단주의자들에 대한 FBI의 공격을 승인했다. 그 위기를 대화로 해결할 수 있을지 기다려보지도 않고 FBI는 소총, 탱크, 최루가스 등으로 공격을 퍼부었고, 최소한 86명의 성인 남녀와 아이들이 사망했다.

1996년 의회의 공화당원들과 민주당원들은 '반범죄법안(Crime Bill)' 이라는 새로운 법안을 통과시켰다. 더욱 많은 범죄를 사형에 해당하게 한 그 법안에 빌 클린턴도 찬성했다. 그 법안은 80억 달러의 연방 예산을 새로 감옥을 짓는 데 사용하도록 했다. 대통령 임기 동안 빌 클린턴은 순하고 어중간한 진보주의 성향을 지닌 연방 판사들을 임명했다. 그들이 내린 판결들을 보면 더 보수적인 판사들과 전혀 다를 바 없었다.

빌 클린턴도 공화당과 민주당을 막론한 다른 권력자들과 마찬가지였다. 자신들이 가진 권력을 유지하기 위하여 그들은 국민의 분노의 화살을 스스로 방어할 능력이 없는 집단들에 돌렸다. 범죄자들, 이민자들, 생활보호 대상자들이나 이라크·쿠바처럼 미국에 적대적인 특정 정부들이 그러한 집단이었다. 이처럼 위험하다고 여겨지는 자들을 향해 시선을 돌리도록 국민을 조장함으로써 정치가들은 미국 체제의 실패에 대해 관심을 갖지 못하게 했다.

빈곤문제를 해결할 수도 있었다

미국은 전 세계에서 가장 부유한 나라였다. 세계 인구의 5퍼센트에 해당하는 사람들이 전 세계에서 생산되는 모든 물자의 30퍼센트를 소비했다. 그러나 미국인들 가운데 극소수의 사람들만이 국가의 엄청난 부의 혜택을 받았다.

1970년대 후반에 이르러서는 나라에서 1퍼센트에 해당하는 최상층 사람들의 재산이 무한 증식되었다. 1995년에 이루어진 세법의 변화는 1퍼센트의 최상층이 1조 달러 이상의 재산을 보유하고 있음을 의미했으며, 국가 재산의 40퍼센트를 차지하는 것이었다. 1982~1995년 사이 400개의 최상층 가문들의 재산은 920억 달러에서 4,800억 달러로 증가했다. 같은 시기 동안 생활비는 일반 노동자들의 평균 임금보다 빠른 속도로 올랐다. 1995년에 평균 임금을 받는 국민의 구매력은 82년보다 약 15퍼센트 정도 감소했다.

여러분이 미국의 최상층에만 주목한다면 경제가 안정적이라고 생각할 수 있을 것이다. 그러나 4,000만 명에 달하는 사람들은 건강보험에도 가입하지 못하고 있었다. 다른 어느 산업국가보다도 더 많은 미국의 신생아들과 아동들이 질병과 영양실조로 목숨을 잃었다. 직업이 있다고 해도 문제가 없는 것이 아니었다. 1998년 전체 노동자들 가운데 3분의 1이 정부가 공식적으로 정한 빈곤 한계선을 넘을 정도로 수입이 충분하지 못했다. 공장, 가게, 식당에서 일하는 사람들은 대부분 주거, 건강보험, 심지어 먹을 것조차 넉넉하지 못했다.

빈곤, 실업을 비롯한 여타의 국가적인 문제들을 타개하기 위한 사회 프로그램들에 쓰일 자금을 마련할 수 있는 출처는 두 곳이었다.

첫 번째는 군사 예산이었다. 한 군사비용 전문가는 소련이 붕괴하고 냉전이 종식된 현 시점에서는 군사 예산을 단계적으로 낮추어 연간 6,000만 달러 정도로 만드는 것이 타당하다고 주장했다.

큰 폭의 군사 예산 감축은 전 세계에 존재하는 미국의 군사기지의 철거와 미국이 전쟁에서 물러난다는 것을 의미했다. 다른 사람들과 더불어 평화롭게 살고자 하는 사람들의 기본적인 욕구가 국가의 외교정책을 정할 것이었다. 그러한 선택은 결국 현실로 이루어지지 못했다. 군사 예산은 계속해서 증가했다. 빌 클린턴 대통령의 임기가 끝날 무렵에는 연간 3천억 달러가 군대에 쓰였다.

두 번째는 최상층의 재산이었다. '부유세'로 국고에 충당할 수 있는 돈은 연간 1,000억 달러에 달했다. 빌 클린턴은 최상층과 대기업들에 대한 세율을 올리긴 했지만 미미했다. 국가에서 필요로 하는 만큼과 비교하면 그야말로 조족지혈(鳥足之血)의 수준이었다.

군사 예산을 감축하고 최상층에 대한 부유세를 높이면 정부가 극적인 변화를 위해 쓸 수 있는 비용을 해마다 5,000억 달러씩 마련할 수 있었다. 그 비용은 모든 사람들의 건강보험이나 모든 사람들의 취업을 위해서 쓰일 수 있었다. 폭격기나 핵잠수함을 제조하는 회사들에 투자하는 대신, 정부는 보호시설을 세우고 강을 깨끗이 하고 대중교통 수단을 확충하기 위해 사람들을 고용하는 비영리단체들에 투자할 수 있었다.

그러나 세상은 예전과 다름없이 돌아갔다. 도시들은 황폐한 나락으로 떨어지고 있었다. 농부들은 빚 때문에 토지를 내놓아야 했다. 직업도 없고 희망도 없는 젊은이들은 마약과 범죄에 빠져들었다. 이에 대한 정부의 대응은 감옥을 더 많이 지어서 사람들을 더 많이 수감시키는 것이었다. 빌 클린턴 임기 말년에 이르면 미국의 수감자들은 200만 명이 넘는다. 그 수를 전체 인구에서 백분율로 계산해보면, 공산주의 국가 중국을 제외하고는 세상의 그 어떤 나라보다도 높은 수치이다.

변화의 전망이 밝아지다

빌 클린턴은 자신이 내린 결정들이 미국 국민의 여론에 기초한 것이었다고 주장했다. 그러나 1980년대와 1990년대에 실시된 여론조사는 미국인들이 사람들 모두 건강보험을 받을 수 있게 되기를 원했다는 것을 보여준다. 또한 국민들은 안정된 일자리를 원했으며, 정부가 빈민들과 집 없는 사람들을 돕고, 군사 예산을 감축하고, 부자들에게 세금을 더 부과하기를 바랐다. 그러나 공화·민주 양당에는 이런 일을 추진하는 정치가가 없었다.

미국인들이 여론조사에 나타난 대로 행동했다면 어땠을까? 국민이 독립선언서에 적힌 대로 모든 사람들의 생활과 자유와 행복 추구의 권리를 보장하라고 정부에 요구하며 단결했다면 어떻게 되었을까? 그것은 사려 깊고 인간적인 방식으로 부를 분배하는 경제체제의 요청이 될 것이며, 젊은이들이 탐욕을 숨긴 채 성공을 추구하라는 가르침을 배우지 않는 문화를 의미할 것이었다.

빌 클린턴의 임기 동안 많은 미국인이 정부의 정책에 항의했다. 그들은 더 공정하고 평화로운 사회를 요구했다. 그러나 그들은 언론의 주목을 받지 못했다. 심지어는 '어린이들을 보호하자'라며 인종 구분 없이 어린이와 성인 50만 명이 모였는데도 대부분의 텔레비전과 신문들은 무시했다. 그런데도 평화, 여권(女權), 인종 평등을 위해 활동하는 사람들은 투쟁을 계속했으며 승리를 거두기도 했다.

노동운동도 활발하게 벌어졌다. 매사추세츠의 하버드 대학교에서 열렸던 시위는 하나의 목표를 위해 여러 단체가 협력할 수 있음을 증명했다.

하버드 대학교의 수위들과 다른 대학 근로자들은 대체로 가족을 부양하기에 부족한 급료를 받았다. 직업을 두 개 가져야 하는 사람들도 있었으며, 그들은 일주일에 80시간을 일했다. 학생들은 그들에게 '최저 임금'을 보장해줄 것을 요구하며 단결했다.

학생들은 자신들의 요구를 관철하기 위해 일련의 시위를 벌였다. 각지의 시의회 의원들과 노동조합 지도자들도 가세했다. 영화배우 맷 데이먼(Matt Damon)과 벤 애플렉(Ben Affleck)도 최저 임금에 대한 주장을 공개적으로 지지했다. 맷 데이먼은 할리우드에 가기 전 하버드의

경찰들과 대치하는 WTO 반대 시위자들. 1999년 시애틀에서 벌어진 대규모 시위를 경찰들은 무력으로 진압했다. 그러나 시위는 계속되었고, 이 사건은 미국과 전 세계인들에게 기업 세력에 도전하는 조직된 시민의 역량을 보여주었다.

모임에 참석했다. 벤 애플렉은 하버드 대학교에서 자신의 아버지가 박봉에 시달리며 어떻게 일했었는지 이야기했다.

대학의 이사진이 근로자들과 대화하기를 거부하자 학생들은 학교 본관을 점거하고 몇 주 동안 밤낮으로 시위를 했다. 학교 외부에서 수백 명의 사람이 그들을 지지했으며, 전국 각지에서 기부금을 보내왔다. 결국 학교 당국은 근로자들의 임금을 인상하고 의료 혜택을 제공하는 데 동의했다. 그 직후 다른 학교들에서도 학생들과 근로자들이 최저 임금 보장을 요구하는 운동을 벌이기 위해 단결했다.

1999년 엄청난 수의 시위자들이 워싱턴 주 시애틀에 집결했다. 그들은 미국을 비롯한 전 세계의 사람들에게 국제적인 대기업들이 평범한 사람들의 삶을 어떻게 좌지우지하는지 보여주고 싶어했다.

세계무역기구(World Trade Organization : WTO)는 시애틀에서 회합을 했다. 세계에서 가장 부유하고 막강한 회사들과 국가들의 대표들이 자신들의 부와 권력을 유지할 계획을 세우기 위해 그곳에 모인 것이었다. 그들의 목표는 국가 간의 자유무역협정을 통해 모든 일에 적용될 자본주의의 원칙들을 세우는 것이었다.

시위자들은 자유무역협정이 대기업들로 하여금 값싼 노동력을 찾아, 그리고 엄격한 환경법의 규제에서 벗어날 수 있을 만한 장소를 찾아 지구상을 활보하게 해줄 것이라고 주장했다. 자유무역에 얽힌 문제들은 복잡했지만, 시위자들이 품고 있는 의문은 간단한 것이었다. 전 세계의 평범한 사람들의 건강과 자유가 과연 이처럼 대기업들의 이익 창출을 위해서 희생되어야만 하는가?

수만 명의 시위자가 행진하고 연설하고 피켓을 들고 다녔다. 그들은 노동조합원, 여권운동가, 농부, 환경운동가, 소비자, 종교단체에 소속된 사람들로 이루어져 있었다. 언론은 유리창을 깨는 등 소동을 일으킨 소수 사람들에게만 초점을 맞추었지만, 시위자들의 절대다수는 비폭력적이었다.

수백 명이 투옥되었지만 시위는 계속되었다. 그들에 관한 이야기는 전 세계로 확산되었다. 결국 WTO의 회담은 이루어지지 못했다. 그리고 일반 시민들이 단결하면 세계에서 가장 강력한 대기업들과도 맞설 수 있다는 것을 분명히 보여주었다. 조합지 기고가인 마이크 브래넌(Mike Brannan)은 시위자들의 분위기를 다음과 같이 묘사했다.

우리가 꿈꾸어왔던 단결은 사람들이 노래하고 곡을 연주하며 경찰과 WTO에 맞섰던 바로 그곳에 있었다. 그날 사람들은 거리를 점령했으며, 그것은 미국의 단결이라는 중요한 교훈이 우리에게 제시된 것이나 마찬가지였다.

시위자들은 부유하고 강력한 자들의 모임이 열리는 곳마다 나타났다. 세계은행(World Bank)이나 국제통화기금(International Monetary Fund : IMF) 같은 거대한 국제적 조직들도 그런 시위운동들을 무시할 수 없게 되었다. 거대 조직들은 환경이나 노동조건에 대해 관심을 갖고 이야기하기 시작했다. 이것이 진정한 변화를 이루어낼 것인가? 아직 확신하기에는 이르지만, 적어도 항의의 목소리들이 들려오기 시작한 것은 틀림없었다.

24 / 증오는 반드시 되돌아온다

"**나는** 그들이 우리 같은 사람들에게 신경 쓰고 있다는 생각이 들지 않아요"라고 그 여성은 말했다. 그녀는 주유소에서 계산원으로 일했고, 그녀의 남편은 건설현장의 노동자였다. 덧붙여서 그녀는 이렇게 말했다. "만약 그들이 방 두 개짜리 트레일러에서 살고 있다면 아마 다르겠죠."

그녀가 말하는 '그들'은 누구인가? '그들'은 2000년에 대통령 선거에 출마한 빌 클린턴 바로 전 대통령이었던 조지 부시의 아들인 공화당 후보 조지 W. 부시(George W. Bush)와 8년간 부통령을 맡았던 민주당 후보 앨 고어(Al Gore)였다.

두 후보자 모두 서민들에 대해 진심으로 염려하고 있지 않다고 생각한 사람은 그 계산원 한 명뿐이 아니었다. 수많은 사람이 그렇게 생각하고 있었다. 간신히 최소 생활비 이상을 벌면서 맥도널드 체인점에서 매니저로 일하던 흑인 여성은 이렇게 말했다. "나는 그 두 사람 모두에게 관심이 없어요. 친구들도 다 그렇게 말해요. 어차피 우리네 삶은 달라지지 않을 테니까요."

전국의 유권자들 가운데 절반 정도가 2000년의 선거일에 투표하러 가지 않으려 했다. 많은 사람들은 후보들이 서로 다를 게 없다고 생각했다. 그 사람들은 당선될 후보자가 곧 닥쳐올 국가적인 위기에 어떻게 대처할지 알 길이 없었다. 국가적인 위기란 새로운 전쟁의 소용돌이를 초래할 미국에 대한 테러 공격이었다.

의문투성이의 선거

공화당 후보 조지 W. 부시는 석유산업과의 밀접한 연관성으로 익히 알려진 인물이었다. 물론 조지 W. 부시와 앨 고어 후보 모두 대기업들의 지원을 받고 있었으며 그 밖에도 공통점이 있었다.

두 후보 모두 거대한 군대를 선호했으며 지뢰를 계속해서 사용하려 했다. 다른 나라들은 전쟁이 끝난 후에도 일반 시민들의 목숨을 앗아가거나 부상을 입힐 수 있는 이 끔찍한 폭약을 금지하고 있었는데도 말이다. 두 사람 모두 사형 제도와 교도소의 증설을 지지했다. 또한 까다롭지 않은 건강보험 제도 수립, 저렴한 주택 보급의 현저한 증가, 환경 조절의 극적인 변화 따위에 대해서는 아무런 계획도 갖고 있지 않았다.

그런데 제3의 후보가 있었다. 그의 이름은 랠프 네이더(Ralph Nader)였고, 대기업들이 미국 경제를 좌우하는 방식을 비판하여 명성을 얻은 사람이었다. 랠프 네이더는 의료보험, 교육, 환경을 국가정책의 주안점으로 삼았다. 그러나 그는 전국 텔레비전 방송으로 방영되는 대통령 후보들의 토론에서 배제되었다. 그는 대기업의 지원을 받지 못하고 그의 계획을 믿는 사람들에 의한 기부금에만 의존해야 했다.

마침내 선거일이 되었고, 미국 역사에서 가장 희한한 일이 발생했다. 앨 고어는 조지 W. 부시보다 수십만 표를 더 얻었다. 그러나 미국 헌법에 따르면 국민이 직접 대통령을 선출할 수 없게 되어 있다. 이것을 가리켜 일반 투표(popular vote)라고 한다. 대신 특정 숫자의 선거인단을 보유하게 되어 있는 모든 주의 선거인단의 투표로 대통령을 결정한다.

미국 역사에서는 다수의 지지를 받지 못한 사람이 대통령에 당선된 일이 1876년과 1888년 두 차례에 걸쳐 일어났다. 선거인단의 투표가 국민의 투표와 항상 일치하는 것은 아니었기 때문이다. 예를 들어 어떤 주에서 A 후보는 45퍼센트의 표를 얻었고, B 후보는 55퍼센트를 얻었다. 그러나 그 선거구(주)의 표는 두 후보에게 나누어지지 않는다. B 후보가 그 선거구의 모든 표를 다 가져가는 것이다.

그러한 일이 2000년의 플로리다 주에서 일어났고, 2000년 대선에 대한 맹렬한 논쟁이 벌어지는 원인이 되었다. 전국에 걸쳐서 앨 고어와 조지 W. 부시가 선거인단으로부터 얻은 표 차이는 아주 적었다. 플로리다 선거인단의 투표가 당선을 판가름할 정도로 적었던 것이다.

그런데 플로리다에서 앨 고어와 조지 W. 부시 가운데 누가 더 많은 표를 얻었는지가 분명하지 않았다. 많은 수의 표가 집계되지 않았던 것처럼 보였으며, 특히 다수의 흑인 유권자들이 살고 있는 지역에서 그러했다. 또한 기술적인 문제로 무효 처리된 투표용지들이 있었으며, 투표 계산기에 의해 투표용지에 남은 표시도 선명하지 못했다.

다시 말해 플로리다의 일반 투표는 의문투성이였던 것이다. 플로리다 선거인단의 표는 어느 쪽으로 기울었다고 말하기 힘든 상태였고, 그것은 대통령직도 마찬가지였다. 그러나 공화당 후보 조지 W. 부시에게는 유리한 점이 있었다. 그의 동생이 플로리다 주지사였던 것이다. 그리고 플로리다 주의 국무장관 캐서린 해리스(Katherine Harris) 또한 공화당원이었다(미국은 주에도 장관직이 있으며, 주의 국무장관은 주로 선거관리와 외교에 관련된 일을 한다–옮긴이). 그녀에게는 다수 득표자를 인증하고 공표할 권한이 있었다. 그녀는 서둘러 일부 투표용지들을 다시 집계하여 조지 W. 부시가 플로리다의 승자라고 발표했다. 이로써 조지 W. 부시가 새로운 대통령으로 당선되었다.

민주당은 플로리다 주 최고 법원에 이의를 제기했다. 당시 민주당이 장악하고 있던 최고 법원은 캐서린 해리스에게 일반 투표의 재집계가 끝날 때까지 승자를 발표하지 말라는 명령을 내렸다. 캐서린 해리스는 재집계의 시한을 정했고, 수천 표가 아직 논란거리로 남아 있었는데도 조지 W. 부시가 537표 차로 승리했다고 발표했다.

앨 고어는 그녀의 결정에 항의할 준비를 했다. 그는 플로리다 주 최고 법원의 명령대로 재집계가 계속되기를 바랐다. 이를 저지하기 위해서 공화당은 이 사건을 나라 안에서 가장 높은 법원인 미연방 대법원으로 넘겼다.

네 명의 연방 대법원 판사들은 플로리다 주의 재집계가 계속되어야 한다고 생각했다. 그들은 플로리다 주 최고 법원이 그 주의 선거법을 해석함에 연방 대법원이 간섭할 권리는 없다고 주장했다. 그러나 다섯 명의 보수적인 판사들은 플로리다 주 최고 법원을 무시하고 재집계를 중단시켰다. 결국 미연방 대법원의 판결은 캐서린 해리스의 발표를 지지했던 것이다. 그리고 플로리다 선거인단의 표는 조지 W. 부시가 가져갔다.

플로리다 주 최고 법원에 대한 간섭을 반대한 진보적인 판사들 가운데 존 폴 스티븐스(John Paul Stevens)는 일말의 씁쓸함을 감추지 못한 채 대법원의 판결에 대해 다음과 같이 말했다.

비록 올해 대통령 선거의 진정한 승자가 누구인지 확실하게 알 수 있는 길은 영원히 사라졌지만, 진정한 패자가 누구인지는 분명하다. 그 패자는 법치국가의 공명정대한 수호자가 되기 위해 판사가 가져야 할 국민의 신뢰이다.

테러와의 전쟁

조지 W. 부시가 취임하고 아홉 달이 지난 2001년 9월 11일, 다른 모든 문제들이 묻힐 정도로 끔찍한 사건이 발생했다. 테러리스트들이 항공기 세 대를 납치하여 연료를 가득 채운 채 뉴욕 시의 세계무역센터(World Trade Center) 쌍둥이 빌딩과 워싱턴 D.C.의 국방부 건물로 돌진한 것이었다. 이것이 바로 '9·11 테러'이다.

전 미국인들은 쌍둥이 빌딩이 콘크리트와 철골의 지옥 속에서 붕괴되는 장면을 지켜보며 경악했다. 쌍둥이 빌딩에서 근무하는 수천 명의 사람이 그 잔해 속에 매장되었다. 그 가운데는 구조 작업을 벌이던 수백 명의 소방관과 경찰관도 포함되어 있었다.

미국의 부와 권력의 거대한 상징물을 공격한 자들은 19명의 중동 출신 남자들로 대부분 사우디아라비아 출신이었다. 그들은 자신들의 적이라고 간주한 초강대국에 죽음을 불사하고 치명적인 공격을 감행한 것이었다.

조지 W. 부시 대통령은 즉시 '테러와의 전쟁'을 선포했다. 의회는 미

2001년 9월 11일 세계무역센터 충돌과 그 후 모습. 부시 행정부는 이 끔찍한 비극의 상처를 '테러와의 전쟁'이라는 이름으로 아프가니스탄에 고스란히 돌려주었다.

국 헌법상 필요한 절차인 선전포고를 하지 않고도 군사행동을 취할 수 있는 권한을 대통령에게 주었다. 이에 동의하지 않은 사람은 캘리포니아 주 하원의원인 흑인 여성 바버라 리(Barbara Lee)뿐이었다.

정부는 9월 11일의 공격이 이슬람 세력의 군사력을 떠받치고 있던 사우디아라비아인 오사마 빈 라덴(Osama Bin Laden)의 지시에 의해 이루어진 것이라고 생각했다. 아프가니스탄에 은닉하고 있는 그를 향해 조지 W. 부시는 아프가니스탄에 폭격 명령을 내렸다.

조지 W. 부시 대통령은 오사마 빈 라덴을 생포하거나 살해하고 그가 주도하는 이슬람 군사조직 알카에다(Al-Qaeda)를 괴멸시키는 일에 착수했다. 그러나 5개월에 걸쳐 폭격했는데도 오사마 빈 라덴은 여전히 자유로운 상태였다. 조지 W. 부시는 의회에서 '수많은 나라에 훈련받은 수만 명의 테러리스트가 활동하고 있음'을 시인해야만 했다.

조지 W. 부시와 참모들은 테러가 무력으로 격퇴될 수 있는 것이 아님을 깨달을 수밖에 없었다. 많은 나라들과 여러 시대에 걸쳐 나온 증거들은 국가가 테러행위에 군사력으로 대응했을 때에는 더 큰 테러라는 결과가 초래된다는 것을 보여주었다.

아프가니스탄에 대한 폭격은 내란의 결과로 일어났던 1979년 소련의 침략으로 이미 시련을 겪었던 그 나라를 도탄에 빠뜨렸다. 국방부는 미국의 폭격이 군사적 목표물에 대해서만 이루어지고 있다고 주장했지만, 인권단체들과 언론은 최소한 1,000명 이상의 무고한 시민들이 죽임을 당했다고 보도했다. 그러나 주요 신문과 방송들은 미국인들에게 아프가니스탄의 참상을 적나라하게 보여주지 않았다. 그 대신 복수의 분위기를 고조시킬 뿐이었다.

의회는 애국자법(Patriot Act : 정식 명칭은 테러대책법Anti-terrorism

legislation이다-옮긴이)을 통과시켰다. 이 법은 범죄 여부에 상관없이, 헌법에 보장된 보호와도 상관없이 단지 혐의만으로 비시민권자들을 구속할 수 있는 권한을 법무부에 주는 것이었다. 또한 조지 W. 부시 대통령이 미국 국민에게 아랍계 미국인들에 대한 분노를 표출하지 말라고 주의를 주었지만, 정부는 의문을 제기하는 사람들을 검거했다. 그들 가운데 대부분은 이슬람교도들이었다. 1,000명이 넘는 사람들이 이유 없이 체포되었다.

전쟁의 분위기 속에서 국민이 정부의 행위에 대해 비난하는 것은 쉽지 않은 일이다. 한 은퇴한 전화기 기술자는 헬스클럽에서 조지 W. 부시 대통령에 대해 대놓고 비판하는 말을 했다. 나중에 그는 FBI의 조사를 받았다. 어떤 젊은 여성은 두 명의 FBI 요원들이 그녀 집의 현관으로 들어오는 것을 보았다. 그들은 그녀의 방 벽에 대통령을 비판하는 내용의 포스터가 붙어 있다는 신고를 받았다고 했다.

그러나 여전히 전쟁에 반대하는 의견을 제시하는 사람들이 있었다. 전국 곳곳에서 열린 평화 시위에서 사람들은 "우리의 슬픔은 복수를 요구하지 않는다"라거나 "정의를 원한다, 전쟁이 아니라"라고 적힌 피켓을 들고 있었다.

9·11 테러로 가족을 잃은 사람들은 대통령에게 편지를 보냈다. 그들은 폭력에 폭력으로 대응하지 말 것과 아프가니스탄인들에게 폭격을 가하지 말 것을 요청했다. 앰버 아먼선(Amber Amundsen)의 남편은 군사전문가였는데, 국방부가 공격을 받았을 때 사망했다. 그녀는 다음과 같은 내용의 편지를 보냈다.

저는 일부 미국인들의 분노에 찬 목소리를 들었고, 그 사람들 가운데는 국가의 지도

자격인 이들도 있었습니다. 그들은 엄중한 복수와 처벌을 주장하고 있었습니다. 저는 그 지도자들에게 그런 분노의 말들은 저와 제 가족들에게 전혀 위로가 되지 못한다는 것을 분명히 밝히고 싶습니다. 만약 당신들이 이 끔찍한 잔인성에 대하여 숭고한 인간성에 반하는 가공할 폭력으로 대응하는 길을 선택하려 한다면, 제 남편의 이름은 내세우지 마십시오.

일부 9·11 테러 희생자 가족들은 아프가니스탄으로 가서 미국의 폭격으로 사랑하는 이를 잃은 아프가니스탄 희생자 가족들을 직접 만났다. 그들 가운데 남동생을 잃은 리타 라자(Rita Lasar)는 평화를 위하는 일에 여생을 바치겠노라고 말했다.

폭격을 비판하는 사람들은 미국에 대한 깊은 불만의 근원이 테러라고 생각했다. 그러한 불만들에 대처하는 것이 테러를 멈출 수 있는 길이었다.

이슬람 세계가 가진 불만들 가운데 일부는 쉽게 드러나는 것이었다. 미국은 이슬람의 가장 중요한 성지들이 있는 사우디아라비아에 군대를 주둔시키고 있었다. 10년간 미국은 이라크가 다른 나라들과 교역하지 못하게 막고 있었다. 정치적인 행위였지만 그로 인해 다른 나라에서 식량과 약품을 수입하지 못하여 수십만 명이 목숨을 잃었다고 UN은 보고하고 있다. 또한 미국은 팔레스타인의 무슬림들이 자기들 소유라고 주장하는 땅을 점령한 이스라엘을 지원했다.

이러한 문제들에 대한 입장을 바꾸기 위해서 미국은 세계 여러 곳에 주둔 중인 군대를 철수시켜야만 했다. 그렇게 되면 다른 나라들에 대한 정치적·경제적인 영향력도 포기해야 했다. 쉽게 말해 미국은 초강대국으로 군림하는 것을 포기해야 했다. 이것은 군수산업으로 얻는 이익을 포기하는 것으로 공화당이나 민주당 모두 받아들일 수 없는 것이었다.

9·11 테러 공격이 일어나기 3년 전인 1998년, 전직 공군 장교였던 로버트 보먼(Robert Bowman)은 아프리카에 있는 미국 대사관들에 대한 테러 공격에 관한 글을 남겼다. 그는 테러가 발생하는 근본적인 이유를 다음과 같이 설명했다.

우리가 증오 대상인 것은 민주주의를 실천하고, 자유를 존중하고, 인권을 지지하기 때문이 아니다. 우리가 증오 대상인 것은 우리의 다국적기업(대기업)들이 탐내는 자원이 있는 곳, 즉 제3세계에 사는 사람들의 자유와 인권을 우리 정부가 무시하기 때문이다. 우리가 만들어놓은 증오심이 테러라는 모습으로 우리에게 되돌아오는 것이다. 우리의 아들딸을 파병하여 아랍인들을 죽이고 그들의 땅속에 있는 석유를 차지하는 대신, 그들 도시의 재건을 돕고 깨끗한 물을 제공해주며 기아에 시달리는 아이들에게 먹을 것을 줘야 한다. ……

간단히 말해 우리는 악(惡) 대신 선(善)을 행해야 한다는 것이다. 누가 우리를 멈추게 하겠는가? 누가 우리를 증오하겠는가? 누가 우리에게 폭격하고 싶어하겠는가? 이것은 미국 국민이 반드시 들어야만 하는 진실이다.

9·11 테러 이후 로버트 보먼과 같은 말을 하는 사람들의 목소리는 더 이상 미국의 대중매체를 통해서 들을 수 없게 되었다. 그러나 미국 국민들이 폭력에 폭력으로 대응하는 것은 문제를 해결하는 좋은 방법이 못된다는 사실을 직시한다면, 그 사람들의 강력한 메시지가 전달될 수 있는 기회는 남아 있다.

25 / 이라크 전쟁과 두 폭풍

뉴욕과 워싱턴 D.C.에서 있었던 2001년 9월 11일의 테러 공격 이후 미국은 '테러와의 전쟁'을 목표로 삼고 미국 군인들을 중동 국가 이라크와의 전쟁에 투입시켰다. 국내에서 전쟁에 반대하는 목소리가 높아질 무렵 조지 W. 부시 대통령이 이끄는 정부는 다른 문제들에 직면하게 되었다. 끔찍한 태풍의 피해는 세계 사람들로 하여금 사회 정의에 대한 미국 정부의 헌신에 대해 의문을 품게 했으며, 이민자들에 대한 논쟁은 미국인으로서 살아간다는 것에 대해 회의가 들게 했다. 2006년의 선거에서 미국의 유권자들은 변화할 준비가 되어 있다는 것을 증명했다.

이렇다 할 성과도 없는 미국의 공격

미국이 아프가니스탄을 폭격하고 침략했을 때, 오사마 빈 라덴을 체포하고 알카에다 조직을 섬멸하는 것은 실패로 돌아갔다. 그러나 그 군사작전으로 아프가니스탄 국민 수천 명이 목숨을 잃었으며 수십만 명을 이향하게 했다.

미국의 지도층은 탈레반(Taliban)의 힘을 약화시켰다며 그 참상에 정당성을 부여했다.

탈레반은 이슬람 근본주의자들의 단체로 아프가니스탄을 철권통치하고 있었다. 무엇보다도 탈레반은 이슬람교에 대한 엄격한 해석을 내세우면서 여성들의 권리를 부정했다. 탈레반의 격퇴는 북부동맹(Northern Alliance)이라는 단체에 힘을 실어주었다. 그러나 북부동맹의 경력은 비난받을 점 투성이였다. 1990년대 중반 북부동맹은 카불을 비롯한 여러 아프가니스탄 도시들에 수차례 폭력행위를 일삼았었다.

2002년의 국정 연설에서 조지 W. 부시는 탈레반을 박멸한다는 것은 아프가니스탄의 "여성들에게 자유를 주는 것"과 마찬가지라고 주장했다. 그러나 아프가니스탄의 한 여성단체에 따르면 잘못된 말이라고 한다. 그리고 미국의 침략 후 2년이 지났을 때, 〈뉴욕 타임스〉는 아프가니스탄에서 일어나는 일들에 대한 실망스러운 기사를 실었다. 여성들은 자유를 얻지 못했고, 강도 떼가 횡행하고 있으며, 지주들이 넓은 지역을 차지하고 있고, 탈레반이 복귀를 준비하고 있다는 기사였다.

의료 봉사활동을 하며 16개월간 그 전쟁을 체험했던 한 스코틀랜드인은 자신이 목격했던 것들로 괴로워했다. "그 나라는 좌절하고 있다.…… 세상에서 심하게 폭격을 받은 나라들 가운데 하나이다.…… 25퍼센트의 아이들이 다섯 살이 되기 전에 죽는다." 그는 다음과 같은 말로 슬프게 마무리했다. "분명 우리는 얄팍한 구실을 대면서 한 나라와 그 국민들을 잿가루로 만들어버리는 것보다는 더 나은 모습으로 21세기를 맞이했어야 했다." 그러나 그가 그런 말을 하고 있던 2006년 8월 당시에도 여전히 아프가니스탄 국민들은 폭격으로 죽어가고 있었으며, 〈뉴욕 타임스〉는 만연한 '부정, 폭력, 빈곤'에 대해 보도했다.

아프가니스탄에 대한 공격은 민주주의도, 안전도 확립하지 못했다. 테러를 약화시키지도 못했다. 오히려 미국에 의해 고삐 풀린 망아지처럼 되어버린 폭력은 중동인들을 분노시켰으며 더 잦은 테러가 일어나게 했다.

대량살상무기는 어디에?

아프가니스탄이 혼란에 빠져 있는 동안 부시 행정부는 이라크와의 전쟁에 착수했다. 대통령의 테러고문 리처드 클라크(Richard Clarke)는 9·11 테러 직후 백악관이 이라크를 공격할 구실을 찾기 시작했노라고 술회했다. 이라크가 그 테러 공격에 관련되었다는 증거가 없었는데도 말이다.

조지 W. 부시, 그리고 그와 가까운 정부 관리들은 미국 국민이 이라크와 사담 후세인에 대해 미국과 세계에 위협이 되는 존재라고 생각해주기를 바랐다. 그들은 이라크에 핵폭탄 제조계획을 비롯한 '대량살상무기'를 숨기고 있다는 혐의를 씌웠다.

UN은 수백 명의 조사단을 파견해 이라크 이곳저곳을 조사했다. 조사단은 대량살상무기를 찾아내지 못했으며, 이라크가 핵무기를 만들고 있다는 증거도 발견하지 못했다. 그러나 미국의 부통령 리처드 체니

(Richard Cheney)는 대량살상무기가 존재하고 있다고 끈질기게 주장했다. 국무장관 콘돌리자 라이스(Condoleezza Rice)는 히로시마의 원폭 투하 때 발생했던 것과 같은 '버섯구름'을 거의 강압적이다시피 한 태도로 들먹였다. 또한 정부는 사담 후세인의 잔인하고 불법적인 행위들을 지적했다. 예를 들면 사담 후세인은 이라크인들 가운데 소수민족인 쿠르드족 5,000명을 화학약품으로 학살했던 일이 있었다. 그러나 사담 후세인이 쿠르드족을 학살했던 것은 1988년의 일이었다. 그리고 당시 미국은 그 일에 대해 별다른 말을 하지 않았었다. 그때로 돌아가 보면 오히려 미국은 이라크와 손을 잡고 또 다른 중동 국가 이란과 전쟁을 치르고 있던 중이었다.

2002년에 이라크와 전쟁을 벌여야겠다고 결정하게 된 진짜 이유는 무엇이었을까? 이라크가 세계에서 사우디아라비아 다음으로 가장 많은 석유가 매장되어 있는 나라라는 표면적인 이유가 드러나지 않고 있을 뿐이다. 1945년에 제2차 세계대전이 끝난 이래 미국은 중동 지역의 석유를 손에 넣어야 한다고 결정했다. 대통령이 민주당원이건 공화당원이건 간에 석유는 미국의 중동 관련 정책들을 결정짓는 요소였다. 진보적인 민주당원이었던 카터 행정부도 '카터 독트린(Carter Doctrine)'을 발표했다. 카터 독트린은 미국에는 '군사력을 비롯해 그 어떤 수단을 써서라도' 중동의 석유에 관련된 자국의 이익을 지켜낼 권리가 있다는 내용이었다.

2002년 9월 부시 행정부는 다른 나라들의 도움 없이 단독으로 이라크에 대한 군사행동을 감행하겠다고 선언했다. 오로지 자기방어를 위한 군사행동과 국제연합 안전보장이사회(Security Council)의 승인을 받은 군사행동만 허용하는 국제연합헌장(Charter of the United Nations)에 위배되는 행동이었다. 그런데도 미국은 이라크에 대한 공격을 준비했던 것이다. 2003년 2월 15일 전 세계에서 1,000만~1,500만 명의 사람들이 다가오는 전쟁에 반대하는 시위를 벌였다.

결국 이라크전쟁은 시작되었다

2003년 3월 20일 미국은 반대를 무릅쓰고 이라크에 대한 대규모 공격을 시작했다. 이른바 '이라크 자유작전(Operation Iraqi Freedom)'이 개시되어 수천 개의 폭탄이 이라크에 투하되었으며, 10만 명 이상의 군대가 이라크로 진입했다. 수백 명의 미국 병사들이 전사했다. 이라크 측에서는 수천 명이 죽었으며, 대부분이 민간인들이었다.

3주 후 미국 군대는 이라크의 수도 바그다드를 점령했다. 6주 후에는 주요 군사작전들이 종료되었다는 발표가 나왔다. 조지 W. 부시 대통령은 "임무 완수"라고 적힌 현수막이 걸린 항공모함 위에 의기양양하게 서 있었다.

그러나 이라크를 통제한다는 임무는 완수하지 못했다. 이라크의 폭력분자들이 미국 군대를 공격하면서 폭력이 증가했다. 2003년 12월에 사담 후세인을 체포했지만 그러한 공격을 막는 데에는 아무런 도움이 되지 못했다.

이라크인들은 조국이 미국에 점령당했다는 사실에 점점 더 분개했다. 미국 군대는 폭력분자로 간주되는 이라크인들을 검거했다. 수천 명의 이라크인이 감옥에 갇혔다. 미국 군인들이 이라크 포로들을 고문하는 사진들이 돌아다녔고, 그런 행위가 미국 국방부의 승인하에 이루어졌다는 증거들도 나타났다. 이러한 모든 일들이 미국에 대한 이라크인들의 적개심에 불을 붙였다. 설문조사는 거의 모든 이라크인들이 미국의 이라크 철수를 원하고 있음을 보여주었다.

부시 행정부는 이라크 철수에 대해 고려하기를 거부했다. 그러는 동안 미국의 사상자는 나날이 늘어만 갔다. 2006년 중반을 기하여 미국의 사망자 수는 2,500명을 돌파했다. 부상자는 수천 명 이상이었으며, 중상을 입은 사람도 많았다. 정부는 사망자들이 실린 관과 팔다리가 떨어져 나간 상이용사들에게서 국민의 시선을 돌리고자 갖은 애를 썼다.

이라크인들의 사상자 규모는 미국에 비해 엄청나게 더 컸다. 2006년 중반 이라크의 사망자 수는 수십만에 달했다. 나라가 도살장이나 마찬가지였다. 국민은 깨끗한 물과 전기 부족에 시달렸으며 폭력과 혼돈의 도가니에서 살아가고 있었다.

전쟁이 시작될 때에만 해도 미국인들 대다수는 사담 후세인이 '대량살상무기'를 보유하고 있으며, 이라크 공격이 '테러와의 전쟁'의 일부라는 정부의 주장을 믿고 있었다. 주요 언론매체들도 이에 의문을 제기하지 않았으며 민주당도 전쟁을 전폭적으로 지지했다.

그러나 전쟁이 진행될수록 상황이 분명해졌다. 이라크 자유작전이 이라크에 선사한 것은 민주주의도 아니고 자유도 아니며 안정도 아니었다. 미국 정부는 존재하지도 않는 '대량살상무기'로 국민을 속였던 것이다. 마땅한 증거도 없는 상태에서 9·11 테러에 이라크가 연관되었다는 주장이 제기되었던 것이며, 그로 인해 이라크와 미국에서 수천 명이 재판도 받지 못한 채 억울하게 고문을 당하고 수감되었던 것이다.

또한 정부는 헌법에 보장되어 있는 미국 국민의 권리를 침해할 수단으로 이라크전쟁을 이용하기도 했다. 애국자법 아래 미국 정부는 아프가니스탄이나 여타 지역에서 사람들을 체포하여 테러 혐의로 고발할 수 있었다. 국제법의 보호를 받는 전범으로 취급하는 대신, 정부는 그들에게 '적의 불법적인 전투원'이라는 새로운 이름표를 달아주었다. 그들은 쿠바에 있는 미국의 군사기지 관타나모 만(Guantánamo Bay)에 수감되었다. 그곳의 감옥에서는 고문에 관한 소문들이 흘러나왔으며, 자살을 선택하는 수감자들도 있었다.

2006년 가을, 미국 의회는 CIA가 계속해서 전 세계에 있는 비밀감옥에서 테러 용의자들을 가혹하게 심문할 수 있게 하는 법안을 통과시켰다. 또한 그 법안은 '적의 불법적인 전투원'에 대한 인신보호영장 청구권마저도 없애버렸다. 심지어는 '적의 불법적인 전투원'이 미국 시민권을 획득한 자라고 해도 마찬가지였다. 미국 헌법의 권리장전에 보장되어 있는 인신보호영장 청구권을 상실했다는 것은 수감자가 체포에 항변하기 위해 법정에 설 권리를 잃었다는 것을 의미했다.

반전의 목소리가 커지다

미국의 곳곳에서 이라크전쟁에 대한 반대 시위가 일어났다. 대규모의 베트남전쟁 반대시위보다는 작은 규모였지만, 그들의 존재는 부시 행정부의 정책들이 지지를 잃고 있다는 것을 증명했다.

아들 케이시(Casey)를 이라크에서 잃은 신디 시헌(Cindy Sheehan)은 강력하게 전쟁을 반대했다. 텍사스 주 크로퍼드에 있는 조지 W. 부시의 대목장 옆에 캠프를 설치했을 때, 그녀는 전국적인 지지를 받았다. 댈러스에서 있었던 "평화를 위한 참전용사들"의 모임에서 연설하면서 신디 시헌은 조지 W. 부시 대통령을 향해 이런 말을 했다. "내게 진실을 말하세요. 내 아들이 석유 때문에 죽었다고 말하세요."

연설하고 있는 반전주의자 신디 시헌(2005년). 부시 대통령의 크로퍼드 별장 앞에서 그녀가 벌인 1인 시위는 이라크 철군 여론에 상당한 영향을 미쳤다.

이라크전쟁이 계속되면서 군에 입대한 젊은이들의 생각도 달라졌다. 일리노이 주 출신인 다이드라 코브(Diedra Cobb)는 자신이 양심적 병역 거부자라고 했다. 도덕적인 신념 때문에 전쟁에 참전할 수 없다는 것이었다. 다이드라 코브는 다음과 같이 말했다. "나는 군에 입대할 때, 내가 세상에서 가장 위대하고 가장 강력한 국가의 가장 중대한 사상들을 일부나마 지탱하는 것이리라 생각했다. …… 결국에는 그 대학살이 조금이라도 쓸모가 있었어야 했다. 그러나 그것은 내 착각이었다. 전쟁이란 끝이 없는 것이었으니까."

CBS 뉴스의 보도에 따르면 전쟁이 시작되고 2004년이 지날 때까지 5,500명의 병사가 탈영했다. 대부분은 캐나다로 갔다. 그들 가운데는 해병대 하사였던 사람도 있었다. 토론토에서 그는 자신과 동료 해병들이

30명 이상의 비무장 상태의 남성과 여성, 아이들을 총살했다고 말했다. 그 사람들 가운데는 양팔이 하늘로 날아간 채 차에 떨어진 이라크 젊은 이도 있었다.

영국 신문 〈인디펜던트The Independent〉는 미국의 탈영병들을 취재했다. 그 내용은 다음과 같다. "케빈 벤더먼(Kevin Benderman) 상사는 머릿속에서 떨쳐버릴 수 없는 장면들이 있다고 한다. 바로 폭격을 당한 마을과 절망에 빠진 사람들이다. 집단무덤에 버려진 시체들을 개들이 뜯어먹고 있었다고 한다. 그러나 뇌리에 가장 깊이 박힌 것은, 한쪽 팔에 심한 화상을 입은 여덟아홉 살가량 되어 보이는 이라크 소녀의 모습과 그 소녀의 비명 소리라고 한다."

점점 미국의 젊은이들이 입대를 기피하면서 군은 징병을 위한 노력에 박차를 가했다. 징병 담당관들은 십대들을 타깃으로 했다. 그들은 고등학교에 찾아가 미식축구 시합이나 학교 식당 등에서 학생들에게 접근했다. 이에 반전단체들이 들고일어났다. 그들은 학교를 방문해서 어린 학생들에게 또 다른 이야기, 즉 군대와 전쟁을 비판하는 이야기를 들려주었다.

2006년에 행해진 설문조사에서는 미국인들 대부분이 전쟁에 반대하며 조지 W. 부시 대통령을 신뢰하지 않고 있다는 사실을 보여준다. 일부 언론인들은 초기에 정부를 지지하거나 침묵으로 일관했던 것과는 달리 용감한 발언을 하기 시작했다. 전몰장병 기념일(Memorial Day : 해마다 5월 마지막 월요일. 우리나라의 현충일과 비슷한 기념일로 남북전쟁 전사자들을 추모하기 위해 시작되었다-옮긴이)이었던 5월 30일, 앤디 루니(Andy Rooney)는 TV쇼 〈60분·60 Minutes〉의 시청자들에게 자신이 제2차 세계대전 참전용사라고 말했다. 이어서 그는 이렇게 말했다. "우리는 '목숨을 바쳤다'라는 표현을 씁니다. 그러나 그들은 목숨을 바친 게 아닙니다. 그들은 살해당한 것일 뿐입니다.…… 저는 우리가 전몰장병 기념일을 맞이하여 전쟁에서 전사한 사람들을 기념하기보다는 장차 전사할 젊은이들의 목숨을 구해야겠다고 생각하는 계기로 삼았으면 합니다. 우리가 전쟁을 멀리할 새로운 방법을 찾아내지 못한다면 사라지게 될 그 목숨들 말이지요."

유타 주의 솔트레이크시티는 대체로 보수적인 풍토가 정착된 곳으로, 정부의 이라크전쟁 계획을 지지한 곳이기도 했다. 그러나 '로키' 앤더슨(Anderson) 시장이 조지 W. 부시 대통령을 가리켜 "거짓말쟁이인데다 전쟁광인 동시에 인간의 권리를 훼손시킨 대통령"이라고 하자 수천 명의 시민이 갈채를 보냈다. 앤더슨은 조지 W. 부시의 임기에 대해 "우리 나라가 겪어야 할 최악의 대통령 시대"라고 말했다.

부시 행정부에 쏟아진 비난

부시 행정부는 국수주의적 성향을 강화하기 위해 매우 노력했다. '우리 아니면 그들'이라는 이분법적인 그 성향은 이라크전쟁을 비롯한 정부의 정책들에 대한 지지를 이끌어냈다. 이토록 강력한 국수주의적 성향의 한 가지 결과는 수백만 이민자들에 대한 분노의 물결이었다. 그러한 분노는 미국으로 밀입국한 멕시코 출신 사람들에게 집중되었다. 그들이 마치 미국 국민의 일자리를 빼앗고 있는 것처럼 간주되었기 때문이다. 많은 연구 결과 그들이 경제에 도움이 되었을망정 방해가 되지 않았다는 사실이 입증되었음에도 그들에 대한 편견은 사라지지 않았다.

의회는 캘리포니아와 애리조나의 남부 국경에 750마일의 장벽을 세운다는 계획을 승인했다. 조국의 빈곤에 지쳐 미국으로 밀입국하려는 멕시

댈러스 도심에서 열린 반이민법 시위에서 대형 성조기를 들고 있는 시위자들(2006년). '우리 아니면 그들'이라는 국수주의적 정서는 이민자들에 대한 배척으로도 이어졌다.

코인들을 차단하기 위한 조치임이 분명했다. 미국 정부는 멕시코인들이 밀입국하지 못하도록 하기 위해 장벽을 설치하려는 지역이 과거 1840년 대에 멕시코로부터 강탈했던 곳이라는 생각은 하지 못하는 듯했다.

2005년 봄, 의회는 미국에 불법체류하고 있는 사람들을 처벌하는 법안을 검토했다. 전국적으로 대규모 시위가 일어났다. 캘리포니아 및 남서부 지역을 중심으로 일어났던 그 시위에서는 수십만 명의 사람들이 이민자들의 평등권을 보장하라고 요구했다. 시위대에는 이민자들뿐 아니라 그들을 지지하는 미국인들도 포함되어 있었다. 그들이 들고 있던 표어 가운데 하나에 "불법이라는 인간은 없다"라고 적혀 있었다.

부시 행정부는 이라크전쟁에 대한 반대와 국내 이민정책에 대한 비판에 시달리게 되었다. 그러던 중 자연재해마저 발생했다. 2005년 8월 허리케인 카트리나(Katrina)가 미시시피와 루이지애나의 멕시코 만 연안을 강타하면서 뉴올리언스를 지켜주던 제방을 무너뜨렸다. 폭풍과 홍수로 도시의 상당 부분이 파괴되었으며, 수천 명의 시민들이 죽거나 다쳤고, 수십만 명이 집을 잃었다.

미국인들과 전 세계 사람들은 비효율적인 미국 정부의 생존자 구호작업에 매우 놀랐다. 이에 대해 〈워싱턴 포스트The Washington Post〉지는 "전 세계의 사람들은 자신들이 목격한 것을 믿지 못하고 있다"는 기사를 실었다. "아르헨티나부터 짐바브웨에 이르기까지 신문 1면 머릿기사에서 사망하거나 절망에 빠진 뉴올리언스 시민들의 사진을 다루고 있다. 대부분이 빈민이나 흑인이다. 병든 그들은 미국이 가진 힘에 대해 의아스러워하고 있다. 세계 최강의 부와 권력을 가진 나라에서 어떻게 이런 일이 일어날 수 있느냐고.…… 이 대재앙에 대한 충격, 동정, 배려 등의 국제적인 반응은 부시 행정부가 취한 대응에 대한 비난으로 점차 바뀌고 있다."

카트리나의 경험은 사람들에게 아프리카나 아시아, 심지어 미국에서도 수백만의 사람들이 영양실조와 질병으로 죽어가고 있는 동안, 세계의 곳곳에서 자연재해로 수많은 인명이 목숨을 잃는 동안 미국 정부는 전쟁과 제국 건설에 막대한 자금을 쏟아 붓고 있다는 것을 새삼 깨닫게 해주었다.

2006년 11월 미국은 상하원 의원 선거를 맞이했다. 유권자들은 여러 가지 사항들을 마음속에 담아두고 있었다. 가장 중요한 것 가운데 하나는 이라크에서 벌어지고 있는 피해 막심한 전쟁이 국가의 부를 축내고 있다는 점이었다.

개표 결과, 민주당은 상하원 모두에서 근소한 차이로 공화당을 누르고 승리를 차지했다. 이것은 국민이 민주당을 열광적으로 지지한 결과가 아니었다. 국민이 공화당원인 조지 W. 부시가 대통령으로 있는 정부에 대해 '아니다'라고 말하고 있는 결과였다. 유권자들은 대통령의 정당으로부터 권력을 빼앗고, 정치가들에게 나라를 새로운 방향으로 이끌어 갈 또 한 번의 기회를 준 것이었다. 미국의 최근 역사에서 보기 드문 민주적인 순간이었다.

· 나오며 ·

사자들처럼 일어서라

나는 이따금 이 책을 쓰게 된 동기에 대해서 생각해본다. 20여 년간 역사와 정치학을 가르친 후, 나는 새로운 역사책을 쓰고 싶었다. 내가 학교에서 다루던 책들이나 전국의 학생들에게 주어지는 책들과는 다른 책이었으면 했다.

그 당시 나는 진실된 역사를 담은 책이 없다고 생각했다. 모든 역사적 사실들을 외면하고 교사와 저술가들이 세상에 알려주는 것은 어떠한 '판단'이었다. 그 판단이라는 것은 '이 (역사적) 사실은 중요하다. 내가 다루지 않은 다른 사실들은 중요하지 않다'라고 말하고 있다. 나는 이처럼 대부분의 역사책에서 다루지 않는 사실들 가운데 오히려 더 중요한 것들이 있다고 생각했다.

독립선언서는 "우리 국민들"이란 말로 시작된다. 그러나 그 선언서를 작성한 것은 사실상 55명의 특권층 백인 남성이었다. 그들은 자신들의 이익을 보호해줄 강력한 중앙정부를 원하는 계급에 속해 있었다. 오늘날에 이르기까지 정부는 부와 권력을 가진 계층이 원하는 역할을 맡아오고 있다. 이러한 사실은 부유층과 빈민층, 중산층이 모두 같은 것을 원한다고 우리에게 슬며시 이야기해주는 말과 글에 의해 숨겨져왔다.

또 하나의 문제는 인종이다. 내가 처음으로 역사 공부를 시작했을 때, 유색인종들을 무시함으로써 역사 교육과 역사 서술이 얼마나 지독하게 왜곡되어 있는지 미처 알지 못했다. 그렇다. 미국의 역사에는 인디언들이 등장한다. 그러나 그들은 사라진다. 흑인들도 노예였을 때에는 역사에 등장하지만, 자유를 얻고 난 이후에는 자취를 감춘다. 이 나라의 역사는 백인들의 역사였기 때문이다. 인디언들과 흑인들이 당한 학살이 간혹 언급되더라도 주목을 받지 못한다.

표준이라고 하는 주류적인 역사 서술에서는 그 밖에도 빠뜨리고 지나친 이야기들이 많이 있다. 빈민들이 겪은 고통도 거의 주목받지 못했다. 전쟁에 관한 이야기는 많이 나오지만, 지도자들이 전쟁을 일으켰을 때, 죽거나 다친 무고한 사람들에 관해서는 많은 것을 알려주지 않았다. 캘리포니아와 남서부 지역에 사는 라틴계 사람들이 정의를 위해 투쟁했던 것도 자주 무시당한다. 동성연애자들이 권리를 찾기 위해 노력했던 것과 그것이 이 나라의 문화에 변화를 주었다는 것도 마찬가지이다.

이 책의 제목은 적절하다고 할 수 없다(원서의 제목은 《미국민중사 People's History of the United States》이다-옮긴이). "민중의 역사"라는 말은 어느 한 개인에 관한 것보다 많은 것을 보여주겠다고 시사하는 것이며, 역사를 재구성하는 가장 어려운 방법이기도 하다. 많은 한계점이 있지만, 내가 그러한 제목을 붙인 것은 이 책에 정부라는 존재에 대한 경멸과 민중의 저항운동에 대한 경의가 담겨 있기 때문이다.

대부분의 역사책은 위기의 순간이 나오면 반드시 우리(민중)를 구한 누군가를 주목해야 한다고 말한다. 혁명이라는 위기의 시절에는 건국의 아버지들이 우리를 구했다고 한다. 남북전쟁 때에는 에이브러햄 링컨이 우리를 구했다. 공황이 닥쳐왔을 때에는 프랭클린 D. 루스벨트가 우리를 구했다. 우리가 맡은 역할이라고는 4년마다 한 번씩 투표하러 가는 것이 고작이었다. 그러나 때때로 미국의 민중들은 구원자라는 존재를 거부한다. 그들은 자신의 힘을 자각하고 봉기한다.

지금껏 그들이 일으킨 봉기 또는 반란들은 탄압당했다. 재력가, 장군, 정치가로 이루어진 기득권 세력은 항상 국가의 통합을 가까스로 유지했다. 그 과정에서 정부가 모든 국민을 대표한다는 허울 좋은 명분이 작용했다. 그러나 정부는 무기력해 보이던 사람들이 봉기를 일으킬 수 있었던 시대와, 불만이 없어 보이던 사람들이 변화를 요구하던 시대를 미국 국민들이 망각하기를 바랐다. 흑인, 여성, 인디언, 젊은 세대, 노동자들은 자신들의 목소리를 크게 낼 수 있는 방법과 변화를 불러올 수 있는 방법을 모색해왔다.

대부분의 역사가는 반란에 대해 거의 언급하지 않는다. 그들은 지도자들의 행위만을 강조할 뿐, 평범한 국민의 행동에 대해서는 관심을 두지 않는다. 그러나 민중의 저항에 대한 기억을 생생하게 간직하고 있는 역사는 새로운 모습의 힘을 보여준다.

근본적인 변화를 위해 처음으로 미국 민중들이 단결해서 운동을 시작한다고 상상해보라. 기업과 군대의 이익에만 충실했던 기업가와 군인과 정치가들에게서 사회를 움직이는 권력을 빼앗아온다고 생각해보라.

우리는 능력과 공정함을 위한 경제를 재구성해야 할 것이다. 우리는 이웃과 도시와 노동현장을 위한 일들에 착수해야 할 것이다. 모든 사람들이 일을 할 수 있어야 할 것이다. 현재 잠재되어 있는 엄청난 힘과 기술과 재능은 사회를 위해 쓰여야 할 것이다. 의식주, 건강보험, 교육, 대중교통 같은 사회의 기반에 해당하는 것들도 모든 이들이 그 혜택을 누릴 수 있어야 할 것이다.

중요한 것은 이러한 변화들이 포상이나 처벌을 통해서가 아닌 협력을 통해서 이루어져야 한다는 것이다. 과거의 사회운동들은 사람들이 새로운 사회 건설을 위해 함께 노력하려면 어떻게 해야 하는가에 대해서 많은 힌트를 준다. 결정권은 평등하게 일하는 소규모 집단의 사람들에게 주어져야 할 것이다. 시간이 지날수록 새롭고 다원적이고 비폭력적인 문화가 형성될 것이다. 협동과 자유의 가치는 서로 관계를 형성하고 자녀들을 양육하는 데 도움이 될 것이다.

이 모든 것들은 우리로 하여금 역사를 떠나 상상의 영역으로 발을 디디게 한다. 그러나 이것이 전적으로 역사에서 벗어남을 의미하는 것은 아니다. 과거에 일어났던 일들에서 우리는 그러한 가능성이 제시하는 희미한 빛을 발견할 수 있기 때문이다. 1960년대와 1970년대를 풍미했던 노동운동, 자유에 대한 요구, 문화의 변화 등이 그 예가 될 수 있을 것이다.

지금 두 개의 세력이 미래를 향해 나아가고 있다. 한 세력은 화려한 제복을 입고 있다. 그것은 '정부와 부유층'의 과거로서 폭력, 전쟁, 다른 사람들에 대한 편견, 소수에 의한 부의 집중, 거짓말쟁이와 살인자들의 손에 쥐어진 정치 권력 등을 의미한다.

또 하나의 세력은 초라하지만 어떠한 영감을 지니고 있다. 그것은 '민중'의 과거로서 저항, 군대를 앞세운 세력에 대한 국민적인 불복종, 인종차별에 대한 반대, 다문화주의, 끝없이 일어나는 전쟁에 대한 분노 등의 역사가 있다.

장차 이 두 세력 가운데 어느 쪽이 승리를 거둘 것인가? 이것은 우리가 직접 참여할지, 아니면 그저 구경만 할지 선택할 수 있는 시합이다. 그러나 우리는 우리의 선택이 결과를 좌우할 수 있음을 명심해야 한다.

20세기가 시작될 무렵, 뉴욕의 피복공장에서 일하던 여성 노동자들은 퍼시 B. 셸리(Percy B. Shelley)의 시에서 영감을 얻어 저항운동을 벌이기로 결심했었다. 그 시는 다음과 같다.

> 잠에서 깨어난 사자들처럼 일어서라,
> 결코 정복할 수 없는 압도적인 숫자로!
> 너희를 묶고 있는 족쇄를 이슬처럼 털어내라,
> 잠들어 있는 동안 몰래 채워졌던 그것을.
> 너희는 다수이고, 그들은 소수니까!

1492	크리스토퍼 콜럼버스, 카리브 해의 바하마 제도 도착
1497	존 캐벗, 현재 캐나다 영토인 뉴펀들랜드와 노바스코샤 발견
1521	에르난 코르테스, 멕시코의 아스텍족 정복
1531	프란시스코 피사로, 페루의 잉카족 정복
1565	스페인인들이 플로리다에 최초의 주거지 세인트오거스틴 시 건설
1607	영국인 최초의 영속식민지 제임스타운 건설
1619	아프리카 흑인노예 20명이 처음으로 버지니아에 끌려옴.
	제임스타운에 대의제 민의원 개원
1620	청교도 102명이 메이플라워 호 타고 도착해 플리머스 건설
1624~1626	네덜란드인들이 맨해튼을 매입해 뉴암스테르담 설립
1637	미국인이 띄운 첫 노예선 디자이어 호가 마블헤드 항 출항
1664	영국이 네덜란드로부터 뉴암스테르담을 빼앗아 뉴욕으로 개명
1676	너새니얼 베이컨, 버지니아에서 반란
1692~1714	스페인 왕위 계승을 둘러싸고 벌어진 앤 여왕의 전쟁
1735	뉴욕 신문 발행인 피터 젱거 기소를 계기로 출판 자유운동 전개
1740~1748	오스트리아 왕위 계승을 둘러싸고 벌어진 조지 왕의 전쟁
1756~1763	영국과 프랑스–인디언 연합군이 벌인 7년전쟁
1763	7년전쟁을 마무리하는 파리 조약 체결. 서인도제도의 몇몇 섬을 제외하고
	북아메리카의 모든 프랑스 소유 영토를 영국이 차지함.
1765	인지조례 제정
1770	영국 정부의 인지세법과 징용에 미국인들이 반발해서 '보스턴 학살 사건'
	발생함.
1773	영국 정부의 차 조례에 반대하던 이들에 의해 '보스턴 차 사건' 발생
1774	제1차 대륙회의 개최
1775	렉싱턴과 콩코드의 전투. 독립전쟁 발발
	제2차 대륙회의 개최
1776	토머스 페인이 《상식》 출간, 3개월 만에 15만 부 판매
	7월 4일 독립선언서 선포
1777	대륙회의에서 '연합헌장' 채택
1781	영국의 콘월리스 장군, 요크타운에서 항복. 미국의 독립전쟁 승리

1783	파리조약 서명. 미국 독립 승인
1786	매사추세츠에서 셰이스의 반란 발생
1787~1788	제헌의회에서 헌법 제정. 각 주에서 헌법 비준
1789	조지 워싱턴, 초대 대통령 취임
1791	연방의회에서 헌법 수정조항 10개조(권리장전) 비준
1798	선동금지법 통과
1800	수도를 필라델피아에서 워싱턴으로 이전
1803	프랑스로부터 루이지애나 매입
1808	노예 수입, 법으로 금지
1811	테쿰세의 지도 아래 연합한 인디언 부족이 백인 이주민과의 전쟁에서 승리함.
1815	뉴올리언스 전투
1817	제임스 먼로, 제5대 대통령 취임
1818	세미놀 전쟁, 플로리다 매입의 계기가 됨.
1819	에스파냐로부터 플로리다 매입
1823	먼로 독트린 발표
1828	〈체로키 피닉스〉 신문 발간
1830	인디언 이주령 공포. 이후 8여 년 동안 남동부에서 인디언들 추방됨.
1831	버지니아 주 사우샘프턴에서 냇 터너가 노예 폭동 일으킴.
1836	멕시코로부터 텍사스 독립 선언
1838	체로키족이 '눈물의 행로'로 불리는 서부 이주 단행
1845	텍사스 주 연방 편입
1846~1848	멕시코 전쟁
1848	헨리 데이비드 소로 '시민정부에 대한 저항' 강연
	과달루페이달고 조약 체결
	뉴욕 주 세네카폴스 여성대회 개최
1849	캘리포니아 골드러시
1850	도망노예법 통과
1853	해리엇 비처 스토, 《톰 아저씨의 오두막집》 출간
1857	노예를 사유재산으로 인정한 드레드 스콧 판결
1859	존 브라운, 하퍼스페리에 있는 연방 병기고 점령
1860	에이브러햄 링컨, 대통령 당선
	남부 주들 연방 탈퇴

1861	남부연합 결성, 남북전쟁 발발
	J.P. 모건앤컴퍼니 설립
1863	게티스버그의 전투
1865	헌법 수정조항 제13조에 의해 노예제 공식적 폐지
	남북전쟁 종결
1866	테네시에서 백인 우월주의 테러집단 KKK단 조직
	전국노동연합 창립
1867	전국농민공제조합 결성
	러시아로부터 알래스카 매입
1868	헌법 수정조항 제14조 제정
1869	최초로 대륙횡단철도 완공
	필라델피아 재단사들이 중심이 된 노동기사단 창설
	전국여성참정권협회 설립
1870	록펠러, 스탠더드 석유회사 설립
1872	카네기, 철강회사 설립
1877	철도 노동자 대파업
	사회주의노동당 결성
1879	에디슨, 전구 발명
	헨리 조지, 《진보와 빈곤》 출간
1884	그로버 클리블랜드, 대통령 당선
1886	헤이마켓 유혈 사태
	미국노동총연맹(AFL) 창설
1890	대기업 횡포와 시장 독점을 막기 위한 셔먼 반트러스트법 제정
	운디드니 대학살
1892	펜실베이니아의 카네기 철강공장에서 홈스테드 파업 발발
1896	플래시 대 퍼거슨 판결
1897	펜실베이니아 탄광파업 때 래티머 학살 발생
1898	메인호 침몰로 스페인과의 전쟁 발발
	하와이, 필리핀, 푸에르토리코 병합
1899	쿠바 아바나에서 8시간 노동을 요구하는 대규모 시위 발생
	필리핀 곳곳에서 미군에 대한 저항 운동 발발
	미국반제국주의동맹 결성
1905	시카고에서 세계산업노동자동맹(IWW) 결성

1906	업턴 싱클레어, 《정글》 출간
	잭 런던, 《강철 군화》 출간
1911	트라이앵글 셔츠 회사 공장 화재
1912	매사추세츠 로렌스에서 대규모의 섬유 파업 발발
1913	헌법 수정조항 제16조(소득세), 제17조(연방 상원의원 직선제) 제정
	콜로라도 석탄 파업. 파업 중에 러들로 학살 사건 발생
	연방준비제도 설립
1914	제1차 세계대전 발발
1917	미국, 제1차 세계대전 참전
	방첩법 의회 통과
	법무부 수사관들이 전국 각지의 세계산업노동자동맹 회관을 급습
1918	제1차 세계대전 종결
1919	시애틀에서 10만여 명이 참여한 동맹파업 발생
	25만여 명의 철강 노동자들이 참여한 파업 발생
1920	헌법 수정조항 제19조(여성 참정권 부여) 제정
	파머 습격과 적색 공포
1927	니콜라 사코와 바르톨로메오 반제티 사형
1929	뉴욕 주식시장 붕괴, 대공황의 시작
1932	프랭클린 루스벨트, 대통령 당선
1933	1차 뉴딜 정책 실시
1935	2차 뉴딜 정책 실시
1939	제2차 세계대전 발발
1941	일본의 진주 만 공격, 미국의 제2차 세계대전 참전
1942	일본계 미국인 강제 수용
	시카고에서 최초의 핵실험 성공
1945	얄타회담. 포츠담선언
	미국, 히로시마와 나가사키에 원폭 투하
	제2차 세계대전 종결
	국제연합(UN) 창설
1947	트루먼 독트린 선언
	국가안전보장법 제정
	마셜 플랜에 따라 유럽 재건 시작
1949	미국, 북대서양조약기구(NATO) 가입

1950	한국전쟁 발발
	조지프 매카시 의원, 반공주의 선동
1954	브라운 대 토피카교육위원회 사건
1955	앨라배마 주 몽고메리에서 흑인들의 버스승차 거부운동 시작
1957	리틀록에 흑백차별을 금지하기 위한 연방군 파견
1961	자유승차 운동 확산
	쿠바 피그스 만 침공 실패
1962	쿠바 미사일 위기
1963	워싱턴 대행진
	존 F. 케네디 암살
1964	미시시피의 여름
	미군의 통킹 만 공습
	베트남전쟁 발발
1965	맬컴 엑스 암살
	참정권법 제정
	미국 전투부대, 베트남 첫 파병
1966	전미여성기구(NOW) 창설
1968	베트남전, 구정 공세
	민권법 연방의회 통과
	베트남에서 미라이 학살 사건 발생
	마틴 루터 킹 암살
	리처드 닉슨, 대통령 당선
1969	대규모 반전 시위 전국으로 확산
	인디언들, 앨커트래즈 섬 점령
1970	캄보디아 침공
1971	애티카 교도소 반란 사건
1972	워터게이트 사건
1973	미국, 베트남에서 철수
	미국인디언운동연합, 운디드니 점령 사건
	칠레의 아옌데 정권 전복에 CIA 개입
1974	닉슨 대통령 사임. 포드 대통령 취임
1975	베트남, 베트남 민주공화국으로 통일
	마야궤스 호 사건

1976	지미 카터, 대통령 취임
1978	캠프 데이비드 협정
1979	이란 주재 미국 대사관 인질 사건
1980,	로널드 레이건, 대통령 당선
	'보습의 8인'을 포함해 전국 각지에서 평화운동 시위
1982	미 해병대, 레바논 침공
	뉴욕 센트럴파크에서 무기경쟁에 반대하는 대규모 집회 개최
1983	그라나다 침공
1986	이란-콘트라 게이트 폭로
	리비아 폭격
1989	베를린 장벽 철거
	파나마 침공
	조지 부시, 대통령 당선
1991	소련 해체
	이라크 침공, 걸프전 발발. 전국에서 반전 시위 발생
1992	로스앤젤레스 인종 폭동
	빌 클린턴, 대통령 당선
1993	소말리아 내전 개입
1994	북미자유무역협정(NAFTA) 발효
1995	오클라호마시티 연방정부 청사 폭파 사건
	워싱턴D.C.에서 '백만인 행진'
1996	'테러방지와 효율적 사형집행에 관한 법' 의회 통과
	빌 클린턴, 대통령 재선
1999	나토, 코소보 사태 개입
2000	조지 W. 부시, 대통령 당선
2001	9·11 사태 발발. 테러와의 전쟁 선포
	아프가니스탄 침공
	'미국 애국자법' 의회 통과
2003	이라크 침공. 후세인 체포
2004	조지 W. 부시, 대통령 재선
2005	전국적인 이민 정책 반대 시위
	허리케인 카트리나 재해
2006	상하원 의원 선거, 공화당 참패

· 찾아보기 ·

ㄱ

강도 남작 142~143
개리슨, 윌리엄 로이드 86
걸프전 280
고딘디엠 229, 231
고어, 앨 293~296
골드만, 에마 165, 186
과달루페이달고 조약 113
과디아, 피오렐로 라 192
국제연합(UN) 210, 264, 301, 306
국제통화기금(IMF) 292
굴드, 제이 142
권리장전 77, 309
그랜섬, 토머스 43
그린, 너새니얼 68
그릴리, 호러스 108, 121
그림케, 앤젤리나 85
기딩스, 조슈아 107
기브스, 로이스 249

ㄴ

나이아가라 운동 173
남녀평등권 수정안(ERA) 240
남북전쟁 25, 115~116, 120, 121~124,
127, 129, 134, 140, 142, 311, 317
네이더, 랠프 294
노리에가, 마누엘 269
노웍, 매리언 211
농민동맹 151
눈물의 행로 100~101, 103
뉴딜정책 195~196, 199~200, 213

뉴먼, 폴린 168
뉴잉글랜드 노동자동맹 109
뉴턴, 휴이 224
닉슨, 리처드 237, 251~254, 258~259, 265

ㄷ

대공황 191~192, 196~197, 199~200, 211
대륙회의 62~63, 67, 71
대서양헌장 203
대통령 재선위원회(CREEP) 251
더글러스, 프레드릭 108, 118
데브스, 유진 150, 172, 181
데이비스, 제퍼슨 122
도망노예법 118~119
독립선언서 12~13, 62~64, 88, 289, 316
독립혁명 61, 63
듀보이스, W. E. B. 126, 173, 215
드루, 찰스 205
딜런, 밥 238

ㄹ

라덴, 오사마 빈 299, 304
라스 카사스, 바르톨로메 데 13, 22
라이스, 콘돌리자 306
라이트, 프랜시스 131
래디컬 위민 240
런던, 잭 166, 184
레귤레이터 운동 55
레마르크, 에리히 마리아 178
레이건, 로널드 249, 266, 268, 273~274
레블스, 하이럼 119
로브스, 폴 215
로열 나인 57, 64

로웰, 제임스 러셀 107
로웰 공장 84, 133
로젠버그, 줄리어스 212~213
로젠버그, 에설 212~213
록펠러, 존 D. 142~143, 167, 175
루니, 앤디 311
루스벨트, 시어도어 11, 13, 153, 159, 174~175
루스벨트, 프랭클린 D. 195~196, 200, 202~203, 205~206, 318
루이스, 존 223
리, 바버라 299
리먼, 허버트 213
리틀, 존 115
링컨, 에이브러햄 120~121, 123, 135, 317

ㅁ
마르크스, 카를 146
마야궤스 호 255, 257~258
매디슨, 제임스 76
매카시, 조지프 212
매케이, 클로드 215
매코드, 제임스 251
매클리시, 아치볼드 204
매키넌, 신시아 279
매킨리, 윌리엄 152~153, 157, 160, 162
맥아더, 더글러스 A. 195
맥헨리, 키스 272
먼로 독트린 154
먼로, 제임스 154
메이슨, 존 27
메이플라워 호 28, 80
메인 호 157
멜런, 제임스 142

명백한 사명 105
모건, 에드먼드 31, 51
모건, J.P. 142, 174
모리스, 리처드 47
모리슨, 새뮤얼 엘리엇 23~24
모릴법 135
모트, 루크레시아 86
모호크족 245
무어, 일리 133
미국노동총연맹(AFL) 146, 169, 198, 208
미국노예제폐지협회 85
미국수호협회 183
미란다, 레이먼드 246
미첼, 존 252~253
미텔베르거, 고트리브 46
민권법 222
민권위원회 216
밀러, 더글러스 211
밀러, 아서 236
밀스, 시드 244

ㅂ
바커, 엘라 239
반제국주의연맹 159, 161
반제티, 바르톨로메오 186
방첩법 180~181
버거, 빅터 175
버드, 윌리엄 38
버크만, 알렉산더 166
버클리, 윌리엄 43, 45
베리건, 필립 234
베버리지, 앨버트 153, 160
베시, 덴마크 115
베이컨, 너새니얼 42~43

벨러미, 에드워드 145
벨처, 앤드루 49
보먼, 로버트 302
보스턴 차 사건 58, 82, 260
보스턴 학살사건 58, 65
보습의 8인 278
본드, 줄리언 234, 279
부시, 조지 W. 14, 293~297, 299~300, 303~305, 307, 309, 311~312, 315
부시, 조지 266, 368~271, 277~278, 280, 293
부양자녀가족지원제도(AFDC) 266~267
북부동맹 304
뷰런, 마틴 밴 96, 103
브라운 대 토피카교육위원회 사건 217
브래넌, 마이크 291
브루스, 블랜치 119
브루어, 데이비드 J. 145
블랙 팬더 224~225, 259
블랙웰, 엘리자베스 85
비어드, 찰스 75
비처, 캐서린 84
빅스, 퍼트리샤 279

ㅅ
사막의 폭풍 270~271
사코, 니콜라 186
사회노동당 208
사회보장법 199
사회적 책임을 위한 의사들의 모임 273
산업조직회의(CIO) 198, 208
살시도, 안드레아 186
샤이, 존 65~66
세계무역기구(WTO) 291~292

세계무역센터 297
세계반노예제대회 86
세계산업노동자동맹(IWW) 169, 170~171, 184~185, 188~190
세네카족 244
세미놀족 96, 100~101
세쿼이아 101
센트럴 퍼시픽 철도 142, 144
셔먼 반트러스트법 144~145
셔먼, 존 144
셰이스, 대니얼 73~74
셰이스의 반란 71
센크, 찰스 180
소렌센, 시어도어 254
소로, 헨리 데이비드 108
소크족 245
소프, 그레이스 245
소프, 짐 245
쇼니족 96~97
수족 247
스미스, 애벗 48
스미스, 존 25
스위프트, 구스타브스 140
스코츠보로 소년들 215
스콧, 드레드 120
스콧, 윈필드 101, 112
스타우트, 린다 275
스타인벡, 존 193
스탠턴, 엘리자베스 캐디 86, 88
스테펀스, 링컨 167
스톤, 루시 85
스티븐스, 존 폴 297
스파이스, 오거스트 147~148
시헌, 신디 309
싱클레어, 업턴 166, 184

ㅇ

아나르코 생디칼리슴 170
아나키스트 146~148, 165, 169, 186
아동보호기금 263, 274
아라와크족 17~18, 20, 22, 24~25
아먼선, 앰버 300
아메리칸 인디언운동(AIM) 246
아스텍 문명 25
아옌데, 살바도르 258
아이젠하워, 드와이트 D. 195, 284
아파르트헤이트 265
안나, 산타 106
안전보장이사회 306
앉아 있기 운동 220
알카에다 304
애그뉴, 스피로 253
애덤스, 새뮤얼 56~57, 73~74
애덤스, 애버게일 82
애덤스, 존 58, 61, 65, 82
앤서니, 수전 B. 172
앱저그, 벨라 241
야키마족 244
에덜먼, 메리언 라이트 263, 274
에디슨, 토머스 140, 142
에일리크먼, 존 252
엑스, 맬컴 223~224
엘스버그, 대니얼 236~237, 253
엥겔스, 프리드리히 146
연방수사국(FBI) 186, 220, 225, 252, 258~259, 285, 300
영, 앤드루 264~265
오르타, 주제 라모스 283
오설리번, 존 105
오세올라 101
오크스, 리처드 245

오티스, 제임스 55~57
요크타운 포위전 66
우드, 레너드 159
운디드니 243, 246, 248
워싱턴, 조지 66, 68, 70, 94, 244
워커, 데이비드 117
워터게이트 사건 237, 251~252, 254~255, 258, 263
웨더포드, 윌리엄 95
윈스럽, 존 48
윌러드, 에마 85
윌슨, 우드로 13, 176, 179
유니언 퍼시픽 철도 142
이로쿼이족 29, 244
인지조례 56~57

ㅈ

자유를 위한 승객 220
자유무역협정 291
잭슨 민주주의 127~128
잭슨, 앤드루 11, 13, 94~99, 119, 127
전국노동관계위원회(NLRB) 198
전국복지권협회 242
전국부흥법(NRA) 195~196
전미여성기구(NOW) 240
전미유색인종지위향상협회(NAACP) 173, 218
제1차 세계대전 13, 176~177, 193, 201
제2차 세계대전 201~202, 205, 208~211, 213, 228, 234, 237, 268, 306, 311
제네바협정 229
제임스, 윌리엄 159
제퍼슨, 토머스 62~63, 67, 74, 88, 93, 105
조든, 준 271

조지, 헨리 145
존슨, 린든 B. 221, 231, 233, 237, 240
중앙정보국(CIA) 231, 251, 258~259, 269, 309
지하철도 116
진주 만 공격 202, 204, 206

ㅊ
7년전쟁 54, 56, 66, 69
차베스, 세자르 276
처칠, 윈스턴 156~157, 203
체니, 리처드 305
체로키족 95, 97~98, 101, 103
촉토족 98~99
촘스키, 에이브럼 노엄 270
치점, 셜리 240

ㅋ
카네기, 앤드루 142, 150
카스트로, 피델 258
카슨, 레이철 248
카터 독트린 306
카터, 지미 264~266, 273
칼디콧, 헬렌 273
캐스, 루이스 97
케네디, 로버트 221
케네디, 존 F. 231, 244
켈러, 헬렌 13, 172
켐블, 패니 116
코르테스, 에르난 23, 25
코브, 다이드라 310
코빅, 론 235, 278
콘월리스, 찰스 67

큐 클럭스 클랜(KKK) 125, 190
크래프트, 토머스 64
크로켓, 데이비드 97
크리크족 94~95, 99~100
클라크, 리처드 305
클리블랜드, 그로버 143~144, 156
클린턴, 빌 284~286, 288~289
키신저, 헨리 253, 255
키트, 어사 236
킹, 마틴 루터 218~219, 223~225, 234

ㅌ
타벨, 이다 167
터너, 냇 115
터브먼, 해리엇 116
테네시 계곡 개발공사(TVA) 196
테러대책법 299
테일러, 재커리 104, 106~107, 111
테쿰세 96
통킹만 사건 231
투표권법 222
트라이앵글 셔츠 회사 167~168
트루먼, 해리 S. 209~210, 216
트루스, 소저너 88
트웨인, 마크 13, 161
틸먼, 조니 242

ㅍ
파커, 시어도어 129
파크스, 로자 217~218
패튼, 조지 S. 195
페인, 토머스 59, 61
포드, 제럴드 253~254, 256~258

포와탄 25~26
포춘, 토머스 126
포크, 제임스 105~107
폭스족 245
풀브라이트, 윌리엄 161
프랭클린, 벤저민 66
프랭클린, 존 호프 115
프리던, 베티 241~242
플랫수정안 159
플린, 엘리자베스 걸리 185
피드몬트 평화 프로젝트 275
피사로, 프란시스코 25
피쿼트족 28
필그림 파더스 28

ㅎ
하드윅, 토머스 183
하딩, 워런 181
하트, 브렛 141
학생비폭력조정위원회(SNCC) 220~221,
223, 233~234
할란, 존 125
해리스, 캐서린 296
해밀턴, 알렉산더 76
핸슨, 해리엇 133
햄프턴, 프레드 259

허드슨, 호세아 197
허친슨, 앤 81~82
허친슨, 토머스 50, 56~57
허터, 찰스 277
헌던, 앤젤로 215~216
험프리, 휴버트 212
헤이, 존 157
헤이마켓 사건 146, 148
헤이우드, 빌 171, 185
헤이스, 러더퍼드 125
헨리, 패트릭 59, 94
호치민 228~229, 237
호프스태더, 리처드 264
홀, 토머스 123
홀더먼, 로버트 252
홈스, 올리버 웬들 180
홈스테드 파업 148, 166
환경보호국(EPA) 249
후버, 허버트 192, 195
후세인, 사담 270~271, 305~308
휘트먼, 월트 107
휴스, 랭스턴 199
휴스턴, 샘 97
히치콕, 이선 앨런 104, 106
히틀러, 아돌프 200~202, 205
힐, 조 170~171

• 옮긴이의 말 •

《하워드 진 살아있는 미국역사(원제: A Young People's History of the United States)》는 보스턴대학교의 명예교수 하워드 진이 자신의 명저 《미국민중사A People's History of the United States》를 새롭게 손보아 2007년에 출간한 것입니다. 《미국민중사》는 국내에서도 일찍이 《미국민중저항사》라는 제목으로 번역되어 많은 독자들의 사랑을 받은 바 있습니다.

이 책은 저자가 앞머리에서도 밝혔듯이 젊은 사람들이 미국 역사에 쉽게 접근할 수 있도록 돕기 위해 새로 구성한 것입니다. 따라서 군더더기가 없으면서도, 콜럼버스의 시대부터 오늘날 부시 대통령 시대에 이르기까지 미국의 역사가 일목요연하게 잘 정리되어 있습니다. 그러한 점에서 보았을 때, 단지 미국의 젊은이들이 아니더라도 미국 역사에 관심을 갖기 시작한 사람이라면 누구나 큰 도움을 얻을 책이라고 생각합니다.

그렇다면 하워드 진 교수가 이 책을 통해 독자들에게 전하고 싶은 말은 무엇일까요? 이 책의 옮긴이이기에 앞서 독자의 한 사람으로서 판단하건대, 그것은 바로 '우리'의 역사에 관심을 가지라는 것입니다. 사실 대부분의 역사책은 정치경제의 핵심을 차지하고 있던 소수의 사람들 즉

'그들'에 관한 것들입니다. 독자들은 그런 책을 읽는 동안 '그들'의 이야기에 감정이입이 된 나머지 정작 '우리', 즉 '민중'이 어떻게 지내왔는가에 대해서는 소홀하게 생각하는 경향이 있었습니다.

미국 역사를 연구한 저 또한 마찬가지입니다. 조지 워싱턴이 강력한 영국군에 맞서 싸워 미국의 첫 대통령이 되었다는 사실에 더 관심이 갔고, 그와 함께 싸웠던 식민지의 젊은이들이 왜 그의 군대에 가담했으며 독립을 이룬 후 어떻게 살았는지에 대해서는 상대적으로 무관심했습니다. 에이브러햄 링컨이 노예를 해방시킨 공로로 미국 역사상 가장 위대한 대통령이 되었다는 사실에만 관심을 가졌을 뿐, 정작 당사자인 흑인 노예들이 자유를 얻기 위해 어떻게 몸부림쳤으며 해방된 후에는 어떤 삶을 살았는지에 대해서는 무관심했습니다.

1922년생인 하워드 진 교수는 이제 우리 나이로 아흔에 가까운 고령의 노학자입니다. 그러한 노학자가 우리에게, 당신들이 역사를 만들어가고 있는 주체라고, 자신에게 더 많은 애정과 관심을 가지라고 말하고 있습니다. 그의 정신을 한 마디로 표현하라면 저는 감히 '젊음'이라고 말하고 싶습니다. 그 '젊음'은 '패기'와 '정열'이라는 말로 달리 표현할 수도 있을 것입니다. 그는 아직도 '패기'와 '정열'을 간직한 채 민중의 역사, 즉 우리의 역사에 관심을 가지라고 꿋꿋이 외치고 있는 것입니다. 이 책을 옮기면서 저는 서른 줄에 접어든 지 오래지 않은 제가 오히려 아흔에 가까운 진 교수보다도 머리와 생각이 굳어버린 게 아닌가 하여 절로 부끄러웠습니다.

그렇습니다. 이 책은 아직도 과거의 의연함을 잃지 않은 노학자의 젊은 외침이며, 앞으로 역사를 만들어나갈 젊은 세대에게 자신을 돌아보는 것을 잊지 말라는 간곡한 호소이기도 합니다. 그러므로 이 책이 갖는 의미는 단순히 미국의 역사를 소개하는 데서 그치지 않습니다. 이 책을 읽는 사람들은 미국의 역사에 대한 단편적인 지식들을 얻을 뿐 아니라, 어떠한 마음가짐과 자세로 살아가야 할지에 대해 많이 배울 수 있을 것입니다.

오늘날 대한민국 사회는 갈수록 경쟁이 치열해지고 성공의 가치가 지나치게 우선시되는 나머지, 나 자신의 삶이 지닌 의미라던가 다른 사람들과의 관계 등에 대해 생각할 시간이 점점 줄어드는 듯합니다. 저는 젊은 세대에 대한 노학자의 정성어린 호소가 담겨 있는 이 책이 이 시대에 오아시스 같은 역할을 해주리라 믿습니다. 이 고단한 세상을 살아가고 있는 한국의 수많은 독자들이 가쁜 숨을 멈추고 사회에서 자신이 차지하는 가치와 그동안의 삶을 생각할 짧은 시간을 가지기를 간절히 바랍니다.

마지막으로, 배움과 재주가 한가지로 일천한 저에게 이 책을 번역할 기회와 많은 도움을 주신 추수밭의 여러분, 역사 연구라는 험한 길을 걷는 아들을 항상 성원해주시는 부모님, 못난 제자를 자식처럼 염려해주시는 지도교수 양홍석 선생님, 미국사학회 편집조교 시절 책과 글에 대해 많이 가르쳐주셨던 단국대의 김연진 선생님, 오라비의 서툰 번역작업에 도움의 손길을 마다 않은 동생 민주, 그리고 언제나 한결같은 벗 호성 군에게 마음 깊은 곳에서 우러나는 감사의 말을 전합니다.

하워드 진 Howard Zinn

미국의 양심을 대표하는 '실천적 지식인', 미국 주류 역사학과는 괘를 달리하는 진보사학자이다. 1922년 뉴욕 브루클린에서 태어나 조선소에서 일하다, 제2차 세계대전에 참전했다. 콜럼비아 대학에서 박사학위를 받았고, 스펠먼 대학과 보스턴 대학에서 교수로 재직했다. 파리 대학과 볼로냐 대학에서 방문교수를 지내기도 했으며, 현재는 보스턴 대학 명예 교수이다. 또한 토머스 머튼 상(Thomas Merton Award), 유진 V. 데브스 상(Eugene V. Debs Award) 등을 수상했다. 국내에 소개된 책으로는 《오만한 제국Declaration of Independence : Cross-Examining America Ideology》《달리는 기차 위에 중립은 없다You Can't Be Neutral on a Moving Train》《전쟁에 반대한다On War》 등이 있다.

하워드 진 살아있는 미국역사
신대륙 발견부터 부시 정권까지, 그 진실한 기록

1판 1쇄 발행 2008년 3월 20일
1판 13쇄 발행 2021년 6월 11일

지은이 하워드 진 · 레베카 스테포프
옮긴이 김영진
펴낸이 고병욱
펴낸곳 추수밭

등록   제2005-000325호
주소   06048 서울시 강남구 도산대로 38길 11(논현동 63)
          10881 경기도 파주시 회동길 173(문발동 518-6) 청림아트스페이스
전화   02) 546-4341
팩스   02) 546-8053

www.chungrim.com
cr2@chungrim.com

ISBN 978-89-92355-25-4 03940
잘못된 책은 교환해드립니다.